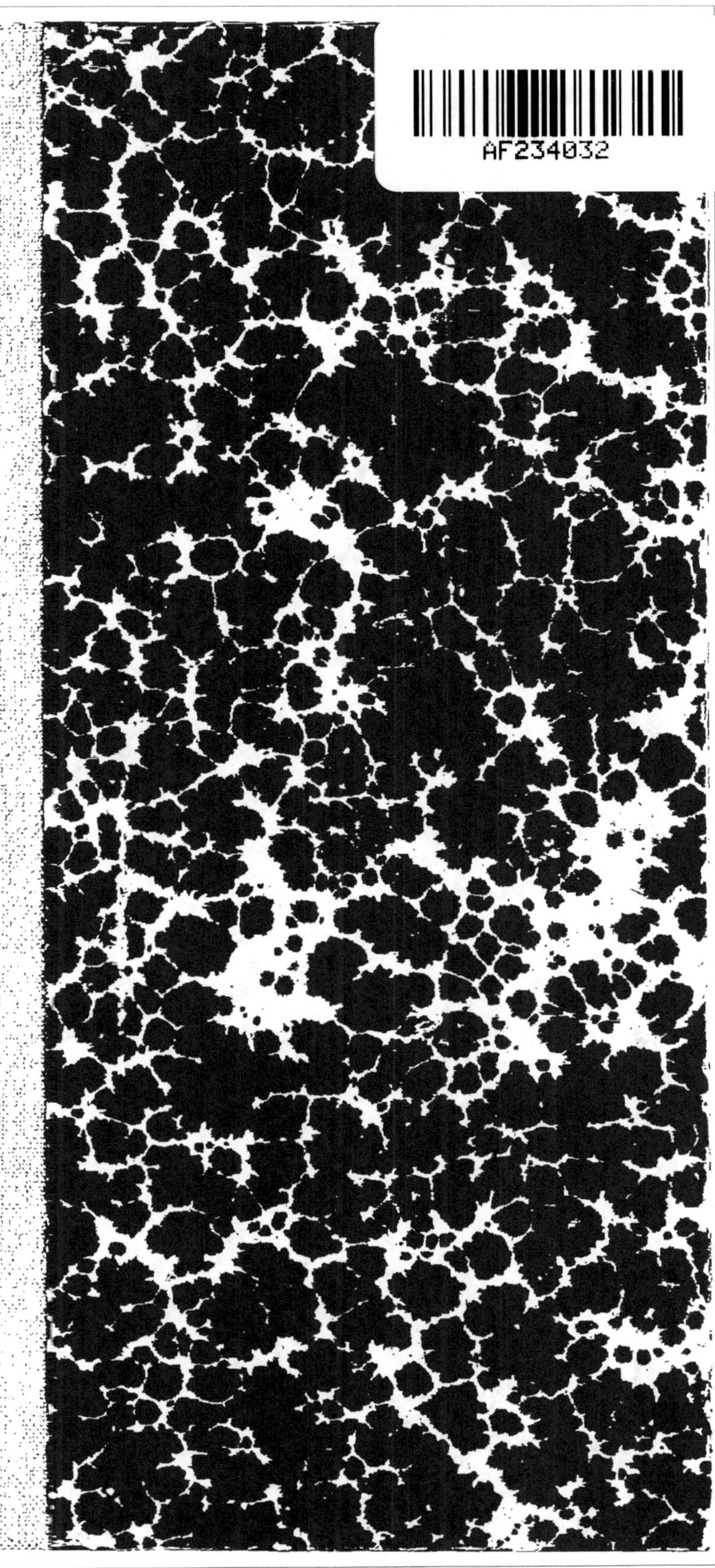
AF234032

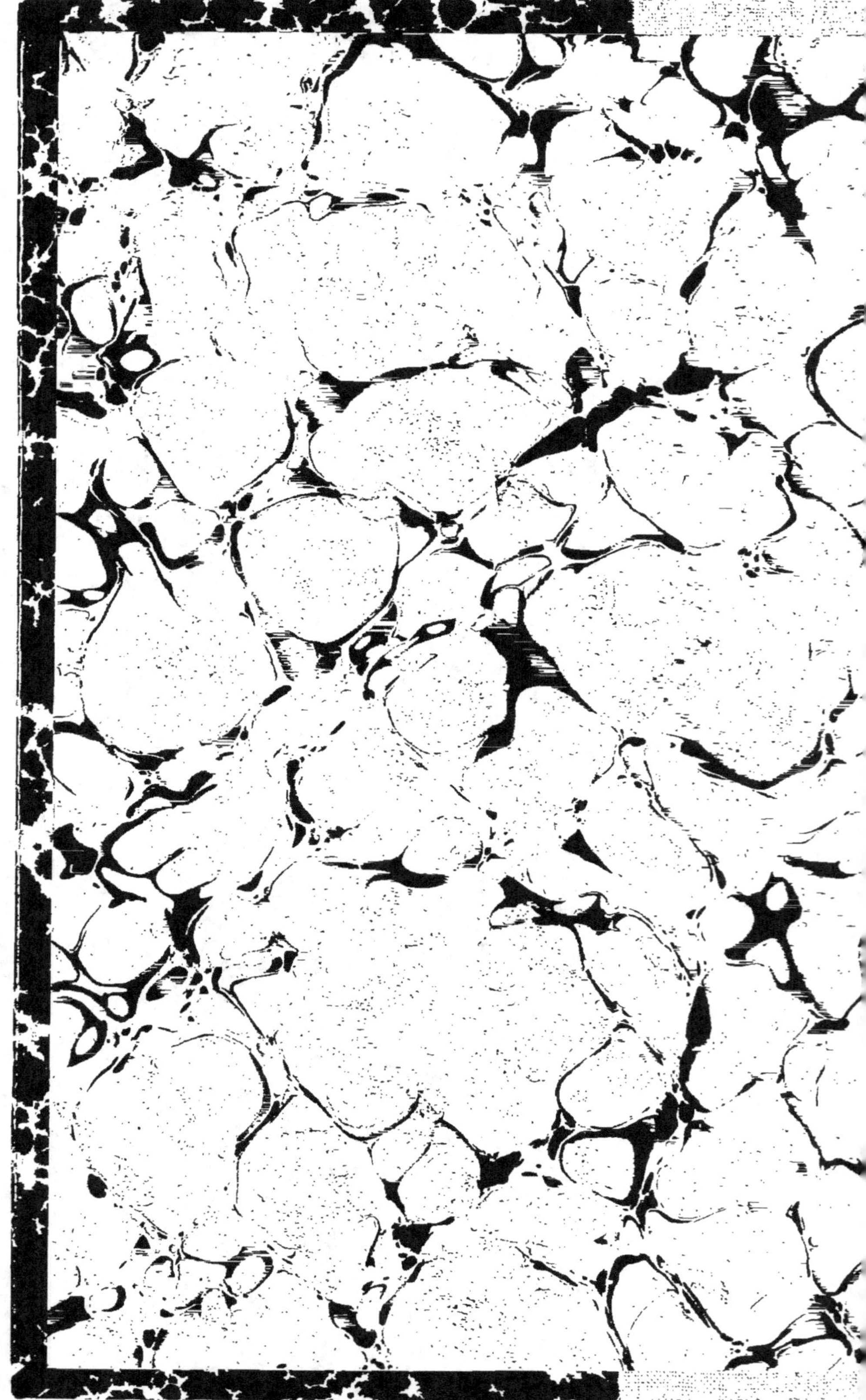

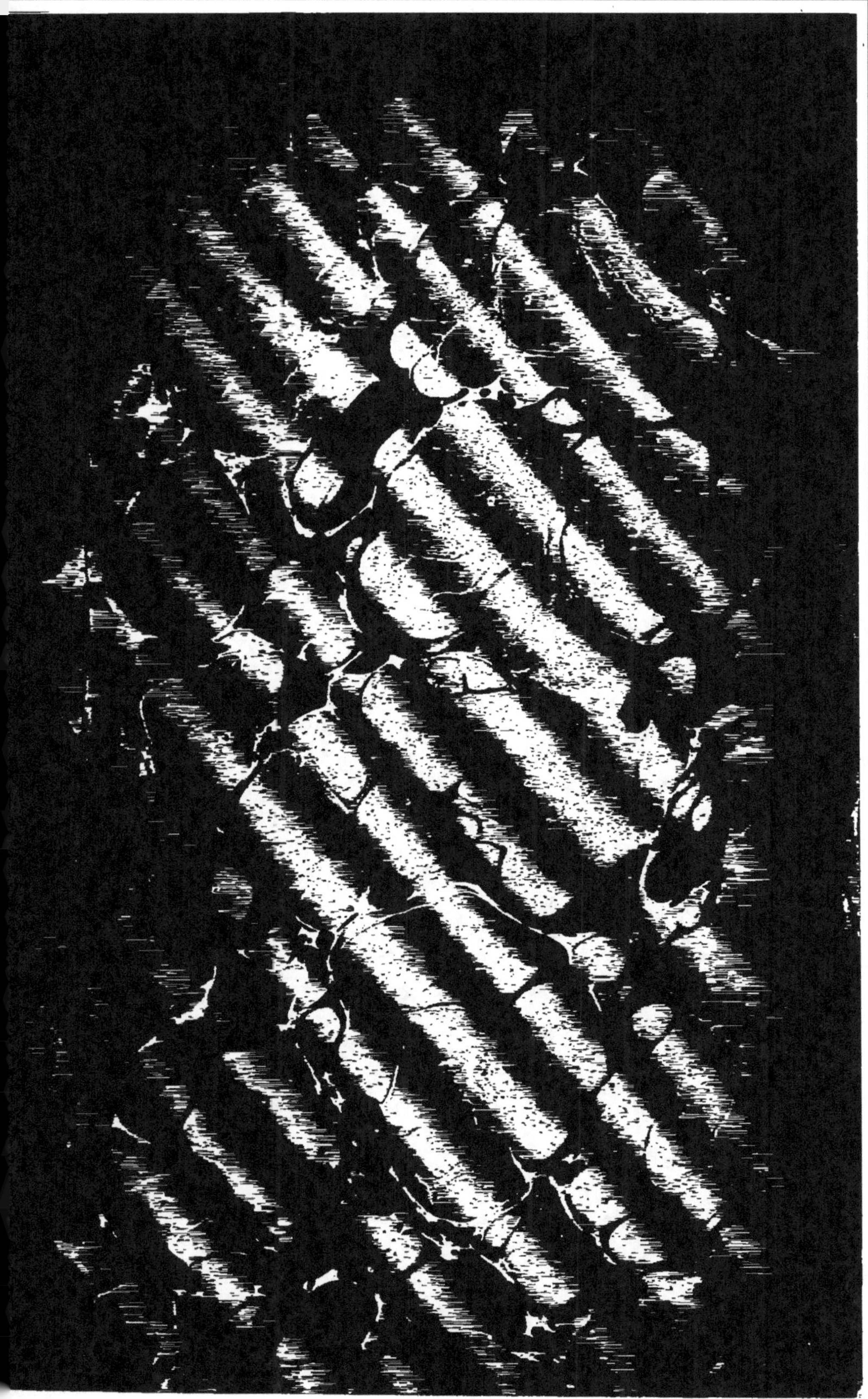

VIE

DE LA RÉVÉRENDE MÈRE

ÉLISABETH ROLLAT

PREMIÈRE SUPÉRIEURE DE NAZARETH

LYON

IMPRIMERIE PITRAT AINÉ

4, RUE GENTIL, 4

1877

VIE

DE LA RÉVÉRENDE MÈRE

ÉLISABETH ROLLAT

PREMIÈRE SUPÉRIEURE DE NAZARETH

VIE

DE

LA RÉVÉRENDE MÈRE

ÉLISABETH ROLLAT

PREMIÈRE SUPÉRIEURE DE NAZARETH

LYON

IMPRIMERIE PITRAT AINÉ

4, RUE GENTIL, 4

1877

La vie de Mme la duchesse de Doudeauville, fondatrice de
la Société de Nazareth, offre à toutes les *mères chrétiennes*
un modèle admirable des vertus qu'elles doivent pratiquer ;
celle de Mme Rollat s'adresse plus distinctement à la Congrégation dont elle fut la Mère et la première Supérieure ; ses
filles trouveront en elle le type original de la vraie religieuse
de Nazareth. Sa vie leur révèlera le genre de sacrifice qui
les attend et les vertus spéciales qui doivent les distinguer ;
mais elles ne seront pas les seules à en profiter : les leçons
d'humilité, d'abnégation, d'héroïque obéissance renfermées
dans ce récit seront goûtées de toutes les âmes solidement
vertueuses, et leur feront mieux apprécier le mystère admirable et trop peu compris de Jésus à Nazareth. C'est la
pensée que fait naître en nous la vie de Mme Rollat, dans
laquelle nous n'avons rien trouvé que d'édifiant et de propre à faire aimer la vertu.

Fourvière, 19 septembre 1877.

P. GAUTRELET, S. J.

APPROUVÉ :

Lyon, le 23 septembre 1877.

T. RICHOUD,
VIC. GÉN.

PRÉFACE

Trois personnes ont concouru à la fondation
de la Société de Nazareth : le R. P. Roger, de
la Compagnie de Jésus, qui lui a donné ses
règles ; Mme de la Rochefoucauld, duchesse de
Doudeauville, à qui Dieu en inspira la première pensée, et Mlle Élisabeth Rollat, choisie
par la Providence pour en être la première
supérieure.

Depuis longtemps la pieuse duchesse était
préoccupée du désir de fonder une commu-

nauté qui, tout en répondant à un genre d'attrait pour la perfection religieuse, aurait aussi son cachet propre dans l'œuvre de l'éducation, mais elle ne communiqua son projet au P. Roger que vers 1820. Nul n'était plus capable de comprendre et de réaliser une telle pensée. C'était un homme d'une foi prompte et généreuse, qu'il savait, d'un regard assuré, d'une parole ardente, faire passer fortement dans les autres. Le zèle avait en lui deux caractères bien marqués : plein d'une tendre compassion pour le pécheur, il le relevait avec bonté, et le jetait sans qu'il pût s'en défendre dans les bras de la divine miséricorde. Lorsqu'il reconnaissait dans une âme l'appel à la perfection, d'un mot, il faisait jaillir la lumière, imprimait à la volonté un mouvement ascensionnel, et poursuivait sans relâche le travail de la grâce.

Il marqua toutes ses œuvres du cachet de sa vertu humble, vraie, simple et forte.

Nous regrettons de ne pouvoir ouvrir ces

pages par la vie de notre vénéré Père, mais ce n'est pas à nous qu'il appartient d'écrire l'histoire de ce fervent apôtre. Nazareth, d'ailleurs, a été la dernière œuvre de sa foi, la dernière sollicitude de son cœur ; et si le saint vieillard a réuni toutes ses forces pour poser les bases solides de l'esprit religieux dans cette petite Société, il s'est bien gardé de jamais faire connaître à ses filles ce qui pouvait tourner à sa louange. Il prêchait la vie cachée, bien plus encore par ses exemples que par ses discours. On ne verra donc le digne fondateur que dans ses rapports avec la communauté naissante qui a précieusement recueilli ses paroles et conservé ses écrits.

Il y a quelques mois, la piété filiale essayait de faire connaître la sainte vie de la duchesse de Doudeauville, fondatrice de notre Société. A côté de cette admirable figure, les Religieuses de Nazareth saluent, avec la même vénération celle de leur première mère et supérieure, Mme Rollat. Toutes deux leur ont

laissé une mémoire bénie et des exemples de
vertu, trésor de leur Congrégation.

En jetant un regard sur ces existences qui
offrent des caractères de sainteté bien différents, on éprouve tout d'abord une sorte d'étonnement : la jeune fille, dont toutes les aspirations sont pour le cloître, est jetée par la
Providence dans le mouvement et les agitations du siècle, tandis que celle qui sourit au
monde, et paraît faite pour allier agréablement les devoirs de la religion à ceux de la
société, va ensevelir ses brillantes qualités dans
une profonde solitude. Toutes deux, dès le bas
âge, sont attirées par les charmes de la vertu,
et Dieu prend possession de leur jeune cœur ;
mais chez la première, la grâce exerce un tel
empire qu'elle apparaît toujours victorieuse
et qu'on soupçonne à peine le combat ; chez
la seconde, au contraire, on sent le travail,
la lutte, l'effort, la sainte violence, et c'est
elle que le Seigneur appelle à la vie religieuse.

La notice récemment publiée sur la duchesse de Doudeauville sert d'introduction à la vie de Mme Rollat, et elle est nécessaire pour l'explication de certains faits ; mais le lecteur ne doit pas s'attendre à trouver le même genre d'intérêt dans ces deux récits. Par sa position et dans les temps bouleversés où elle a vécu, la vertueuse duchesse a joué un rôle important sur lequel sa modestie a vainement voulu jeter le voile : son âme, fortement trempée, a pu supporter l'éclat des grandeurs sans en être éblouie, et traverser les tempêtes sans en être ébranlée. Cette longue existence présente donc des épisodes en eux-mêmes pleins d'intérêt. La vie de Mme Rollat, au contraire, ne contient aucun fait extérieur un peu saillant, elle s'écoule très-simple, sans événements remarquables ; aussi le regard curieux, avide de scènes émouvantes, les chercherait-il inutilement dans ces quelques pages. Tout se réduit ici au travail de la perfection dans l'exercice de chaque jour : c'est l'œuvre par excellence, mais elle n'a pas le même attrait pour tous.

Suivre une âme dans ses hautes aspirations, ses luttes, ses combats ; être témoin de ses victoires et de ses petites défaites, qu'on peut appeler *heureuses fautes*, puisqu'elles ne sont jamais accompagnées de défaillances ; là voir constamment aux prises avec elle-même, tremblante, non de perdre le ciel, mais de ravir quelque chose à la gloire de Dieu et de ne pas répondre pleinement à son amour : tel est l'unique merveilleux de cette vie intime qui nous offre d'aimables et utiles leçons.

Ainsi, les enseignements du Père, les exemples d'une Mère aussi forte que tendre, les humbles et très-pénibles commencements de Nazareth, voilà ce qui forme de précieux souvenirs dont le moindre détail a, pour chacune de nous, un puissant intérêt. Car, si l'homme dans sa maturité se retourne avec plaisir vers son berceau, s'il aime à revoir les lieux témoins de son enfance, l'âme religieuse qui goûte le bonheur de sa vocation trouve encore plus de charme à revenir par la pensée vers l'origine de sa famille spirituelle, et les souffrances de sa première Mère excitent en elle une indicible reconnaissance.

Les enfants de Nazareth, ses amis ou ceux qui désirent le connaître liront-ils avec intérêt ces quelques souvenirs?... Nous osons l'espérer, car ils offrent un modèle de l'abnégation chrétienne rendue aimable par les charmes les plus séduisants de l'esprit et du cœur. Ils peuvent donc être pour tous un utile enseignement. Mais tous comprendront-ils le mystère d'immolation que renferme cette histoire, mystère le plus difficile à accepter? Quand une âme se dévoue à une sainte cause et que, de dépouillement en dépouillement, de sacrifice en sacrifice, elle arrive à se donner tout entière, à se perdre elle-même pour le succès de son entreprise, on veut la voir jouir, au moins quelques instants, du fruit de ses labeurs, on attend pour elle un éclair de triomphe, un rayon d'espérance qui colore le ciel à l'heure du couchant…; mais si le Seigneur donne cette consolation au plus grand nombre de ses serviteurs, il en est qu'il fait marcher jusqu'au *consummatum est* du Calvaire, et le souvenir de Grégoire VII en exil, de Louis IX à Tunis, de François Xavier aux portes de la Chine, aide à attendre, pour ceux que nous aimons, l'éternelle récompense.

Nous le savons d'ailleurs, la grâce est proportionnée à l'épreuve, et quand Dieu demande à l'âme une complète immolation, c'est qu'il en a d'avance fait sentir le prix et goûter la douceur.

Les mots de *sainte* ou de *vénérée* employés dans cet
ouvrage sont la simple expression de sentiments intimes et
personnels. Ils n'ont donc pas le sens que l'Église y attache
en désignant ceux qu'elle propose au culte des fidèles.

VIE

DE LA RÉVÉRENDE MÈRE

ÉLISABETH ROLLAT

PREMIÈRE SUPÉRIEURE DE NAZARETH

CHAPITRE PREMIER

ENFANCE D'ÉLISA. — SA VIE DE JEUNE FILLE

Élisabeth Rollat naquit à Paris le 26 janvier 1782. Son père, suisse d'origine, après quelques années de service militaire en France, était entré comme secrétaire chez le duc de Luynes ; sa mère exerçait une sorte d'intendance dans la maison de la comtesse Le Bouthilier d'Adhémar qui, pendant sa jeunesse, avait été dame d'honneur de Marie Leckzinska, puis de la brillante dauphine Marie-Antoinette, plus tard infortunée reine de France. Belle, riche, spirituelle, Mme d'Adhémar avait cherché longtemps dans l'enivrement des fêtes de la cour quelque adoucissement à ses chagrins domestiques ; mais n'y ayant trouvé qu'ennui et dégoût, elle s'était retirée de cette vie d'agitation pour se consacrer à l'exercice de la piété et de la charité. Deux fois veuve et sans enfant, elle se fit un plaisir d'adopter en quelque sorte les filles de Mme Rollat encore en bas âge à la mort de leur père. Elle avait tenu les deux aînées, Gabrielle et Élisa, sur les fonts baptismaux. La troisième, Pauline, fut aussi très-bien élevée par ses soins, mais hors du château où elle ne venait que par intervalles. Elle ne manquait pas plus que ses aînées des qualités de l'esprit et du cœur ; entrée fort jeune comme religieuse au couvent de Saint-Thomas de Villeneuve, elle y vécut et mourut saintement. C'est elle qui composa le cantique devenu populaire :

> Il n'est pour moi qu'un seul bien sur la terre,
> Et c'est Dieu seul, etc.

Gabrielle et Élisa, restées près de leur marraine, furent toujours étroitement unies : quoique d'un caractère bien différent, elles semblaient ne pouvoir se passer l'une de l'autre, même pour un moment ; dès qu'elles se perdaient de vue, chacune de son côté disait instinctivement : Où est ma sœur ?

Gabrielle, l'aînée d'un an seulement, était grave, sérieuse ; son application en toutes choses lui laissait une apparente supériorité que sa jeune sœur se plaisait à relever.

La gaîté, l'enjouement, une sorte de légèreté d'esprit, de naïve et prompte réplique, donnaient au caractère d'Élisa quelque chose de plus vif et de plus gracieux. On remarquait surtout en elle une grande sensibilité ; elle n'avait pas encore trois ans lorsque son père mourut. Mme Rollat, inconsolable, pleurait souvent et longtemps ; la petite Élisa, assise à ses pieds, n'osant dire une parole, tenait attachés sur elle ses yeux pleins de larmes, et sa physionomie reflétait la douloureuse impression de sa mère. Elle contracta probablement alors cette maladie de cœur qui la mit plusieurs fois, dans le cours de sa vie, à deux doigts du tombeau, et dont elle ne guérit jamais. A cette rare sensibilité se joignait déjà chez Élisa un attrait bien marqué pour la piété et une crainte excessive des moindres fautes. Elle appréhendait d'avoir sept ans, parce qu'elle avait entendu dire qu'à cet âge on peut pécher mortellement. On la trouvait quelquefois dans un coin de l'appartement avec un extérieur composé et tout recueilli, et lorsqu'on lui demandait ce qu'elle faisait ainsi : « Je fais oraison, » répondait-elle.

Le P. Grou, connu par ses ouvrages spirituels, était le directeur de Mme d'Adhémar, il fréquentait souvent son château et trouvait grand plaisir à interroger les deux petites filles ; il les confessait, leur parlait du bon Dieu, de son amour, leur chantait des cantiques qu'elles redisaient après lui avec un joyeux entrain. La bonne comtesse, ravie des heureuses dispositions de ses filleules, aimait à faire remarquer l'attrait de grâce qui déjà les distinguait, et elle recueillait avec empressement les heureux pronostics du saint religieux.

« Vous marierez Gabrielle, dit-il plusieurs fois ; mais Élisa n'aimera jamais que Dieu. » Et il recommandait d'avoir grand soin de cette petite âme privilégiée, de ménager surtout son excessive sensibilité.

Ce jeune cœur semblait, en effet, instinctivement vouloir ne se donner qu'au bon Dieu ; car ayant entendu Mme d'Adhémar dire à Mme Rollat : « L'aînée sera plus jolie que la cadette, » Élisa, un peu piquée d'abord, prit cependant aisément son parti de ce désavantage et se dit intérieurement : « Il m'est indifférent d'être laide, puisque je ne veux pas me marier ; mais je veux être aimable pour être aimée. »

Un autre petit trait montre que déjà elle comprenait la valeur des dons de l'intelligence. Sa mère lui ayant demandé un jour en plaisantant :

« Qu'aimerais-tu mieux être, sotte ou méchante? »
Elle s'était hâtée de répondre : « J'aimerais mieux
être méchante. » Et, sans s'émouvoir de l'étonnement produit par une si mauvaise disposition, elle
avait ajouté d'un ton résolu : « Méchante, je
pourrais devenir bonne si je le voulais, et je le
voudrais ; mais je ne pourrais jamais me donner
de l'esprit si je n'en avais pas. »

Ce pouvoir de la volonté, Élisa le comprit et
l'expérimenta de bonne heure. Dès l'âge de huit
ans, elle sentit le besoin de se vaincre elle-même
et résolut de surmonter la frayeur qu'elle éprouvait toujours, quand la nuit elle se trouvait seule
et sans lumière. Elle descendait donc dans la salle
à manger, puis s'asseyait sur les marches de
l'escalier, déterminée à y demeurer jusqu'à ce
que toutes ses craintes fussent dissipées, et, bien
qu'elle s'en trouvât comme glacée, elle renouvela
cet exercice avec une fermeté de résolution que
la foi seule pouvait inspirer et soutenir. « C'est là,
dit-elle plus tard, en racontant le fait, que j'ai
appris ce que peut une confiance toute filiale en
l'ange gardien. Je me représentais le mien, de-
bout à mes côtés, je l'invoquais et je ne me par-
donnais pas d'être émue de crainte sous ses yeux. »

Lorsque dans la belle saison Mme d'Adhémar
allait habiter sa terre d'Évêquemont, aux envi-

rons de Paris, c'était fête au village, et tous les dimanches les bons paysans s'empressaient de venir chercher les deux petites filles pour ouvrir le bal champêtre dans le parc du château. Ce divertissement les amusait beaucoup ; mais dès que le P. Grou leur eut témoigné qu'il en était surpris, parce que cela ne plaisait pas au bon Dieu, Élisa courut trouver sa marraine pour lui dire qu'elle ne danserait plus jamais.

Quand les événements politiques qui bouleversaient alors la France obligèrent Mme d'Adhémar à quitter Paris, Mme Rollat, ses enfants et quelques dévoués serviteurs la suivirent à Évêquemont, où elle se fixa tout à fait ; elle y donna l'hospitalité à l'abbé Lynn, prêtre irlandais, qui devint le précepteur de Gabrielle et d'Élisa. C'était un homme fort respectable et très-consciencieux, mais dont le caractère calme, grave, le raisonnement un peu solennel contrastait singulièrement avec la pétulante vivacité d'Élisa qui, douée d'une prodigieuse mémoire et d'une grande facilité pour saisir les choses, ne restait pas longtemps tranquille à la même place ; aussi, malgré son fonds de douceur et de docilité, il lui arriva plus d'une fois de troubler les leçons du bon abbé qui finit par lui demander la permission de l'attacher à son tabouret. Le silence ainsi rétabli ne durait guère, car bientôt, Élisa, oubliant leçons et pénitences, se mettait en campagne, emportant son siége avec elle.

Les devoirs lui paraissaient également longs et ennuyeux, elle cherchait gaîment à s'y soustraire, la légèreté l'emportait, mais jamais dans ses petits enfantillages elle ne perdait son aimable franchise.

Grâce à la patiente ténacité du professeur et à l'intelligence des élèves, les progrès furent très-sensibles. Mme Rollat, femme sérieuse, suivait ce développement avec intérét, et Mme d'Adhémar trouvait dans la société des chères enfants une agréable distraction à ses ennuis; leur douce affection la consolait des amertumes de sa vie. Cette jeunesse, si belle d'innocence et de franche gaîté, faisait trêve aux pénibles souvenirs et aux craintes d'une situation politique qui s'aggravait chaque jour.

Gabrielle et Élisa avaient trop de pénétration et de sensibilité pour ne pas s'associer elles-mêmes aux malheurs publics dont la connaissance arrivait jusqu'à elles. Ce qu'elles entendaient raconter leur faisait envier le sort des enfants d'autrefois qui, à leur avis, ne devaient pas tant pleurer, ni entendre lire d'ennuyeux journaux. La mort de Louis XVI les attendrit profondément; Élisa comprit pour la première fois ce qu'était une peine de cœur. « Jusque là, disait-elle plus tard, je n'avais pleuré que sur mes petits chagrins personnels, ou par compassion, en voyant couler d'autres larmes, mais je sentis vivement alors que, de loin comme de près, le coup qui frappe une personne aimée retentit douloureusement dans notre cœur. »

Mme d'Adhémar, accompagnée de ses filleules, visitait souvent les bons paysans d'Évêquemont ; les pauvres, les malades, les infirmes recevaient des secours de tous genres. Élisa excellait en gracieusetés auprès de ces braves gens qui lui souhaitaient mille bénédictions.

Pendant la Terreur, plusieurs prêtres se cachèrent dans le château ou dans les environs; l'un d'eux venait régulièrement chaque semaine à la première heure de la nuit du samedi au dimanche, il confessait, disait la sainte messe, donnait la communion et retournait avant le jour dans son obscure retraite. Cela ne put se faire longtemps sans éveiller les soupçons. Une visite domiciliaire inattendue glaça d'épouvante les pieuses habitantes du château, car les révolutionnaires allèrent droit à la chapelle, y ouvrirent le tabernacle où se trouvait encore le calice qui venait de servir. Une énorme araignée, sortant précipitamment de ce lieu, leur ôta toute idée de poursuivre leurs recherches. Ils se retirèrent. Mais la maison était

signalée et habilement surveillée par des hypo-
crites qui, tantôt sous un prétexte, tantôt sous un
autre, arrivaient à l'improviste chez la comtesse;
elle leur faisait toujours un gracieux accueil et
assez souvent les invitait à sa table. Il y avait en
général tant de politesse, de discrétion et de dévouement parmi ses serviteurs, que le mystère
resta longtemps impénétrable aux habiles inqui-
siteurs. Mais un jour, à la suite d'un dîner que
Mme d'Adhémar avait rendu aussi joyeux que
possible, afin d'engager un jeune prêtre à y faire
des plaisanteries pour dissimuler son caractère,
tous les convives firent ensemble un tour de parc.
Après quelques instants les espions saluèrent et
parurent se retirer. La comtesse, reprenant alors
sa promenade, la continua en se confessant, puis,
s'arrêtant près d'un bosquet touffu, elle s'agenouilla pour recevoir l'absolution. Un mouvement rapide dans le feuillage la fit frissonner : les
espions avaient tout vu ; ils se saisirent à l'instant du bon prêtre qui bientôt après fut guillotiné.

C'est au milieu de ces pénibles émotions, en
pleine Terreur, que Gabrielle et Élisa firent leur
première communion, la nuit, dans la chapelle
d'Évêquemont. Elles y avaient été préparées par
Mme d'Adhémar, par leur mère, et plus encore
par ces graves événements qui hâtent la maturité

et font sentir plus impérieusement à la créature le besoin qu'elle a de Dieu. Les nouvelles de mort toujours plus nombreuses, les craintes, les anxiétés, le profond mystère dont il fallait s'entourer au péril de la vie, tout, dans cet acte important, devait rappeler bien plus les catacombes et la préparation au martyre que les gracieuses fêtes qui accompagnent ordinairement cette première apparition du jeune adolescent au banquet eucharistique. Élisa y renouvela sa ferme résolution de n'avoir jamais d'autre époux que son divin Maître et de ne servir que lui.

Peu après cette touchante cérémonie, Mme d'Adhémar elle-même fut arrêtée et conduite en prison, mais elle n'y resta que quelques semaines ; dès que les habitants d'Évêquemont s'aperçurent qu'on leur avait enlevé leur bonne châtelaine, ils la réclamèrent avec de pressantes instances. Mme Rollat, pour activer leurs démarches, s'était transportée à Paris, laissant derrière elle ses enfants dont on comprend l'anxieuse attente et les ferventes prières. Lorsque, à la mort de Robespierre, Bourguignon, fidèle valet de chambre, vint annoncer le retour de sa bonne maîtresse, Élisa, sans s'apercevoir qu'elle n'était qu'à moitié habillée, descendit précipitamment, courut pendant une demi-heure au-devant de la voiture et tomba presque évanouie d'émotion et de fatigue en se jetant dans les bras de sa marraine. Mme d'Adhémar fut très-sensible à cette marque d'un attachement si vrai. Il n'y avait là ni calcul, ni réflexion, la chère enfant venait de céder à l'élan spontané de son cœur.

Dès que le calme fut un peu rétabli, Mme d'Adhémar reprit ses anciennes habitudes, elle revint à Paris et ne passa plus que l'été à Évêquemont.

Mlles Rollat, heureuses de pouvoir donner un aliment extérieur à leur piété, prenaient part avec un saint empressement aux cérémonies du culte et aux pieuses réunions. Quelquefois même il leur arrivait d'entendre plusieurs sermons par jour ; elles les résumaient, puis les redisaient à la bonne comtesse. L'excellente mémoire d'Élisa, sa facilité à reproduire le geste et le ton de la voix donnaient quelque chose de très-piquant à ces répétitions ; un jour sa sœur l'ayant interrompue par ces mots : « Le prédicateur n'a pas dit cela, » elle répliqua sans s'émouvoir : « Il aurait dû le dire ! » et continua son discours.

Lorsque Mlle de Blangy, nièce de Mme d'Adhémar, revint à Évêquemont au retour de l'émigration, elle se lia d'amitié avec Mlles Rollat, partagea leurs études et leurs distractions ; l'entrée au couvent d'une femme de chambre fut un événement pour ces demoiselles qui composèrent chacune un sermon pour la circonstance. Dès qu'Élisa eut achevé le sien, pendant que les deux autres écrivaient encore et se préparaient à apprendre par cœur, elle monta sur une chaise et débita son discours avec tant de grâce que personne n'aurait osé lui disputer les suffrages. Sa ferveur était alors très-grande, la lecture de la vie des saints enflammait sa jeune imagination qui ne rêvait plus qu'austérité et pratiques de pénitence ; elle voulait absolument devenir sainte à son tour. C'est à cette époque, c'est-à-dire vers l'âge de quinze ans, qu'elle composa son premier cantique :

> Mon Seigneur et mon maître,
> Objet de mon amour,
> A toi seul je veux être
> Sans fin et sans retour, etc.

Comme il ne lui était pas facile d'échapper à la surveillance qui entravait ses petits excès de mortification, elle obtint, à force d'instances, de coucher seule dans une chambre où elle espérait être plus libre ; mais sa mère s'aperçut bientôt qu'afin de rendre son sommeil moins profond, elle avait inventé un petit mécanisme qui fixait sa tête au bois de lit ; bien vite elle la condamna à revenir près d'elle.

Cependant rien ne satisfaisait cette âme ardente,

avide de souffrir ; elle ne savait qu'imaginer et se désolait de ne pouvoir donner à Dieu aucune preuve un peu sensible de son amour. Un jour un arracheur de dents, vrai charlatan comme il s'en trouve dans les villages, se présente au château ; Élisa l'entraîne à l'écart et se fait arracher immédiatement les deux premières molaires de la mâchoire supérieure, heureuse de saisir l'occasion d'endurer une vive douleur et d'ôter un petit agrément à sa physionomie. A la réflexion, elle se trouva dans un grand embarras ; on allait certainement la gronder, et elle se sentait moins de courage pour affronter ce genre de peine. La crainte humaine la rendit presque aussi ingénieuse que l'amour de Dieu ; elle s'étudia à ouvrir la bouche avec tant de précautions que pendant plusieurs mois personne ne sut rien de cette histoire. Lorsqu'on s'en aperçut, la brèche était à peine sensible, grâce à l'écartement des autres dents ; on ne fit donc qu'en rire.

Dans la même disposition d'esprit, elle tourmenta l'abbé Le Coq, son confesseur, pour qu'il lui permît l'usage de la discipline ; il finit par céder à ses instances ; mais réfléchissant au blâme qui retomberait sur lui si l'on venait à découvrir les encouragements donnés à sa pénitente, avant la fin du jour, il la pria de rentrer au confessionnal.

Là il essaya de rétracter ses permissions ; mais déjà dans l'intervalle du déjeûner au dîner, Élisa s'était flagellée trois fois.

Cette ardeur pour la pénitence ne l'empêchait pas d'être fort sensible au point d'honneur; en voici une preuve citée par elle-même dans les dernières années de sa vie à de grandes pensionnaires qu'elle voulait former à la vraie vertu : « J'avais, leur disait-elle, la garde de la bibliothèque du château, et je la conservais dans un ordre parfait et une exquise propreté. L'abbé Le Coq, venant un jour y chercher un livre, me fit compliment et ajouta : « Je vous recommande, « mon enfant, de ne rien lire sans la permission de « votre marraine. » Cette recommandation me blessa au vif. « Jamais, lui répondis-je, je n'ai « ouvert un livre qui ne me fût donné par elle. » Le rouge m'était monté au visage, et, bien des fois dans la journée, je me sentis émue d'avoir été jugée capable d'une telle curiosité. Le soir , ayant à achever un classement d'ouvrages dans la bibliothèque, j'en trouvai un dont le titre m'était inconnu, et que je ne savais dans quelle catégorie ranger. Je l'ouvris pour voir simplement de quoi il traitait ; ses premières lignes me frappèrent ; je lus quelques pages avec avidité et j'allais continuer, lorsqu'une soudaine et très-vive

émotion m'avertit que je n'étais pas plus invulné-
rable qu'une autre. Je courus devant le saint
Sacrement fort humiliée, et pourtant bien contrariée d'avoir à confesser ma faute à ce même M. Le
Coq dont l'avertissement m'avait si fort blessée.
Je n'avais pas d'autre confesseur à ma portée. Si
le choix m'eût été possible, je n'aurais pas man-
qué de m'adresser ailleurs cette fois, car alors je
ne craignais rien tant que l'humiliation. »

Élisa avait grandi, beaucoup plus occupée de
plaire par son esprit que par les agréments de sa
figure, jusqu'au moment où une amie de Mme d'Adhémar, reparaissant après une longue absence, entra
avec elle dans la chambre où les demoiselles Rollat faisaient leur toilette. En vraie femme du
monde, après les avoir considérées, elle murmura
à l'oreille de la comtesse : « Eh bien ! ma chère, je
vous l'avais dit, qu'elles seraient jolies ; la seconde
surtout est ravissante ! » Cette parole fut recueillie
avec un secret, mais bien intime plaisir, et devint
un sujet de préoccupation pour la bonne enfant
qui se reprocha bien vite ce mouvement de vanité,
et rougit de trouver dans son cœur autre chose
que l'estime et l'affection pour la sainteté.

Élisa approchait alors de sa dix-huitième année, et il semblait en effet que la nature et la
grâce se fussent réunies pour en faire une jeune

fille vraiment remarquable : sa taille élevée et élégante, son regard vif et spirituel, son expression de candeur, sa distinction parfaite, ses manières obligeantes et gracieuses, tout dans son extérieur attirait une admiration que des qualités solides et précieuses changeaient bientôt en une respectueuse estime et un sincère attachement. Elle avait de la droiture, de la générosité, une exquise délicatesse de sentiment, beaucoup d'esprit naturel, une instruction sérieuse dont elle ne faisait jamais parade, un caractère aimable et facile, et par-dessus tout un cœur compatissant et très-sensible aux misères des pauvres. On comprend quel ascendant, quelle sorte de doux empire devait exercer Élisa Rollat dans le cercle de personnes choisies qui fréquentaient les salons de Mme d'Adhémar. Elle était l'âme de toutes les réunions ; lorsqu'on s'amusait à lutter d'esprit et de gaîté, elle aiguisait sans peine une épigramme, composait une chansonnette de manière à enlever tous les suffrages ; mais jamais on ne sentait la moindre recherche dans ces petits succès, elle y mettait une si grande simplicité et un si charmant naturel qu'elle ne soulevait pas le plus léger sentiment de jalousie.

Au reste, ce n'était pas seulement dans les assemblées nombreuses qu'Élisa déployait son aimable entrain : s'oubliant toujours elle -même pour le bien et le plaisir des autres, elle apparaissait bonne et souriante à toutes les heures du jour, et savait admirablement se prêter aux circonstances.

Afin d'avoir la messe au château d'Évêquemont, Mme d'Adhémar y recevait habituellement quelques ecclésiastiques qui se succédaient, prolongeant plus ou moins leur séjour : c'étaient, d'ordinaire, des hommes âgés et souffrants auxquels le bon air et le repos de la campagne faisaient du bien ; mais les soirées, ainsi passées avec un prêtre étranger, eussent été souvent bien monotones, si Élisa ne se fût ingéniée pour les égayer et alimenter la conversation. Une fois entre autres, elle découvrit qu'un de ces hôtes respectables [1] avait traduit un livre dans sa jeunesse ; vite elle se procure cet ouvrage, et chaque soir elle amène adroitement la conversation sur ce sujet, cite avec à-propos les passages qu'elle a lus dans la journée, faisant ressortir ce qu'elle y voit de juste et de bon. Le saint prêtre émerveillé, ravi, s'écrie de temps en temps : « Mais c'est singulier ! Vous vous souvenez de ce livre mieux que moi qui l'ai traduit ! » Mme d'Adhémar,

---

[1] L'abbé Baudrand.

qui était dans le secret, se divertissait fort de l'aimable ruse de sa filleule.

Citons·un autre petit trait de cette bonne grâce et vraie charité, il est simple comme toute la vie que nous écrivons : une ancienne amie de Mme Rollat, qui se trouvait dans une position de fortune très-modeste et même gênée, témoignait aux deux jeunes filles la vive affection qu'elle avait toujours conservée à leur mère. Gabrielle et Élisa y répondaient par les plus délicates attentions, elles s'arrangeaient si bien que jamais l'amitié ne put être froissée de leurs nombreuses générosités ; mais la bonne demoiselle avait une idée arrêtée, ou plutôt un désir du cœur qu'il fallait absolument satisfaire, elle voulait avoir à dîner Mlles Rollat. Avant de lancer son invitation, elle cherche long-temps dans son esprit ce qu'elle pourrait offrir..., sa table était si loin de ressembler à celle de Mme d'Adhémar ! A la fin, elle croit avoir découvert un mets aussi rare à Paris que savoureux, et elle se hasarde. L'invitation est gracieusement acceptée. L'heure venue, la fameuse bouillie de blé noir est apportée sur la table ; la vieille demoiselle se hâte d'en faire les honneurs, et cependant examine avec anxiété l'effet produit. Les deux convives prennent un air de satisfaction, en font l'éloge, elles en réclament une seconde fois,

puis même demandent s'il serait indiscret d'y revenir une troisième. Bref, au risque d'être malades, tout leur dîner se composa de ce mets tant
vanté. L'hôtesse enchantée se félicite hautement,
et plus encore en elle-même, d'avoir si bien rencontré le goût de ses jeunes amies. On la laisse
jouir de son naïf triomphe. Dès que le tête-à-tête
fut possible : « Est-il donc vrai que tu trouvais cette
bouillie bonne ? dit Gabrielle. — Elle est détes-
table au goût, mais excellente pour faire pratiquer la mortification, » reprit Élisa.

C'était surtout dans le village d'Évêquemont
que s'exerçait le zèle intelligent et l'ingénieuse
charité de Mlle Élisa. A la tête de la congrégation
de la Sainte-Vierge, elle faisait des instructions
aux jeunes filles et le catéchisme aux enfants,
apportant une douce patience et un rare talent
pour ouvrir les intelligences les plus rebelles ;
les prêtres qui évangélisaient le pays trouvaient
en elle un puissant auxiliaire ; aussi saluaient-ils
son retour à Évêquemont chaque année avec autant de joie que les paroissiens. Elle visitait les
pauvres, les malades ; leur donnait tout ce dont
elle pouvait disposer elle-même, et recourait pour
le reste à la bourse de sa marraine, femme vraiment généreuse et compatissante. Au milieu de
l'exercice de la charité et dans tout le zèle de la

ferveur, Élisa fut atteinte d'une grave maladie, elle pensa mourir et s'en réjouit, témoignant un grand désir de consommer bien vite son union avec le bon Dieu. On lui donna le saint viatique le jour de l'Ascension, qu'elle croyait être celui de son entrée dans le ciel. L'abbé Le Coq qui la dirigeait alors partageait son sentiment et n'attendait que son dernier soupir. Mais Élisa se rétablit tout en conservant une santé très-délicate ; elle reconnut depuis et avouait ingénument qu'il y avait eu beaucoup d'exaltation dans ce désir de mourir jeune, que l'imagination jouait alors à son insu un grand rôle dans sa piété. L'Esprit saint devait l'amener pas à pas à la pratique des solides vertus.

Le mariage de Gabrielle, celui de Mlle de Blangy et l'entrée au couvent de sa jeune sœur Pauline furent pour Élisa, à des distances très-rapprochées, de nouvelles occasions de sacrifice et de véritables peines de cœur. Elle sentait vivement les séparations, quoique Mme d'Adhémar redoublât pour elle de témoignages d'affection. C'est pour se distraire du profond ennui qui la gagnait qu'elle se mit à étudier le latin ; elle y trouva non seulement une distraction utile, mais un grand aliment pour sa piété, en saisissant mieux la force et la beauté de l'Écriture sainte et de ses commentaires.

Il semblait que la Providence voulût faire un vide presque complet autour d'elle, car, en 1805, Mme Rollat mourut entre les bras de sa fille. Cette perte d'une mère qu'elle avait toujours respectée autant qu'aimée, en faisant une nouvelle blessure au cœur d'Élisa, y éveilla un autre genre de regrets. Comment n'avait-elle pas profité de la présence de sa mère si dévouée à Mme d'Adhémar pour se faire religieuse? Elle ne pouvait s'expliquer à elle-même ce délai qui contrastait avec la véhémence de ses désirs et sa promptitude habituelle à les exécuter. Cette impression cependant tenait plus de l'étonnement que du reproche d'infidélité ; car si l'appel divin avait été absolu quant à la vocation, jamais il n'avait fait pressentir que l'heure du départ fût arrivée.

La mauvaise santé, l'incertitude sur le choix de l'ordre avaient jusque-là retenu Élisa. La reconnaissance va lui faire un devoir de rester auprès de Mme d'Adhémar pour consoler et soutenir sa vieillesse, et il s'écoulera encore bien des années avant que ses chaînes ne soient brisées.

Demeurée seule près de sa marraine, plus que jamais elle l'entoura de soins, de prévenances, de ces mille attentions dont le cœur a le secret. Elle chercha aussi toutes les occasions de se rendre utile à sa sœur qu'elle visitait souvent et remplaçait au besoin auprès d'une jeune famille qui augmentait rapidement ; Mme Cahier eut quinze enfants, à des intervalles très-rapprochés ; elle les élevait dans la crainte et l'amour du Seigneur, mais avec une fermeté qui n'est guère connue de nos jours. L'apparition de la tante Élisa, son séjour dans la maison étaient une vraie fête ; ce n'est pas qu'elle eût pour ses neveux et nièces une aveugle condescendance, chez elle l'autorité se joignait à la plus charmante affabilité.

Dans une de ces visites à sa sœur, elle rencontra M. Bernetti, qui devint plus tard cardinal et ministre d'État. Il était alors secrétaire de son oncle, le cardinal Brancador, et l'avait accompagné à Paris où il sentait vivement le poids dé l'exil. Aussi, faisant allusion à la situation créée par la politique de Napoléon aux membres du Sacré Collège, il disait en plaisantant : « Les cardinaux sont confesseurs de la foi, et moi j'en suis le martyr. » Homme instruit, esprit fin, subtil, délicat, il trouvait dans la conversation de Mlle Rollat sa plus agréable distraction. Parlant un assez mauvais français, il saisissait volontiers l'occasion de s'expliquer en latin avec les gens instruits qui fréquentaient la maison Cahier. L'un d'eux lui dit un jour : « Mais Mlle Élisa entend très-bien le latin. — Bah ! reprit-il, latin de

femme. — Pas du tout, ne vous y fiez point. »
Aussitôt M. Bernetti voulant mettre à l'épreuve
l'assertion de son interlocuteur, lui dit, toujours
en latin : « Elle est aussi spirituelle qu'aimable. »
Une subite rougeur trahit celle dont on parlait, et
qui, jusque-là, avait parfaitement dissimulé l'intérêt qu'elle prenait à la conversation de ces mes-
sieurs.

Le cardinal Bernetti n'oublia jamais Mlle Élisa,
et bien des années après, en sa considération, il
accueillit à Rome sa nièce, Mme Wateau, et lui rendit d'importants services.

Lorsque le souverain pontife Pie VII vint à
Paris pour le sacre du premier consul devenu
empereur, Mme d'Adhémar et sa filleule furent
les premières à mêler le témoignage de leur
profonde vénération, aux transports de joie et
d'amour qui accueillirent le Saint-Père dès son
entrée dans la capitale. Les pompes des fêtes im-
périales pâlirent devant cet enthousiasme de toute
une nation catholique, revendiquant son titre de
fille aînée de l'Église. Chacun voulait voir le pontife et recevoir sa bénédiction. Plus heureuses
que beaucoup d'autres, ces dames obtinrent la faveur d'une audience. Quand elles furent admises
au baisement des pieds, l'émotion d'Élisa la retint
si longtemps prosternée qu'un des gardes vint lui

offrir sa main pour l'engager à se relever. Malgré
ces élans de foi, sa vie était alors un singulier
mélange de pieuses aspirations, de tendances à la
sainteté, et, d'une grande préoccupation d'elle--
même ; elle semblait se complaire dans les dons
que la nature et la grâce lui avaient prodigués.

Mme Cahier l'en plaisantait et lui citait avec
malice ce vers plein d'à-propos :

Il prit, quitta, reprit la cuirasse et la haire.

Élisa souriait, mais au fond elle était mal à
l'aise et gémissait de la contradiction dont son
cœur était victime ; sa conscience droite et très-
délicate ne lui permettait pas de goûter le bonheur que lui offrait l'affection de tout son entourage ; la vie de bonnes œuvres qu'elle menait, soit
à Évêquemont, soit à Paris, lui laissait au fond du
cœur l'impression qu'elle ne donnait pas à Dieu
tout ce qu'il demandait. Elle pensait beaucoup à
lui, elle le considérait dans les pauvres, elle le
voulait servir dans ses membres souffrants ou dis-
graciés de la nature ; elle le cherchait partout.
On la voyait dans un salon s'approcher des personnes ennuyeuses ou insignifiantes, leur dire de
bonnes paroles, les égayer, mais elle respirait,
sans bien se l'avouer, un certain air de vanité dans
toutes ces choses. Sa mise, simple et toujours di-

gne, ne manquait ni de bon goût, ni même d'une
certaine élégance. Elle voulait plaire et s'étudiait
en tout à paraître s'oublier elle-même, elle y
réussissait à merveille. Ce n'est pas que dans son
cœur il y eût la moindre hésitation entre Dieu et
le monde, elle était bien déterminée à n'appartenir
jamais qu'à celui qui lui avait inspiré ces sentiments délicieux,

> Seigneur, à peine à mon aurore,
> Déjà tu savais me charmer,
> Je ne connaissais rien encore
> Et déjà je savais t'aimer.

Mme Cahier, qui avait vainement essayé plusieurs fois de faire accepter à sa sœur un établissement convenable dans le monde, lui ayant
alors proposé le neveu de l'abbé Desjardins, fut
refusée d'une manière si absolue et si positive
qu'elle ne revint plus à la charge.

Les confesseurs de Mlle Élisa, excellents prêtres
et peut-être les meilleurs directeurs spirituels de
cette époque, lui donnèrent successivement les
soins les plus dévoués; elle n'avait rien de caché
pour eux, elle les vénérait, les aimait et recevait
leurs avis avec autant de reconnaissance que d'esprit de foi : « Ils me disaient des vérités assez
dures, avouait-elle plus tard, me soumettaient à

de petites épreuves; mais je comprenais fort bien qu'au fond ils m'admiraient, et, quelque volonté que j'eusse de m'humilier, leurs reproches me faisaient penser que j'étais sûrement appelée à la sainteté. Puisque les saints ont cru avoir beaucoup de défauts et que je m'en vois beaucoup, me disais-je quelquefois, c'est que je suis peut-être. sainte. J'avais pourtant des preuves assez évidentes du contraire. J'expérimentais tous les jours qu'on peut penser à Notre-Seigneur, l'admirer, avoir même pour lui des sentiments vifs et tendres et ne pas l'imiter. Ainsi, par exemple, chaque fois que l'heure sonnait, j'étais très-fidèle à me représenter un des mystères de la Passion, et, pendant plusieurs années, celui du couronnement d'épines me revenait au moment où je me coiffais pour aller au salon ; tout en ajustant un ruban ou une fleur sur ma tête, je faisais très-consciencieusement devant la glace les réflexions et les prières indiquées dans l'horloge de la Passion, sans que cela diminuât en rien mon désir d'être trouvée bien. »

Et cependant, si nous lisons les notes que Mlle Élisa prenait alors sous le regard de Dieu, nous voyons que la lumière ne lui faisait pas défaut ; elle connaissait sa faiblesse, elle en souffrait et prenait de généreuses résolutions. Voici ce qu'elle écrivait le 26 janvier 1810.

« Je réfléchis sur moi-même, devant vous, ô mon Dieu, et je n'y trouve qu'inconséquence et folie. Toutes les situations de ma vie sont ménagées par les soins aimables de votre Providence, et je n'en sens le mérite et le prix que lorsqu'il n'est plus temps d'en profiter, ou si je les apprécie dans le temps, ce n'est que superficiellement et spéculativement, sans que jamais des réflexions sérieuses et profondes influent sur ma conduite et règlent mes actions.

« La solitude m'est non-seulement utile, mais par votre grâce et lorsque je me livre à son impression, elle m'est très-agréable. C'est là que vous parlez à mon âme, et votre entretien plein de charmes et de pures délices la dédommage de tout. Que dis-je, dédommager ? Eh ! me manque-t-il quelque chose quand je suis avec vous ? Mon cœur brûlant d'amour s'élance vers vous de toute l'ardeur de ses désirs ; il vous parle, vous écoute, vous sent près de lui et en lui. Il ne se lasse pas plus de vous redire qu'il vous aime, que vous ne daignez vous lasser de l'entendre. Or il est constant, ô mon Dieu, et ma triste expérience me l'a trop appris, que le commerce du monde, les fréquentes sorties, les rapports même nécessaires, les bienséances, les douceurs de l'amitié affaiblissent ce doux sentiment de votre présence. Et néanmoins, toujours contraire à moi-même, je me surprends sans cesse désirant ce à quoi j'ai cent fois renoncé, et me portant avec ardeur vers ce que je devrais craindre..., à peine mon cœur trop avide de jouissance s'est-il répandu au dehors, que votre jalouse tendresse lui fait chèrement payer son imprudence et sa folie. O ma chère solitude, que vous me causez d'amers regrets, lorsque mon âme, tout épanchée sur les objets extérieurs, tout occupée de vanité, d'inutilités, empressée et inquiète, se replie sur elle-même, y cherche en vain son bien-aimé et n'y trouve plus qu'un vide immense. Échange affreux de *solitude*, aussi désolante que l'autre était précieuse et douce! »

Viennent ensuite les résolutions. Citons seulement celles qui regardent le caractère :

« J'éviterai, autant qu'il me sera possible, de paraître et d'occuper de moi.

« Très-simple habituellement dans ma toilette, je le serai plus encore quand j'en aurai été occupée auparavant.

« Je tâcherai de ne juger ni condamner la conduite d'autrui, d'éviter l'esprit de critique et de censure, particulièrement lorsqu'il s'agit de la parole de Dieu, pour laquelle je prie le Seigneur de me donner et d'entretenir en moi une sainte avidité, sans curiosité ni délicatesse.

« Dans mes rapports avec mes amis, je me montrerai simple et cordiale, ne me comptant pour rien et sacrifiant mes goûts et mes désirs, même les plus saints en apparence, à la vraie charité.

« Je parlerai peu, mais surtout lorsque je serai dans les occasions où je m'échappe le plus souvent, c'est-à-dire avec des personnes que j'aime ou avec celles qui sont disposées à m'admirer.

« Dans mes occupations, je sacrifierai ma paresse et quitterai tout quand l'heure réglée pour un travail sera venue. Je sacrifierai surtout ma bouillante activité qui veut voir promptement la fin de tout ce que je commence. »

Mlle Élisa se connaissait donc parfaitement, elle essayait de rejeter ce poids d'infirmités qui arrête le vol de l'âme, prenait de généreux élans, mais retombait toujours comme insensiblement entraînée par la pente de la nature.

Il fallait qu'un médecin habile se chargeât non plus seulement d'indiquer les remèdes, mais de les appliquer et de faire de douloureuses incisions. Dieu, qui n'avait mis de hautes aspirations dans cette âme privilégiée que pour les satisfaire, va lui faire rencontrer cet excellent directeur......

CHAPITRE II

DIRECTION DU P. ROGER

Vers la fin de 1813, se trouvaient un jour réunis à dîner chez Mme Cahier quelques ecclésiastiques, amis de son mari et de la connaissance de son beau-frère, M. Cahier, avocat général. La conversation entre ces hommes sérieux et instruits était aussi animée qu'intéressante. Cependant un des principaux convives, le R. P. Roger, parlait peu ; son regard scrutateur semblait vouloir lire dans l'âme de Mlle Élisa, qu'il voyait pour la première fois. Il suivait ses mouvements, et, dès qu'on eut quitté la table, il l'entraîna à l'écart, vers une embrasure de fenêtre ; là, sans préambule, il lui parla de l'oraison, de ce qu'elle devait y éprouver, lui donnant à ce sujet quelques avis qu'elle ne lui demandait pas, et qui la choquèrent. Avec son tact et son exquise politesse, Mlle Élisa remercia simplement. Mais dès qu'elle fut libre avec sa sœur, elle lui dit : « Ton Père Roger ne me plaît pas du tout, il est trop *fendant* pour un jeune prêtre. » (Le teint clair et les cheveux blonds du saint religieux dissimulaient l'âge déjà respectable de cinquante et un ans.)

Peu de temps après cette entrevue, Mlle Élisa eut à présider un repas où se trouvait encore le P. Roger, en compagnie de deux ou trois ecclésiastiques. Elle s'anima, fit beaucoup de frais d'amabilité, et aurait été fort contente d'elle-même, disait-elle ensuite, si elle avait pu remarquer quelques signes d'approbation dans la physionomie du révérend Père. Mais le silence affecté de celui-ci contrastait avec les applaudissements que les autres convives donnaient à sa manière d'être, et à l'érudition dont, en cette circonstance, elle faisait quelque parade. La conversation étant tombée sur un ouvrage de spiritualité qu'elle paraissait goûter, il se tourna vers elle et dit à demi-voix : « L'avez-vous lu, Mademoiselle ? — Oui, mon Père. — Eh bien, vous n'y avez rien compris. »

Dans une autre occasion, comme elle témoignait encore de l'admiration pour un traité ascétique, le Père s'écria : « Mais, c'est le tombeau d'un bel esprit ! » Ces petits traits pénétraient jusqu'au fond de l'âme de Mlle Rollat qui, n'ayant jamais goûté que les plaisirs de l'intelligence et de la piété, croyait exceller dans ce genre d'appréciation.

Avec Mme Cahier, le révérend Père était beaucoup plus doux, plus bienveillant ; il voyait en elle une jeune mère de famille, de portée peu commune, capable même de s'élever à une haute vertu, mais qu'il fallait soutenir et diriger dans la voie du devoir, où elle était généreusement entrée. Ses conversations lui faisaient tant de bien qu'Élisa fut la première à lui dire de le prendre comme confesseur. Avant qu'un an fût écoulé, Mme Cahier donnait à sa sœur le conseil d'en essayer aussi, pendant une absence de l'abbé Desjardins. A cette première entrevue, le révérend Père feignit de ne pas la reconnaître ; mais il lui parla de Dieu et de son amour avec tant de suavité qu'elle en fut profondément touchée. Dès la seconde confession, elle s'ouvrit à lui sur ses perplexités de conscience ; il y répondit d'une manière si nette et si précise que, sans aucune idée arrêtée de le choisir pour directeur, elle nota soigneusement ce qu'il lui avait dit afin de le relire et de le méditer. C'était une doctrine qui répondait parfaitement à ses besoins particuliers. Elle retourna à l'abbé Desjardins, et comme il s'absentait souvent, elle en profitait pour revenir au P. Roger, avec quelque désir de se ranger entièrement sous sa conduite. Mais si, d'un côté, la sûreté et même la vigueur de sa direction l'attiraient, de l'autre, par une contradiction qui se rencontre quelquefois, cette brusque franchise, ces exigences où la nature était sacrifiée sans merci, l'effrayaient grandement. Elle s'en ouvrit un jour à M. Desjardins et lui raconta naïvement toutes ses impressions. Il lui répondit en souriant : « Ma chère fille, je voyais bien moi-même tout ce que vous reproche le P. Roger, mais je n'avais pas le courage de vous le dire, je craignais de vous rendre malade. Croyez-moi, le directeur qui nous plaît davantage n'est pas toujours celui qui nous fait le plus de bien ; retournez donc au P. Roger, et s'il vous fait devenir folle, je reprendrai votre conduite jusqu'à ce que vous ayez recouvré votre bon sens. »

Mlle Élisa dut se faire une grande violence pour suivre ce conseil. L'ouverture de cœur dont elle avait besoin, et qui lui était facile lorsqu'elle se sentait estimée et admirée, lui devenait maintenant insupportable. Nous retrouvons dans ses notes de 1815 le tableau de ses perplexités.

« Mon âme est, ô mon Dieu, dans un étrange

état de peine, de trouble et d'angoisse. Dupe jusqu'ici de l'effervescence de mon imagination bouillante que j'ai prise pour le mouvement réfléchi d'un amour solide, je croyais pouvoir vous donner beaucoup parce que je vous promettais tout. J'ai joui dans une indigence profonde de trésors imaginaires que je ne possédais pas. Dès qu'une voix sévère, mais juste et vraie, s'est fait entendre à mon âme, lui a fait entrevoir ce que vous lui demandiez, le trouble l'a saisie ; elle ne veut pas sans doute s'avouer à elle même sa honteuse réserve, et voudrait toujours se dire qu'elle est à vous sans partage ; mais d'où lui viennent alors ses craintes et ses hésitations ? Ah ! quelque dure et humiliante que soit cette vérité, il faut du moins avoir le courage de la prononcer : on n'aime pas véritablement quand on craint de trop faire pour l'objet aimé. Et pourquoi tout à coup la prudence, qui m'est habituellement si étrangère, devient-elle le prétexte dont se couvre ma faiblesse, qu'à vos pieds je ne puis m'empêcher de reconnaître en rougissant ? Où est le danger de l'illusion dont le démon et mon amour-propre épouvantent sans cesse mon imagination ? Sans doute il faut être sage avec sobriété et craindre en tout l'exagération ; mais peut-on jamais être trop humble, trop obéissant, trop mortifié, trop recueilli,

et en dernière analyse, me demande-t-on autre
chose? Pourquoi soumettre au tribunal de ma
faible raison les conseils de la sagesse que je devrais recevoir comme un enfant? Qu'est devenu
ce doux et délicieux abandon qui m'était si naturel? Je suis comme transformée et je me mécon-
nais moi-même; allant au-devant de tout ce qui
pouvait vous contenter, ô mon Dieu, je me plai-
gnais que vous ne demandiez pas assez à un cœur
qui ne voulait rien vous refuser; j'accusais presque votre indulgence, et je vous offrais tout, lorsque vous ne me demandiez rien : héroïsme imagi-
naire ! Maintenant tout m'aigrit et me révolte,
votre autorité me paraît tyrannique, et votre
joug, dont j'ai célébré la douceur avec une si délicieuse ivresse, me devient intolérable. A qui pour-
rais-je laisser lire jusque dans le fond de mon
âme ce que j'ose à peine m'avouer à moi-même?
Pourquoi suis-je devenue tout à coup craintive
et méfiante? Ah ! Seigneur, si mon supplice est
une vengeance de votre amour, j'accepte le douloureux sentiment des peines qui me consument ;
laissez-moi, si vous le voulez, le trouble, l'agitation qui me dévorent, pourvu que je ne vous
offense pas; donnez-moi cette volonté forte et
généreuse qui va droit à vous à travers les plus
obscurs sentiers. Vous connaissez à fond ma fai-

blesse, ô vous qui tant de fois l'avez supportée !
Et vous voyez peut-être qu'en ce moment cette
apparente générosité n'est que le dépit orgueil-
leux d'un cœur révolté, l'expression outrée d'une
sensibilité aux abois qui cherche un dédommage-
ment à sa douleur. Pour moi, je ne me connais
pas, et ma conscience est un abîme où je me perds
et ne vois rien. Souvenez-vous de vos anciennes
bontés, un seul mot de vous peut me rendre la
vie, l'espérance et la joie; dites à mon âme : *Je
suis ton salut.*

« Donnez-moi pour celui qui me tient votre
place, à défaut de la confiance naturelle que j'ai
connue jusqu'ici, cette confiance, uniquement
basée sur la foi, qui surmonte toute crainte, toute
répugnance, toute hésitation. Quand je cesserai
de me compter pour quelque chose et que je ne
verrai que vous, mon âme, desséchée et rétrécie
par l'orgueil, s'agrandira, se dilatera par l'humilité. O Dieu de mon cœur, soyez tout et que je ne
sois rien ! »

Ces lignes, débordement d'une âme ardente qui,
sous le pressoir de la souffrance, n'a plus que
Dieu pour confident, Mlle Rollat les écrivait peu
de jours avant une retraite qu'elle devait faire
sous la conduite du P. Roger. Le pas était décisif,
une fois fait, le sacrifice fut complet. Jamais pé-

nitente ne montra plus de docilité et d'empressement à recueillir les moindres avis et à s'y conformer. Elle en fut immédiatement récompensée
par une lumière plus vive, et déjà l'humilité, la
vraie humilité de cœur, pose le sceau sur ses
résolutions que nous voudrions citer tout entières,
mais il faut se borner à quelques-unes :

« Ne voir que Dieu dans celui qui me tient sa
place, ne m'y point attacher, ne point chercher à
l'attacher à moi, avoir pour lui un respect profond, une déférence entière, en parler peu, et
jamais de sa conduite et de ses avis.

« Ne me point occuper de l'avenir, mais vivre
à chaque moment paisible et contente de l'accomplissement de la volonté de Dieu. Me détourner
doucement de tout retour sur moi, quelque spécieux qu'en soit le prétexte ; mais aller droit à
Dieu et m'élevant toujours vers Lui, me laissant
moi-même toutes les fois que je me retrouve, et
c'est continuel.

« Conserver dans ma toilette une grande simplicité et uniformité ; point d'arrangements re-
cherchés ; éviter cette gracieuse simplicité qui
dédommage de l'élégance, et cette attention à
choisir ce qui va bien ; en général, fuir toujours
ce qui est remarquable et peut fixer l'attention,
s'en tenir au simple et même au commun.

« Écrire peu de lettres et laconiquement quand elles sont de pur agrément, c'est une des choses où je mets de la complaisance.

« Travailler continuellement avec une application égale, que l'ouvrage soit pour mes amis ou pour moi, ennuyeux et commun, ou intéressant et agréable.

« Modérer mon activité naturelle, suspendre ou remettre tout à fait une chose qui n'est pas nécessaire, quand je m'y porte avec ardeur. Ne laisser jamais voir combien les retards et la lenteur d'autrui. me sont à charge, les supporter doucement et gaîment.

« Parler bas et lentement quand je suis émue, soit par l'impatience, l'empressement, la gaîté ou la vanité.

« Dans les choses indifférentes de la société, faire toujours ce qui plaît aux autres, sans même laisser deviner la plus légère répugnance, non par complaisance humaine, mais en vue de Dieu et pour contracter l'habitude de la plus souple obéissance. »

Ces résolutions sont précédées de tout ce qui se rattache aux exercices de piété et aux pratiques de mortification, elles se terminent ainsi :

« Je demande à Dieu, non pas de n'y jamais manquer, mais de ne les jamais abandonner. Il me semble en ce moment que j'aime mieux des fautes qui m'humilieront et renouvelleront ma ferveur, qu'une fermeté qui m'engourdirait et flatterait ma vanité. »

Le P. Roger annota ces résolution, et résuma tous ses conseils dans ce mot de l'*Imitation* : « Aimez à être ignorée et comptée pour rien. »

En suivant dans la lutte qui vient de s'engager le sage directeur et sa fille spirituelle, en assistant à ce travail d'autant plus intéressant qu'il est plus intime, où l'ouvrier habile frappe, tranche, polit, passe et repasse le ciseau, comme s'il n'avait aucun égard à la grande sensibilité de celle qui reçoit ses coups, on serait peut-être tenté d'accuser le P. Roger de sévérité excessive, parfois même de rigueur ; ce serait avoir une bien fausse idée de son vrai caractère ; car le nom du saint religieux rappelle l'aimable et douce mémoire d'un père, autant que le souvenir d'un apôtre zélé. Afin de rester dans la vérité, rappelons ici que les plus brillantes qualités, en servant d'aliment à l'amour-propre, sont souvent un danger pour l'âme qui les possède. Est-il un poison plus subtil et plus agréable que de se sentir partout estimé, recherché, admiré ? Si Mlle Élisa était aux yeux de son entourage une personne accomplie, le P. Roger, qui avait découvert dans cette âme d'élite des caractères de pureté, de candeur, d'élévation, de générosité, la voyait appelée à une haute perfection, et il craignait avec raison que la vaine complaisance ne changeât en obstacles les heureux dons du ciel. Il avait d'ailleurs comme un vague pressentiment de la mission qu'elle devrait remplir, et il se sentait choisi pour l'y préparer. Aussi se livra-t-il de toute l'ardeur de son zèle à la transformation de cette riche nature, sur laquelle il voulait établir le règne absolu de la grâce. A peine s'est-elle rangée entièrement sous sa conduite qu'il lui écrit : « Abaissez votre tête fière et orgueilleuse qui se nourrit de vanité et de flatterie. Avec de tels sentiments, que vous avez l'adresse de vous dissimuler, comment vous croire disciple d'un Dieu pauvre, humilié et anéanti ! cela n'est pas possible. Il n'y a pas de communication entre Jésus-Christ et Bélial. Vous voulez que je vous dise ce que je ne puis savoir, et que Dieu seul connaît : si vous devez être religieuse ou rester dans le monde. Tout ce que je sais et que je puis dire, c'est que le monde doit garder ce qui est à lui et qu'il faut qu'il s'opère en vous un grand changement, avant que je vous croie propre à la vie religieuse.

« Pardon de la manière dont je vous parle : il

faut que Notre-Seigneur m'ait donné un grand amour pour votre âme, puisque je passe ainsi sur les règles de la politesse humaine et que j'ose vous dire des choses désagréables et mortifiantes ; j'ai une grande consolation, c'est que ces vérités vous seront utiles et qu'elles seront douces à votre cœur qui a besoin de se dégager de tout ce qui est vain et terrestre, afin de se porter totalement vers Dieu et l'aimer uniquement. »

Ce ferme langage, loin de produire le découragement, est un nouvel aiguillon pour Mlle Élisa. Bientôt son naturel ardent l'emporte vers l'excès, elle dépasse les limites sans le vouloir, et se livre à des austérités que le confesseur n'eût point approuvées, car il tenait bien plus à mortifier son esprit que son corps. Une maladie se déclare, maladie longue à laquelle les médecins ne trouvent aucun remède : crachements de sang, toux persistante, fièvre continuelle. Mme d'Adhémar se désole, le docteur s'aperçoit que la malade ne veut prendre aucune distraction, et devinant le mystère, il s'écrie : « Décidément ce Roger-là n'est pas un *Roger bon temps.* » Mme Cahier supplie le révérend Père d'adoucir la voie pour sa sœur. Il s'étonne et se hâte de lui écrire : « Dieu soit béni de tout, ma chère fille, je porte malheur aux âmes qui m'approchent ! Je suis bien sensible à votre position, et je voudrais aller vous voir et vous consoler ; mais Notre-Seigneur qui vous afflige dans sa bonté, afin que vous soyez toute à Lui, sera Lui-même votre consolation. Tranquillisez-vous, ma chère fille, et ne vous tourmentez pas. Cette activité qui vous dévore, et que je vous recommande de modérer, augmente vos maux corporels et spirituels. Soyez en paix, et tout ira bien. Ne vous faites pas de fausses idées et ne vous persuadez pas que je prie Notre-Seigneur de vous rendre malade. Oh ! pour cela non, je vous désire beaucoup de santé, mais comme ce n'est pas là le bien solide, je désire que Notre-Seigneur vous sanctifie par les moyens qu'il jugera les plus convenables dans sa divine sagesse. Il me semble que je ne puis rien demander qui soit mieux selon votre cœur. Patience : *Hæc infirmitas non est ad mortem.* Gardez-vous de l'inquiétude et de la tristesse, et reposez-vous doucement dans le bon plaisir de Dieu. Faites-moi donner de vos nouvelles, je pense à vous, plus que vous ne croyez peut être. Je tâcherai d'aller vous voir cette semaine. Que la paix de Notre-Seigneur console votre cœur et vous rende toute sienne. »

La dilatation hâta le rétablissement de la chère malade. Ses amis se réunirent pour la féliciter et fêter sa convalescence. A la fin du déjeûner où elle venait de faire sa première apparition, un domestique annonce que le P. Roger attend Mlle Élisa au salon ; elle se lève promptement pour le recevoir. Lorsqu'il la voit arriver d'un pas agile, la physionomie souriante et animée comme par le passé, avec cette aisance qui, aux yeux du révérend Père, paraissait une grâce toute mondaine, il la regarde tristement, et croyant se parler à lui-même, dit à demi-voix : *Il n'y a rien de fait.* Ce fut un trait incisif pour le cœur d'Élisa ; sur le moment elle ne parut point avoir entendu, la visite ne se prolongea pas, des deux côtés il y avait embarras, mais après le départ du Père, il fallut continuer encore sur un lit de douleur la lutte intime qui préparait le triomphe de la grâce. Cette lutte fut soutenue avec la plus courageuse persévérance. Dès qu'Élisa se trouva à peu près rétablie, elle reprit son règlement et se remit à ses œuvres de charité. Levée de grand matin, avant que personne ne bougeât dans la maison, elle allait faire oraison à l'église des Missions, sa paroisse ; elle rencontrait à la porte une pauvre femme qui devançait le jour, quelque temps qu'il fît, afin d'étaler des gâteaux qu'elle vendait aux passants. Cette assiduité, pour le succès d'un petit commerce, excitait l'émulation de Mlle Rollat qui aurait voulu être plus diligente à louer le Seigneur, que cette femme ne l'était pour gagner un peu d'argent.

Afin d'anéantir toute confiance en ses propres forces et de lui faire mieux sentir sa fragilité, le P. Roger prenait à tâche d'exercer sa patience en mille petites rencontres. Ainsi, il lui donnait rendez-vous au confessionnal et la faisait attendre indéfiniment, appelant avant elle des pauvres, des domestiques qui, disait-il, étaient pressés de retourner à leur travail. Ordinairement, elle supportait bravement cette contrariété ; mais une fois il poussa l'épreuve si loin qu'après l'avoir attendu depuis huit heures du matin jusqu'à onze heures et demie, elle lui demanda, d'un air très-piqué, le jour et l'heure où elle pourrait le voir. L'ironie de la réponse prouva qu'il avait atteint son but : celui de montrer à sa pénitente qu'elle était, comme une autre, accessible à l'impatience.

Le sujet des exhortations du Père, après chaque confession, était invariablement un appel à l'humilité. Élisa s'en affectait d'autant plus qu'elle sentait bien que jamais cette vertu ne lui deviendrait naturelle ; elle la demandait avec ferveur et faisait de généreux efforts pour l'obtenir. Un jour, au sortir du confessionnal, passant devant l'église des Missions, elle y vit une grande foule attirée par une cérémonie religieuse ; ne pouvant pénétrer dans l'enceinte, et pressée du besoin de braver ces convenances humaines dont elle se sentait trop l'esclave, elle se prosterne au milieu de la cour, et baise trois fois la terre, voulant témoigner ainsi son désir de s'humilier devant Dieu.

Cet acte de baiser la terre a toujours été pour elle, même sans témoin, une pratique de vraie pénitence, aussi se l'imposa-t-elle régulièrement le matin et le soir, et avant d'écrire une lettre de quelque importance.

Sentant vivement le prix et la nécessité de l'humiliation extérieure, elle eut le courage de se rendre dans un pensionnat de Paris, où il lui était arrivé de laisser échapper quelques plaisanteries railleuses sur une personne assez ridicule ; elle s'arrangea de manière à rencontrer les mêmes témoins, et répara généreusement sa faute, ce qui lui coûta beaucoup.

Mais l'épreuve la plus dure et la plus longue fut de retrancher toute lecture littéraire ou politique, et même tous ces ouvrages de piété dont elle s'était si avidement nourrie. Pendant un an, elle se contenta du simple catéchisme auquel elle joignait chaque jour un chapitre des fondements de la *Vie spirituelle* du P. Surin. Pour la soutenir, le révérend Père lui écrivait : « Bon courage, ma fille, tout va bien. Je n'ai pu m'empêcher de rire en lisant votre retraite du mois ; ne croyez pas pourtant que ce soit de vous que j'ai ri, non, je ne me moque pas de vous, mais je vous plains et je voudrais, à quelque prix que ce fût, fixer votre cœur en Dieu. Ce qui m'a fait rire, c'est de voir la manière dont vous vous débattez pour ne pas vous laisser prendre par la grâce. Votre volonté est bonne, elle cherche Dieu, mais votre activité naturelle vous fait faire un singulier manège et détruit à chaque instant l'édifice dès qu'il commence à s'établir ; ainsi, par exemple, vous dites que vous voulez être bien contente de l'état dans lequel vous êtes, et puis ce sont des plaintes, et de vous et de moi, qui ne finissent pas. Mon petit mot du 2 mai vous a, dites-vous, entièrement rassurée, en vous apprenant que, dans votre état intérieur actuel, vous pouvez aimer Dieu plus parfaitement que dans les états qui ont précédé. Et dans le même moment, vous vous tourmentez pour savoir quelle est la cause de cet état, d'où il vient, comment cela se fait et pourquoi, etc., etc. Pauvre enfant, tranquillisez-vous donc une bonne fois, aimez votre nullité et votre impuissance sans y réfléchir, sans en chercher la cause ni le remède. Maudite activité, maudit amour-propre qui s'oppose au bien que Dieu veut vous faire et que vous devez posséder sans le comprendre ! Soyez donc bien néant devant Dieu, et ne faites pas tant de façons pour vous mettre à la place qui vous convient. Vous avez beau vous défendre, vous agiter, regimber de toutes les manières, il faut que vous vous pliez, que vous vous courbiez et vous rapetissiez sous la main de Dieu : voilà la bonne manière d'aimer.

« Quelles que soient vos terreurs paniques sur ma conduite, obéissez et ne vous épouvantez pas : je ne vous trompe point, quoique je sois bien capable de le faire ; je me tromperais moi-même, car Dieu sait quelle est mon affection pour votre âme et tout le bien que je voudrais lui procurer ! Et quand même je vous tromperais, vous n'auriez encore rien à craindre, puisque le Seigneur ne trompe pas : l'obéissance ferait tourner tout à votre plus grand bien. »

On le voit, le directeur ne relâche rien de sa fermeté, il poursuit son travail et reste sans pitié pour la pauvre nature, alors même qu'il s'adoucit dans la forme et laisse parler davantage son cœur de père ; cependant, parfois il entremêle ses conseils des plus charmants aveux :

« Ma chère fille, mon frère arrive à onze heures un quart, et me reproche de votre part de ne pas répondre aux lettres qu'on m'adresse. Je le regarde, et je comprends par là que vous m'avez écrit. Le dîner sonne à onze heures et demie. Je descends et je rencontre le portier qui me donne votre lettre. Je fais comme vous, (et vous avouerez que j'avais une bonne raison puisqu'il s'agissait de vous, et que tout ce qui vous regarde m'intéresse grandement). Je prends ma vivacité à deux mains pour gronder le portier. Il me répond : « Vous savez que je ne puis remettre de lettres « sans l'autorisation du supérieur. Il était absent ; « il m'a donc fallu attendre son retour. » Ainsi voilà la fille et le père tous deux contrariés et tous deux dans l'impatience. Que conclure de tout cela ? qu'ils ne valent pas grand'chose l'un et l'autre. Que conclure encore ? Qu'ils doivent travailler *doucement* et *sans humeur* contre eux-mêmes et se corriger l'un et l'autre.

« Quoi ! ma bonne fille, vous êtes toute surprise de n'avoir ni douceur ni humilité de cœur, parce que, auparavant vous croyiez être bien douce et que vous en tiriez vanité ; mais si auparavant vous étiez dans l'erreur, et qu'à présent vous commenciez à sortir de l'illusion et à reconnaître la vérité, comment pouvez-vous vous désoler ? Mais vous ne vous expliquez pas bien à confesse, dites-vous, et je ne vous connais pas aussi coupable et aussi méchante que vous l'êtes? Ma bonne et chère fille, parlons sans passion, sans fard et sans malice. Rentrez dans votre conscience et examinez si c'est par dépit ou sérieusement que vous me faites le reproche de ne vous pas connaître, et je vous assure que si vous agissez sérieusement, vous serez portée à croire que je vous ai bien connue. L'échafaudage est enfin tombé, et vous paraissez telle que vous êtes, et telle que je vous voyais avant que vous vous vissiez vous-même. Aussi ne m'aimiez-vous pas, ou plutôt n'aimiez-vous pas la conduite que je tenais à votre égard. Actuellement que vous vous voyez plus méchante que vous ne pensiez, vous serez plus souple et plus docile. Tout ce que je demande de vous, c'est de ne pas vous dépiter, ni aigrir contre vous-même et contre vos défauts. Vous avez besoin de retraite, j'en conviens; mais vous avez encore plus besoin d'être bien humiliée et moi aussi. Nous avons une bonne dose des mêmes défauts, et je ne voudrais pas trop me comparer à vous dans la crainte de l'emporter en méchanceté. Prions, travaillons avec la grâce à nous vaincre, supportons-nous et ne perdons jamais la paix et la confiance. Humilité, humilité, hnmilité! *Jesus mitis et humilis corde, miserere nobis! »*

La fidélité à suivre ces conseils portait des

fruits dont Mlle Élisa savourait parfois la douceur,
comme nous le voyons par ces notes du 23 mars
1816.

« Quelle impression tout à la fois douce et
forte, vive et profonde, font dans mon âme, ô mon
Dieu, les paroles qu'il vous a plu de me faire
adresser ! Il semble qu'un jour tout nouveau s'est
répandu sur les objets qui m'occupent et souvent
me fatiguent. J'ose espérer que votre grâce a
triomphé enfin de ma volonté inquiète et irréso-
lue. Je suis tout élevée au-dessus de moi-même ;
je ne vois plus que vous, que votre aimable volonté qui me calme et me console. Je me repose
en vous pour tout ce qui me concerne ; la santé ou
la maladie, la vie, la mort, le temps, l'éternité,
tout est entre vos mains. Eh ! quelle inquiétude
me pourrait-il rester ? Pour qui, d'ailleurs, les
prévisions sont-elles plus déplacées que pour
moi ? A l'incertitude commune à tous les mortels
vous avez daigné ajouter un état habituel de
souffrance qui me doit faire envisager la mort
comme peu éloignée. Je ne veux pourtant pas y
compter : je sens que cette idée m'appuierait et
serait encore une espèce de calcul ; je n'en veux
aucun. Je vivrai aussi longtemps que vous voudrez, et dussé-je passer toute ma vie hors du seul
état que j'aie jamais désiré, dans des peines et des

angoisses intérieures continuelles, eh bien! encore, Seigneur, prolongez cette agonie autant qu'il vous plaira : je suis à vous. Ne songez qu'à votre gloire et à l'accomplissement de vos desseins ; ne me comptez pour rien : je veux vous plaire et rien de plus. Je ne veux plus volontairement porter des yeux inquiets sur l'avenir. Le seul instant présent est à moi ; qu'il ne soit que pour vous ; je vous en ferai, avec votre grâce, l'hommage continuel par la disposition de mon cœur et l'abandon de toute ma volonté.

« Je sens un je ne sais quoi de grand, de libre et de ravissant à n'être plus à moi, mais tout à vous. Ah ! régnez donc avec un empire absolu sur un cœur que vous avez fait pour vous seul. Brisez-le s'il ne sait pas s'attendrir, subjuguez-le s'il ne veut pas se soumettre ; mais qu'il soit à vous pour toujours ! Voilà maintenant mon unique désir.

« Achevez, Seigneur, l'ouvrage de votre grâce, et ne vous rebutez pas de l'abîme de misères que vous trouvez en moi, des craintes, des angoisses d'un orgueil profondément enraciné, et qui voudra sans cesse, et par mille détours qui me sont inconnus, échapper à vos coups. Mais quand? Comment en triompherez-vous ? Je n'y veux pas seulement penser : *In manibus tuis sortes meœ.* Mon sort est entre vos mains. »

Tout se simplifiait sous l'action de la grâce chez Mlle Élisa : son activité extérieure se modérait, même dans les œuvres de charité dont elle continuait cependant à s'occuper avec suite et discernement. Sa conversation, toujours intéressante, n'avait plus ce caractère trop brillant d'esprit, de vivacité naturelle et de prompte réplique ; sa toilette était des plus simples : sa chambre même avait pris un cachet sérieux et ressemblait à la modeste cellule d'une religieuse. Un évêque, qui l'avait connue dans son enfance, étant venu faire une visite à Mme d'Adhémar pendant l'absence d'Élisa, fort peiné de ne la point rencontrer, demanda au moins de voir sa chambre ; il se flattait intérieurement de reconnaître par là si ses prévisions sur la petite fille de six à huit ans s'étaient vérifiées : à la vue du prie-Dieu, du crucifix, du sablier qui réglait le temps de l'oraison, de la décoration simple et modeste de tout l'ameublement, il s'écria : « Non, je ne me suis point trompé, tout ceci annonce la cellule d'une religieuse, et Élisa le sera certainement. »

Le P. Roger ne parut jamais douter de sa vocation. Mais à cette époque de renouvellement social et religieux, il la croyait appelée à quelque chose de spécial ; en conséquence, tout en approuvant ses bons rapports avec les communautés déjà existantes qui semblaient vouloir se l'attacher, il ne lui permit pas de se lier particulièrement avec aucune. Puisque le moment n'était pas venu pour elle de quitter le monde, il jugeait que les événements de la Providence devraient fixer son choix et l'engageait à vivre d'abandon. Mais afin de ne pas perdre un temps précieux, il s'appliqua à former en elle la religieuse que rêvait sa mâle vertu, au caractère si accentué de foi, d'humilité profonde et d'entière abnégation. Il l'assujettit à lui demander des permissions pour les plus minutieux détails. Fort habile à l'ouvrage manuel, elle se faisait un plaisir d'offrir son travail, sous forme de petits présents, de gracieuses surprises ; le révérend Père bouleversait subitement ses plans, et quelquefois de la manière la plus pénible ; ainsi il l'obligea à rétracter la promesse qu'elle avait faite dans un premier mouvement de broder un ornement d'église ; elle obéit, quoique ce fût pour elle un supplice de revenir sur une parole donnée. Le plus souvent, le directeur faisait suspendre l'ouvrage commencé et poursuivi avec trop d'empressement, il déjouait ainsi les calculs de l'activité naturelle pour laisser tout l'empire à la raison et surtout à la foi, même dans les actions les plus indifférentes.

Comme la comtesse d'Adhémar habitait à Paris

un des appartements de Mme de Doudeauville, rue de Varenne, la chapelle leur était commune. Mlle Élisa en avait le soin, elle y tenait toutes choses dans un ordre parfait, et y faisait régner une élégance de très-bon goût. Les relations les plus intimes s'établirent entre elle et la bonne duchesse. Bien que d'un caractère très-différent, ces dames se rencontrèrent dans un même sentiment de piété et de zèle pour la gloire de Dieu. Leurs deux âmes se comprirent et s'estimèrent réciproquement, et le P. Roger encouragea des relations qui ne pouvaient tourner qu'à l'avantage spirituel de l'une et de l'autre. Mme de Doudeauville en était d'autant plus heureuse qu'elle voyait son mari, ses enfants et toutes les personnes de sa société, apprécier comme elle les éminentes qualités de cette pieuse amie, par laquelle elle faisait passer des aumônes cachées.

De 1817 à 1820, Mlle Rollat exerça un véritable empire dans cette société du faubourg Saint-Germain dont, au témoignage de Mme de Beuvier, *elle faisait tout le charme.* Jamais elle n'y blessait personne, et pourtant jamais elle ne donnait d'approbation à ce qui n'en méritait pas. Son tact exquis lui servait merveilleusement à glisser une leçon, à changer le tour de la conversation, à réformer des jugements sans paraître imposer les siens. Grâce à la justesse et à la facilité de son esprit, elle tranchait adroitement ces difficultés où se heurtent et s'entre-choquent, quelquefois sans le vouloir, les caractères opposés : son à-propos charmant faisait tomber toute discussion et tirait d'embarras la maîtresse de maison.

Pour le duc de Doudeauville et son entourage, Mlle Élisa était l'idéal de la vertu unie à l'esprit, à l'amabilité. Lorsque, après l'essai infructueux du couvent des dames de la Paix, à Montmirail, Mme la duchesse parla de recommencer à nouveau, le duc répondit : « Je n'ai qu'une question à vous faire à ce sujet : Mlle Élisa fera-t-elle partie de la communauté ? » Avec elle, il ne douta jamais de l'avenir, et Dieu permit qu'il ne s'élevât dans son esprit aucune crainte sur la stabilité de cette fondation. Pour lui, comme pour la duchesse et ses enfants, une causerie intime avec Mlle Rollat paraissait préférable à toute autre jouissance, et chacun employait une sorte de diplomatie pour se procurer un tête-à-tête avec elle, afin de lui conter ses peines, lui faire part de ses difficultés. Une visite générale ne satisfaisait personne. Il n'était pas jusqu'aux domestiques du château qui ne voulussent avoir leur audience particulière. Elle avait une bonne parole pour tous, pour les serviteurs comme pour les maîtres : d'une discrétion parfaite, elle ne se servait de ces témoignages de confiance que pour l'union des esprits et des cœurs. Son âme généreuse ne connaissait ni les petites rivalités, ni même les plus légers ressentiments ; elle ne parlait des personnes qui lui avaient fait de la peine que comme de ses meilleurs amis, et, jusque dans la plus grande intimité, il ne lui échappa jamais une plainte sur ce que lui faisait souffrir un neveu de Mme d'Adhémar. Ce n'est que par Mme Cahier, dans une circonstance fort mortifiante pour son cœur de mère, qu'on sut quelque chose de ce qui s'était passé au château d'Évêquemont. Mlle Élisa, toute-puissante sur Mme d'Adhémar, n'aurait eu qu'un mot à dire pour se délivrer de mille blessures journalières, elle fit si bien que la comtesse ne s'aperçut jamais de rien. D'un parfait désintéressement, elle n'ambitionnait que la consolation d'acquitter un devoir de reconnaissance envers la bienfaitrice de sa famille. On peut juger, de l'élévation de ses sentiments par les lignes suivantes écrites dans une retraite ; l'application est facile à faire :

« Il n'y a qu'une personne qui me montre de l'aversion et qui m'humilie quelquefois ; j'avoue que j'ai longtemps éprouvé le désir d'en être éloignée ; c'est à présent la seule que j'aurai quelque plaisir à retrouver. L'idée de recommencer à vivre avec elle me dédommage du trop de considération qui m'entoure, des soins et de l'obligeance qui me sont prodigués. Je sens que je lui dois beaucoup et qu'elle m'a fait plus de bien que qui que ce soit au monde ; que tout cela, d'ailleurs, était moins que rien, et que mon orgueil a grossi des atomes. Je suis fâchée de ce que depuis quelque temps elle est mieux pour moi. J'espère que je saurai profiter à présent de bien des occasions que j'ai presque entièrement perdues. »

Cependant le moment approchait où Dieu devait enfin manifester sa volonté à Élisa. Ses actes d'abandon, sans cesse renouvelés, l'étaient toujours avec un nouveau mérite, car le désir de la vie religieuse l'emportait comme malgré elle au delà de la sphère présente, si étroite, surtout depuis que l'intelligence de Mme d'Adhémar s'éteignait sensiblement.

Une lettre datée de Montmirail, en septembre 1820, jeta une première clarté sur les voies de la Providence. Ce fut sans doute après s'être concerté avec la duchesse de Doudeauville que le P. Roger adressait à Mlle Élisa les lignes suivantes :

« Je m'empresse de vous faire part, en peu de mots, d'une affaire qui intéresse vivement Mme de Doudeauville et dont elle vous a déjà parlé. Mme Saint-Ambroise, sans l'avoir prévenue, a pris le parti de se transplanter à M..., avec sa colonie. Voilà donc tout son ouvrage, et celui de Mme de Doudeauville détruit, au moins en apparence. Il avait été formé au pied de la croix et en l'honneur de la croix. Dieu a sans doute ses desseins dans cette résolution de Mme Saint-Ambroise qui, au reste, ne m'étonne ni ne m'afflige. Cela devait être ainsi, et il vaut mieux qu'elle ait pris ce parti. Mais que faut-il faire? Nous avons besoin de lumières dans une circonstance si embarrassante. Le vrai moyen est de s'adresser à la croix. Ainsi, nous avons résolu de faire une neuvaine; elle commencera mercredi 13, et nous désirons que vous la fassiez avec nous, c'est-à-dire avec Mme de Doudeauville et moi; car puisque vous dites que nous trois nous ne faisons plus qu'un, il faut bien que vous partagiez nos peines, et que vous vous unissiez à nos prières pour obtenir les lumières et les grâces qui nous sont nécessaires. Je ne puis croire qu'il n'y ait pas un dessein particulier de Dieu dans la manière dont cet établissement a été formé et dans sa dissolution, et je suis bien persuadé qu'il faut prendre un moyen de le conserver en le recommençant. »

La lecture de cette lettre produisit une vive impression sur Mlle Élisa. « J'irai là, » se dit-elle

avec une conviction qu'elle sentait inspirée par
une volonté supérieure à la sienne. Elle ne fit
cependant d'elle-même aucune ouverture à ce
sujet ; mais ses relations avec la duchesse de
Doudeauville devinrent encore plus fréquentes et
plus intimes : le P. Roger insensiblement forma
des espérances et les lui communiqua ; seulement
il le fit avec tant de prudence et même de tâ-
tonnement, qu'elle restait toujours dans l'incer-
tain, l'inconnu... et le bon Père lui écrivait pour
la soutenir : « Oh ! que ce vide affreux qui vous
fait tant de mal vous fait de bien ! Souffrez, pa-
tientez, attendez, priez, gémissez, soupirez !...
Vous désirez trop la croix, ma chère fille, pour
que Dieu ne vous fasse pas la grâce de la posséder
un jour. » Puis il l'engageait à composer des cantiques pour occuper utilement ses heures de solitude : « Chantons pendant que nous en avons le
temps, cela ne durera pas toujours. J'aime à vous
voir revenir simple et enfant. Que vous avez donc
raison de dire que vous ne voulez travailler qu'à
devenir humble et petite ! »

Les lettres du P. Roger, toujours plus commu-
nicatives et plus explicites, ne laissèrent enfin aucun doute à Mlle Élisa. Elle fut associée étroitement à l'œuvre projetée, et lorsque l'hiver de 1820
à 1821 rappela à Paris les trois personnes desti-

nées par la Providence à fonder la petite société de Nazareth, elles eurent ensemble de fréquents entretiens où elles échangeaient leurs pensées et leurs sentiments sur la nouvelle fondation. Sous le regard de Dieu seul, elles demandaient à connaître sa sainte volonté, et chacune en particulier se sentait attirée et toujours ramenée dans la méditation aux mystères de la croix et de la sainte Enfance. Le P. Roger pria la duchesse et Mlle Rollat de tracer par écrit l'idée et le plan qui s'offraient à leur esprit, puis le 13 février, il leur adressa les paroles suivantes :

« Je n'ai vraiment rien à vous dire, une seule pensée m'a frappé et je vais vous la communiquer : c'est que d'abord, et avant tout, il faut s'assurer du secours et de la protection de Dieu dans une œuvre qui est vraiment la sienne, que je regarde comme devant lui être agréable et procurer sa gloire ; nous la devons donc considérer comme de la plus haute importance, nous estimer heureux d'y pouvoir travailler, malgré notre faiblesse et notre indignité, accepter d'avance et avec courage toutes les croix, les peines, les difficultés sans nombre qui vont se présenter ; il ne faut pas se le dissimuler, c'est véritablement une très-grande entreprise, et qu'avons-nous pour y réussir ? Rien, réellement rien du tout !... Dieu est là, et si c'est sa volonté, il est assez puissant pour faire tout ce qu'Il voudra. Il faut donc commencer par le prier, mais avec une grande ferveur, et surtout avec une foi vive et ferme, sans hésitation, sans crainte. Nous ferons d'abord quatre neuvaines : une au Saint-Esprit, une à la croix, une au Sacré Cœur, et la dernière au cœur de Marie. Dès ce moment, regardons la chose comme étant commencée ; elle l'est en effet d'une certaine manière, travaillons-y sans relâche, avec une ferme et courageuse application.

« J'ai lu le petit écrit de chacune : le fond est bon, il y a d'excellentes idées, des vues sages, mais il s'y trouve des lacunes qui se rempliront avec le temps ? Quant *au nom*, c'est un accessoire dont je ne m'occupe pas encore, ne prenons pas de nom, le nom viendra plus tard. Cet ordre n'aura point de grille, je crois que ni l'Église, ni le gouvernement ne s'y prêteraient ; cela n'entre pas dans les idées actuelles, et est moins propre aussi, je crois, aux besoins présents. Ne vous en affligez pas, on peut tout aussi bien conserver l'esprit religieux sans la grande clôture.

« Il faut d'abord, et avant tout, déterminer le but qu'on se propose d'atteindre ; vous sentez qu'il doit être double ; un tout intérieur qui ne sera connu que de nous et des sujets qui paraîtront propres à y entrer, et un autre qui sera le seul connu. Les personnes même bonnes et pieuses ne s'attachent qu'à ce qui se voit et se saisit à l'extérieur ; il faut donc leur offrir une chose simple, mais solide, utile et raisonnable. L'éducation des filles sera le but de cette société ; former de bonnes mères de famille, de sages maîtresses de maison, voilà ce que l'on doit se proposer ; et pour cela il faut que l'éducation soit forte, soignée, mais simple ; pas de talents brillants, pas d'inutilités. On joindra aux pensionnats des classes gratuites pour les pauvres, autant que la localité le permettra.

« Le but intérieur est tout entier celui que le bon Dieu vous a mis dans l'âme dès le premier moment : une vie véritablement et solidement crucifiée, un réel esprit de sacrifice, enfin ramener la vie religieuse à sa ferveur primitive, et par là à une grande simplicité. Il faut peu de menues pratiques, car ne nous y trompons pas, ce n'est que le relâchement et l'affaiblissement de l'esprit religieux qui ont amené cette multitude de petites observances qui fatiguent par leur détail et leur complication. Il faut ramener l'action vitale de l'âme au pur esprit du christianisme, à la vie de Jésus-Christ, à l'Évangile enfin. La perfection est là tout entière, on la cherche bien loin, où elle n'est pas. Un grand éloignement du monde, un vrai détachement de soi-même, un renoncement continuel, l'esprit de sacrifice, puisé au pied de la croix, animé et soutenu par un amour fort et généreux, tel doit être le caractère de cette société tout adonnée à la mortification intérieure, à l'obéissance et à une grande pauvreté, jusque dans les plus petits détails : dans le vêtement, la nourriture, le logement, tout enfin. Point de nom, point même d'habit religieux, si l'on veut ; mais l'esprit et le cœur bien à Dieu. Rien de saillant, rien de remarquable, qu'on ne parle pas de nous, qu'on ne nous connaisse même pas, tout dans le silence et l'obscurité ; c'est ainsi que doit se faire l'œuvre de Dieu. On aime l'éclat et l'appareil maintenant, c'est l'esprit du siècle ; il faut donc que notre esprit, pour être en opposition avec son orgueil, soit dans l'humilité et dans la petitesse. Qu'est-ce autre chose que la vie de Jésus-Christ à Nazareth ?

« Dernièrement on m'a demandé des vers pour mettre sous une gravure de la Sainte Famille. Je n'avais guère le temps d'y penser. Ils sont venus tout à coup en allant et venant, et m'ont frappé par leur simplicité. Je les ai retenus :

> Cieux, Terre, admirez en silence
> Jésus qui de rien a tout fait,
> Pauvre ouvrier dans son enfance,
> Travaille, obéit et se tait !

« Eh bien ! c'est là en effet tout le sublime de Jésus, de cette vie qui faisait l'objet de l'admiration des anges et des complaisances de Dieu. Dans la vie cachée est véritablement l'esprit de sacrifice ; ce doit être l'âme de cette société ; car enfin, nous prétendons la consacrer à la croix et faire profession d'honorer ce signe sacré d'une manière particulière ; mais par où sera-ce donc ? Par les mortifications extraordinaires ? Non, puisque nous n'en mettons aucune, par des souffrances et des croix insignes ? Mais Dieu n'en enverra peut-être pas ! Non, c'est par la vie cachée qui est la véritable vie de sacrifice. »

Nous avons cité, en entier, ces paroles conservées textuellement, parce que rien ne peut mieux faire connaître la pensée première qui a présidé à la formation de cette petite société et l'esprit qui doit toujours l'animer. Ces maximes, que Mme de Doudeauville avait constamment méditées, Mlle Élisa s'efforçait de les faire passer de son intelligence et de son cœur dans les habitudes de sa vie. Elle n'aspirait plus qu'à s'ensevelir dans la retraite de Montléan ; mais il lui fallut attendre encore dix-huit mois avant d'atteindre le but de ses désirs.

Cependant la pieuse duchesse cherchait une personne qui pût diriger les quelques pensionnai-

res que les dames de la Paix avaient laissées dans
la maison de Montléan. Une de ses amies, Mme de
Brion, eut alors l'heureuse pensée de lui adresser
à Paris Mlle Adélaïde Mouroux, jeune personne de
vingt-six ans, qui aspirait depuis quelque temps
à la vie religieuse. Après l'avoir interrogée, le
P. Roger et Mme de Doudeauville, frappés de ses
précieuses qualités, la regardèrent comme choisie
par la Providence pour les aider dans leur pieux
projet.

Issue d'une famille patriarcale, Mlle Mouroux,
encore toute petite fille, avait vu sa mère entourée
de neuf enfants, attentive et diligente dans son
ménage pour que personne n'y souffrît de la gêne.
Son père, homme d'une parfaite loyauté, avait été
emprisonné pendant la Terreur ; il exerçait depuis
à Briare les fonctions de juge de paix ; c'était le
conseiller et l'hôte habituel de Mme de Brion. Les
enfants de M. Mouroux reçurent au sein de la
famille, et puisèrent dans d'excellentes relations
une éducation simple, solide, mais soignée cependant, et empreinte de ce cachet de politesse anti-
que que nous aimons à retrouver. Sans avoir
jamais fait d'études classiques, Mlle Adélaïde
n'était pas étrangère à la bonne littérature, et
citait à propos les passages de nos meilleurs au-
teurs. Elle narrait à merveille ; sa physionomie,

très-expressive, variait et donnait de la couleur à son récit. Plus tard, lorsqu'elle assistait aux petites scènes jouées par les enfants dans leurs jours de congé, on pouvait lire sur son visage toute la reproduction des sentiments. A une bonne et franche rondeur, elle joignait une petite pointe de malice qui assaisonnait agréablement la conversation, sans blesser personne.

Mais ce qui distinguait surtout Mlle Mouroux, c'était un jugement droit, un bon sens pratique, et un dévouement à toute épreuve. Initiée par sa mère aux détails de la vie domestique, elle s'entendait parfaitement à la conduite d'une maison et devait rendre d'importants services à la petite société dont elle allait être une pierre fondamentale. C'est elle qui pendant bien des années forma les novices, et même les grandes élèves, aux divers emplois et travaux manuels ; elle complétait ainsi ce qui devait nécessairement manquer sous ce rapport à Mlle Rollat, dont l'éducation avait été toute différente ; aussi, dès le début, nous pouvons admirer dans Nazareth le soin que prend la Providence de donner à chaque famille religieuse une variété d'aptitudes qui se réunissent pour composer une admirable unité.

Si cette Providence, dont nous aimons à suivre la conduite, se montre attentive à donner le nécessaire au corps religieux, elle n'est pas moins occupée de chacun de ses membres et nous offre des merveilles dans l'histoire particulière des vocations. Celle de Mlle Mouroux fut directement l'ouvrage du Saint-Esprit, sans l'entremise d'aucune voix humaine. Son père, ancien élève des Bénédictins, avait inspiré à ses enfants la crainte de Dieu, le respect et l'amour de la religion ; mais ce bon chrétien, surnommé la perle des honnêtes gens dans le canton, ne pouvait tracer à sa famille que les grandes lignes du devoir, et Mlle Adélaïde ne trouva personne pour la diriger dans la voie pieuse où elle se sentait attirée. Le curé de la paroisse, imbu de préjugés jansénistes, ne s'occupait que le moins possible de son ministère ; se mettant fort peu en peine de rompre le pain de la parole aux âmes dont il avait la charge, il se contentait de débiter un sermon de Massillon aux plus grandes fêtes de l'année, et comme c'était toujours le même, ses paroissiens avaient fini par le savoir aussi bien que lui.

Vers l'âge de vingt-quatre ans, Mlle Mouroux, appelée à remplacer une belle-sœur qui venait de mourir laissant deux petits enfants, trouva dans la maison de son frère une bibliothèque fort bien composée. Elle lut avec une sainte avidité les sermons de Bossuet, de Bourdaloue, et puisa dans ces fortes lectures la première pensée de la vie religieuse, pensée qu'elle nourrit sans en parler à personne ; car, lorsque quelques années plus tard la mère supérieure expliqua devant elle la marche ordinaire des vocations, où l'appel de Dieu, entendu d'abord intérieurement, se trouve confirmé par l'avis d'un sage directeur, Mlle Mouroux, devenue novice, s'écria : « Mais ma mère, je n'ai rien fait de tout cela, je n'ai consulté personne ! — C'est vrai, reprit la supérieure qui aimait la plaisanterie, vous n'avez pas fait comme les autres, je vous engage à retourner dans le monde pour recommencer, et faire vos consultations. » Et Mlle Mouroux de répliquer : « Le bon Dieu m'a mise ici et j'y suis bien. »

Cependant Mme de Brion, sans être consultée, avait reçu les confidences de la jeune personne ; désireuse de lui rendre service, elle la présenta à la pieuse duchesse dont elle connaissait les projets et l'embarras du moment,

Conduite à Montmirail, Mlle Mouroux, après l'inspection des lieux et des choses, ne pouvait goûter naturellement la position qui s'offrait à elle. La responsabilité d'une maison de ce genre l'effrayait ; pourtant, elle n'hésita pas et s'associa généreusement à l'entreprise.

Avec un dévouement admirable, elle dirigea le

petit pensionnat jusqu'à l'arrivée de Mlle Rollat, sans savoir combien de temps durerait ce provisoire.

Dans le courant de juin 1821, une correspondance assez active s'ouvre entre les deux prétendantes : Mlle Élisa s'empresse de donner le nom de sœur à celle qui l'a devancée à Montléan, et la prie de mettre vite de côté les compliments et les cérémonies du monde. Elle répond ensuite d'une manière claire et précise à toutes ses questions sur la direction à donner aux pensionnaires. Mlle Mouroux, qui a reconnu sa supériorité, lui soumet les plus petits détails, et reçoit toutes les décisions avec une humble docilité. Une première entrevue avait gagné son affection et sa confiance. Comme il se présentait quelques sujets pour le rang de sœurs converses, Mlle Rollat, déjà tout occupée de la formation religieuse, s'attriste de ce qu'une de ces bonnes filles ne peut trouver dans la journée un instant pour méditer.

« Qu'est-ce donc qu'une religieuse sans oraison? écrit-elle, cela me paraît un corps sans âme, et où trouver la force nécessaire à l'accomplissement de ses devoirs? Ne perdons pas de vue que les sœurs converses sont, comme les autres, épouses de Jésus-Christ, et souvent épouses plus fidèles et plus chéries. Pourquoi donc les priverait-on de l'entretien de leur céleste époux ? Cela me fait beaucoup de peine, je vous l'avoue, je l'ai constamment sur le cœur depuis que je le sais. Voyez surtout avec beaucoup de douceur et d'aménité à tout concilier. Faites ce qui dépendra de vous pour trouver un remède à ce mal : c'en est un vraiment, et je ne consentirai jamais à un pareil arrangement ; je dis cela pour ce qui est d'*habitude*, car ensuite, il y a des circonstances auxquelles il faut se prêter. On trouve toujours Dieu quand on sait le quitter pour le prochain dans lequel on ne voit que lui. Adieu, ma chère sœur, sortons de nous pour nous perdre dans le cœur de Jésus. Heureuse perte ! je vous la souhaite et à moi, et à toutes celles qu'Il veut favoriser du titre d'épouse.   Toute à vous. »

Un peu plus tard, elle répond ainsi à une plainte de Mlle Mouroux qui s'attriste des essais infructueux de quelques bonnes filles :

« J'espère que vous n'avez plus vos craintes et votre première répugnance à voir de nouveaux visages ; car enfin, il faut bien en voir, ou nous serions fort à plaindre ; ainsi, quand une fois on a pensé bien sérieusement que c'est une nécessité et même un devoir d'état, il en faut prendre son parti de bonne grâce et s'élever au-dessus des petites idées naturelles. Nous passerons notre vie à cela, ma bonne sœur, voilà ce qu'il faut nous dire d'avance afin de faire bonne mine à toutes, les unes après les autres, et les recevoir avec un cœur tout fraternel. Pour moi, je crois que c'est une grâce de vocation, je les aime d'avance ces Bretonnes, que je ne connais pas encore ; pourtant pas comme vous qui êtes ma sœur *aînée*, non pour l'âge, mais pour l'entrée dans la maison et bien d'autres choses que je ne dis pas. Vous êtes aussi la première compagne que le bon Dieu m'ait donnée et dont je le remercie de bien bon cœur. C'est peut-être ce coup d'essai qui m'a si bien disposée pour les autres ; car il faut avouer que lorsque je vous vis pour la première fois, j'avais d'avance une terrible peur. Je faisais contre mauvaise fortune, bon visage, et je n'étais pas si fort à mon aise que je m'efforçais de le paraître ; mais aussi vous avez rendu cela bien court, et j'ai été ensuite bien au large avec vous. J'espère qu'il en a été de même de votre côté. »

Cette correspondance de nos deux premières mères est pleine d'intérêt. Le plus souvent, avant de répondre aux difficultés, Mlle Élisa a consulté le P. Roger qui profite de la moindre circonstance pour initier ses filles aux usages et aux pratiques de la vie religieuse.

La future supérieure procède avec ordre et

précision, elle demande que chaque lettre soit numérotée afin d'éviter tout embarras : « Cela vous donnera peu de peine et me fera grand plaisir, écrit-elle, je suis méthodique par caractère, soyez assez bonne pour vous y prêter. »

Pressentant que le moment de la réunion approche, le bon Père comprend enfin qu'il faut donner un nom à la communauté naissante. Après une neuvaine au Saint-Esprit, il interroge la duchesse et Mlle Élisa. Celle-ci, comme la plus jeune, doit parler la première. Elle dit timidement et avec une sorte d'hésitation : « J'ai parcouru successivement les mystères de la vie de Notre-Seigneur et de la très-sainte Vierge, j'ai vu que tous sont honorés par quelque ordre déjà établi, et malgré mes efforts pour repousser un nom qui vous paraîtra sans doute étrange, puisque c'est celui d'une ville, je suis revenue sans cesse au nom de Nazareth. — C'est singulier, ajoute Mme la duchesse, j'ai fait absolument la même chose. — Et moi aussi, reprend le P. Roger, en souriant. Vous vous appellerez donc : dames de Nazareth. »

Tout en approuvant que sa pénitente se livre à son attrait pour la vie intérieure, attrait qui l'aurait volontiers tournée vers le Carmel, le Père lui répète souvent qu'elle doit unir l'action à la contemplation. L'activité de son esprit, la facilité avec laquelle elle revient à la prière, après l'acte extérieur, en sont une preuve évidente. On dirait que le sage directeur craint maintenant pour sa fille spirituelle trop de défiance d'elle-même, car il lui dit : « Je ne puis, ni ne dois plus vous traiter comme une enfant et une novice ; il faut que je vous aguerrisse et que vous marchiez ferme et droit, comme si nous étions sans embarras. Il arrivera bien souvent que vous devrez consoler et soutenir les autres, quand vous auriez vous-même un besoin plus grand de consolation, et que tout vous manquera à la fois. »

A propos de l'admission d'un sujet, il lui donne cette règle générale :

« Pour toutes les personnes que vous aurez à examiner, surtout pour les premières, songez bien qu'il faut de l'activité, de l'énergie, qu'il en faut trop même, et que nous soyons obligés de calmer, d'arrêter, que ce soit notre seul travail, sans quoi nous commencerons faiblement. Oh ! sans doute, vous me trouvez injuste, moi qui vous ai tant fait souffrir et tant tourmentée pour votre activité ! je ne voulais que la modérer et la bien diriger. Maintenant que nous devons agir, j'ai peine à vous faire avancer et prendre sur vous la moindre chose. Vous ne voulez rien décider ni entreprendre, il le faut bien pourtant. Je vous attends à la besogne... Que je voudrais vous y voir tout à fait ! c'est là que je vous jugerai bien. Vous **aurez** une peur !... une inquiétude !... c'est tout **autre** chose que d'arranger à l'avance les projets. Nous verrons, nous verrons notre courageuse personne pâlir et reculer peut-être plus d'une fois ; mais nous irons ! Rappelez-vous bien que je ne veux plus vous mener à la lisière comme une enfant, que je veux vous voir marcher seule et soutenir les autres. Je ne vous manquerai pas au besoin pourtant, mais marchez et ne soyez plus novice ; notre noviciat est fait ! »

Mme d'Adhémar s'éteignit doucement le 25 mars 1822. Dès que le P. Roger put entretenir Mlle Élisa, il lui dit : « Le Seigneur vous a rendu votre liberté. Vous êtes donc tout à Lui, ma chère fille. Le premier moment de sensibilité passé, vous devez bénir cette liberté du fond du cœur, et songer à lui en consacrer les prémices. Pour la première fois de votre vie, vous voilà exempte de tout devoir ; tous vos liens sont rompus, et vous devez songer que vous ne vivez plus ni pour vous, ni pour nulle autre créature, mais pour Dieu seul ! Il faut vous dévouer à sa gloire, à son service, et ne vous plus regarder que comme une victime que son amour doit consumer tout entière. »

Dans le courant d'avril, il la prépare ainsi à son départ pour Montléan :

« Nous allons entrer dans une voie toute nouvelle, ma fille ; ne vous effrayez, ne vous étonnez même de rien. Quand je dis nouvelle, ce n'est pas que la perfection ne soit une et toujours la même, mais la manière de la pratiquer varie selon le temps et les circonstances. Il n'est plus question de vous occuper de vous. Vous devez vous oublier tout à fait. Oui ! jusqu'à votre perfection, pour être tout à l'œuvre dont le Seigneur vous a chargée. Ce n'est plus le temps de le goûter dans la paix et dans le silence. Non, non, ce n'est plus le temps de jouir, mais celui d'agir et de travailler pour Dieu, ce qui est bien plus excellent. Que je vous trouve heureuse ! Vous voilà libre, parfaitement libre, vous n'avez plus rien qui vous entrave ni puisse arrêter votre marche, et l'obéissance vous soutient dans la route nouvelle que vous allez parcourir par amour et par choix. Mais ne vous étonnez pas d'y rencontrer la peine, l'angoisse du cœur, elle sera grande, Dieu retirera son goût et sa présence sensible ; il faut que vous souffriez, et beaucoup : le démon vous tourmentera de toutes les façons, tout va se révolter, s'effrayer ; votre imagination va vous fatiguer, votre âme sera délaissée, inquiète, malheureuse, isolée

et craintive, mais la foi et l'obéissance triomphe-
ront de tout. Nous servirons Dieu sans le goûter,
nous l'aimerons sans le sentir. Vous allez me
craindre et vous défier de moi, peut-être vous
croire trompée, n'importe, nous irons toujours.
Nous avons bien examiné : la volonté de Dieu est
connue. Vous vous soutiendrez par ce seul souvenir et vous vous élancerez dans l'abîme, tête
baissée, en croyant vous perdre, vous vous re-
trouverez en Dieu. »

Tout étant donc préparé, Mlle Rollat annonce
son arrivée à Mlle Mouroux, puis elle ajoute : « Le
révérend Père m'a saluée hier du joli compliment
qu'il allait presser la vocation de mes nièces pour
le Sacré-Cœur, et qu'il voulait que leur entrée
précédât son voyage chez nous ; j'avoue que j'ai
été consternée : ces enfants, qui sont très-bien
élevées, nous eussent été bien utiles ; mais puisque Dieu ne le veut pas, il n'y a qu'à s'incliner.
Ce qu'il y a de plus pénible, c'est que ma sœur
se désole et voudrait me donner ses filles, si elle
est obligée de s'en séparer. Je suis entre le mar-
teau et l'enclume. »

Le P. Roger eut toujours une profonde estime pour la fondatrice du Sacré-Cœur ; il s'oc-
cupa de son œuvre avec dévouement pendant les
premières années ; il fit même avec le P. Barat

et le P. Varin la première ébauche des constitutions. Puis, dans une retraite, il se considéra
comme un obstacle au développement de cette
société, et résolut d'en abandonner toute la direction au P. Varin. Sa résolution une fois prise,
rien ne put l'ébranler. Dès 1820, il concentra tous
ses soins sur l'œuvre de Mme de Doudeauville.
Tout en admirant le prodigieux accroissement du
Sacré-Cœur, dont la mission lui semblait provi-
dentielle, il voulait procéder avec plus de lenteur.
Nous verrons que ce vœu a été surabondamment
exaucé. Dans un de ses voyages, Mme Barat s'arrêta à Montmirail, avec Mme Bijeux, pour consulter le P. Roger ; elle descendit à Nazareth, où
la mère Rollat, heureuse de la recevoir, eut avec
elle des entretiens pleins de cordialité. On garda
à Montléan un souvenir aussi agréable qu'édifiant
de cette bonne visite.

CHAPITRE III

FONDATION DE NAZARETH

Enfin Mlle Élisa mit le pied sur le sol de Montléan. Dès qu'elle y arriva, le P. Roger réunit la petite famille naissante avec sa respectable fondatrice, et, les exhortant de nouveau à se bien pénétrer de l'esprit qui devait les animer, il leur fit commencer une neuvaine préparatoire à la fête du 3 mai 1822, date réelle de la fondation de Nazareth. La solennité de l'Invention de la sainte Croix se trouva, cette année, le premier vendredi du mois. Cette heureuse coïncidence remplit de joie les habitantes de Montléan : l'imitation de la Sainte Famille, puisée dans le cœur de Notre-Seigneur au pied de sa croix, voilà ce qui doit faire désormais l'objet de leur ambition. La petite communauté, sans prendre aucun costume religieux, commença dès lors à suivre une vie régulière.

Mme Rollat en fut nommée supérieure. On rédigea le *Précis de l'Institut* qui a servi de base et de points fondamentaux à nos constitutions. On revit ensuite avec soin le règlement des pensionnaires. Celles-ci, tout heureuses du régime nouveau, ne se doutèrent pas d'abord qu'on leur préparait des religieuses dans leurs maîtresses, mais peu à peu, elles devinèrent le secret, et lorsque, deux ans plus tard, elles virent apparaître le costume religieux, elles s'associèrent à la joie de la communauté.

On serait dans l'erreur en s'imaginant qu'après une si longue attente Mme Rollat goûta enfin dans la solitude de Montléan les douceurs de la paix et d'un tranquille repos. Ce n'est pas dans la jouissance que se fondent les œuvres de Dieu. Celle de Nazareth devait avoir un genre d'épreuves en rapport avec le nom qu'elle osait prendre et le but qu'elle se proposait. C'était non-seulement le renversement complet des idées du monde, comme le veulent tous les ordres religieux, mais les pensées du fondateur venaient constamment se heurter contre toutes les chances de succès. Il y avait une opposition marquée entre ses vues et celles de M. de Doudeauville. Celui-ci voulait, pour l'établissement fondé par sa femme, quelque chose qui eût un certain éclat et pût lui faire honneur aux yeux du public ; le P. Roger ne cherchait au contraire que le silence, l'obscurité, l'oubli. Tout préoccupé de la formation des sujets, qu'il supposait devoir être nombreux, il aurait volontiers, si c'eût été possible, sacrifié le pensionnat dans les premières années, tant il craignait que l'entraînement de l'activité naturelle, le désir légitime du succès dans l'éducation ne fût un obstacle au travail de la vie intérieure. La Providence trompa son attente : pendant que les élèves augmentaient, les sujets étaient rares, et l'œuvre naissante sembla frappée de stérilité. La plupart des personnes qui se présentèrent n'avaient pas de vocation, ou furent déconcertées par l'opinion publique. Les habitants de Montmirail, les voisins, le clergé même, tout parut s'élever contre la nouvelle communauté. Le souvenir des dames de la Paix, les fréquentes apparitions du P. Roger que son nom de Jésuite faisait redouter, tout devenait obstacle, même la protection dont les fondateurs temporels environnaient l'établissement. Mille déceptions, dès le début, pénétrèrent donc l'âme de Mme Rollat. Ce n'était plus pour elle, comme autrefois à Évêquemont, le retranchement calculé et volontaire des jouissances de l'esprit et du cœur, mais une sorte de condamnation à l'impuissance. Son active générosité, qui ne demandait qu'à s'exercer et à se prodiguer, ne rencontra qu'une mort apparente, un véritable anéantissement. Elle dut faire un sublime effort afin d'accepter, non pas seulement pour elle-même, mais pour l'œuvre entreprise,. cette marche mystérieuse de la Providence qui commence par détruire avant d'édifier. Notre première mère, à titre de fondatrice spirituelle, sentit donc fortement la souffrance qu'éprouvent souvent, à leur entrée en religion, les âmes ardentes, que le désir emporte haut et vite : se reposant sur leurs saintes aspirations, elles s'imaginent qu'elles vont immédiatement transporter des montagnes, et sont tout étonnées, parfois même déconcertées, de se trouver réduites à une nullité complète, nullité difficile à accepter; mais cette acceptation est la base nécessaire de l'édifice spirituel.

Pendant bien des années, il ne se fixa près de Mme Rollat, comme religieuses de chœur, que Mmes Mouroux et Camille de Vaux. Le cercle se trouvait donc bien étroit, car si le choix était parfait au point de vue spirituel, et même de l'avantage extérieur de l'œuvre entreprise, il y avait bien quelque souffrance dans le contact des caractères. Mme de Vaux de Rieux, cousine germaine d'Alphonse de Lamartine, était une bonne et sainte personne qui se distinguait surtout par son humilité profonde. Quoique d'une mauvaise santé, elle rendit de grands services au pensionnat. Son courage à se surmonter, sa patience à toute épreuve, son dévouement sans bornes furent appréciés des élèves qui n'en parlaient qu'avec vénération. Plusieurs même se sentirent attirées à la vie religieuse par l'exemple de cette vertu si simple et si constante. Mais le caractère de Mme de Vaux était timide, craintif; elle restait dans l'indécision pour les plus petites choses, et formait un contraste frappant avec Mme Rollat, d'une humeur gaie, ouverte, expansive et prompte à se déterminer. Il y eut de part et d'autre des sacrifices à faire. L'estime était profonde et l'affection sincère, mais la crainte de se causer mutuellement quelque peine produisit une petite souffrance habituelle qui devint un sujet de mérite devant Dieu. Les rapports étaient tout autres avec Mme Mouroux, et le P. Roger, qui cependant faisait à la nature une guerre impitoyable, encouragea toujours les relations intimes qui s'établirent entre ces deux âmes. Dans une lettre du 13 janvier 1823, après s'être écrié : « Plus d'humain, plus de naturel, tout par la grâce et avec la grâce! » il ajoute : « Formez avec Mme Mouroux une étroite liaison pour tendre avec elle à l'abjection et à l'amour de Jésus. » Malgré cette approbation souvent renouvelée, la conscience délicate de la mère Rollat s'émut plus tard de la jouissance trop naturelle qu'elle avait goûtée dans cette union; mais s'il y entra quelque imperfection, nous verrons la souffrance passer sur cette amitié sainte comme le charbon ardent sur les lèvres du prophète,

Ces trois ferventes religieuses se trouvèrent tout d'abord dans l'heureuse nécessité de mener la vie la plus commune, la plus abjecte à tous les points de vue. La pauvreté était en effet bien réelle, bien positive dans ces humbles commencements; elle se rapprochait beaucoup plus du dénûment de Bethléem que de la médiocrité de Nazareth. La vénérable fondatrice, aveugle depuis plusieurs années, ne se doutait pas du délabrement où les dames de la Paix avaient laissé Montléan, et la délicatesse de Mme Rollat le lui cacha toujours. Cependant les choses les plus simples manquaient; c'était à un tel point que les cinq premières prétendantes ne pouvaient déjeûner ensemble parce que, raconte gaîment l'une d'elles « nous n'avions que trois tasses. » Le soir, un modeste lampion faisait tous les frais d'éclairage, et quand la supérieure, voulant écrire, demanda une bougie. « Mais c'est trop cher! s'écria Mme Mouroux effrayée, nous allons vous donner une chandelle. » Et il fallut encore inventer un nouveau genre de flambeau pour la placer.

Les privations matérielles se supportaient gaîment. Dès ces premières années qui avaient certainement leur côté laborieux et crucifiant, on aime à trouver déjà dans la petite communauté cette simple et cordiale vie de famille qui devait rester le cachet distinctif de Nazareth. La supérieure en était l'âme ; elle avait le talent de rendre intéressants les plus simples exercices de la vie religieuse : avec un entrain aimable et gracieux qui délassait des travaux de la journée, ne blessait personne et inspirait un nouveau courage, jusque dans les récréations sous forme de petits jeux, elle rappelait qu'il faut trouver son bonheur à se vaincre, à servir les autres, à n'être comptée pour rien. Le jeu de Nazareth ou de l'humilité composé par le P. Roger, les couplets, les énigmes, les charades, tout devenait un enseignement agréable. Les petits travers, les oublis, les saillies de l'amour-propre étaient relevés par une gracieuse plaisanterie qui faisait pénétrer la leçon sans laisser d'amertume. Le P. Roger approuvait cette animation et ne cessait de recommander une humilité joyeuse et la dilatation des cœurs.

Pourtant, après une visite à Montléan, il craignit que la supériorité évidente et le charmant

caractère de Mre Rollat ne devinssent instinctivement le mobile d'une obéissance trop naturelle; il
s'en plaignit à la communauté et surtout à la supérieure, comme nous le voyons par les lignes
suivantes :

« Il est bien vrai, ma fille, que vous n'avez pas
assez de fermeté ; mais il faut d'abord ne pas vous
chagriner et être bien persuadée que le ton ferme
nécessaire pour conduire et corriger les autres,
leur faire pratiquer l'humilité et l'obéissance
peut et doit même se trouver avec une grande
douceur. Vous jugez trop de tout, même des vertus, par la sensibilité naturelle qui est extrême en
vous. Gardez-vous de raisonner avec vos filles et
de faire de trop longues explications, vous entre-
tiendriez leur amour-propre et vous rendriez leur
obéissance purement raisonnable, tandis qu'elle
doit être toute de foi et un sacrifice du propre jugement. »

Afin de former pratiquement les sujets à cette
obéissance surnaturelle, et pour établir dès le
principe qu'il est tout simple à Nazareth de passer de la charge la plus élevée aux plus humbles
emplois, le P. Roger intervertit les rôles : dès 1823
il voulut que Mme Mouroux, et après elle Mme de
Vaux, fussent supérieures pendant que Mme Rollat
se trouvait chargée des plus jeunes enfants. Cet

arrangement mit tout le monde en souffrance. Tandis que l'une effaçait, anéantissait son initiative, les deux autres, malgré leurs efforts, n'arrivaient pas à en prendre suffisamment. C'était un continuel exercice de vertu pour toutes les religieuses ; et comme les parents des élèves ne voulaient traiter qu'avec Mme Rollat, la première responsabilité pesait encore sur elle, mais avec une complication que son caractère décidé rendait plus difficile et plus méritoire. Il lui en eût beaucoup moins coûté de se taire et d'obéir simplement.

Cependant, tout en imposant l'épreuve, l'austère directeur savait merveilleusement en montrer les avantages ; il renouvelait plus que jamais ses pressantes sollicitations :

« Oh ! ma chère fille, étudiez, méditez Jésus enfant. Aimez-le, et par amour pour Lui, abandonnez tout pour devenir pauvre, petite, simple, humiliée à vos propres yeux et à ceux des autres ; vous deviendrez par là bien instruite et bien savante. Je prie Notre-Seigneur de vous faire entendre à l'oreille du cœur ces douces et puissantes paroles : Sois donc tout à fait enfant ; oublie-toi entièrement pour ne penser qu'à moi seul et devenir docile, souple, obéissante dans les moindres petites choses et au premier signe de la supérieure.

« Oui, ma chère fille, voilà ce que Dieu demande de vous. Souvenez-vous des résolutions que vous avez prises.

« Il s'agit dans ce moment de trouver le véritable esprit religieux non dans nos talents, dans nos lumières ; plus nous réfléchirons, plus nous raisonnerons, plus nous formerons de projets et de méthodes de perfection, plus nous nous en éloignerons ; ne le cherchons que dans l'imitation de Jésus à Nazareth, étudions le silence de Jésus, l'obéissance simple de Jésus et l'humilité de Jésus.

« Unissez-vous de cœur et d'affection avec votre supérieure, ouvrez-vous à elle avec simplicité et candeur. L'humiliation réelle et intime qu'elle a éprouvée en se voyant nommée à cet emploi, et l'obéissance avec laquelle elle s'en acquitte, deviennent une source de grâces pour toute la maison. Réjouissons-nous donc : Vive Jésus ! »

Et quelques jours après :

« Ma chère fille, je suis pauvre, misérable et embarrassé pour me tirer de tout ce que j'ai à faire. Dieu y pourvoirait par sa grâce, si j'étais fidèle à tendre à l'abnégation où il semble vouloir me conduire ; mais je suis bien loin de compte ; comme vous le savez par expérience, il est plus facile de comprendre, et même de sentir que de s'exécuter et de se laisser mourir physiquement et surtout spirituellement sous la main de Dieu. Oh! qui nous donnera l'amour et la pratique de l'abnégation si éloquemment prêchée dans cette céleste et divine maison de Nazareth, plus ravissante en beauté que toutes les merveilles de la maison de Dieu! Si un rayon de la lumière vive et éclatante qui brillait dans l'obscurité de cette pauvre demeure pouvait parvenir jusqu'à notre âme, quels seraient nos transports et avec quelle ardeur nous tendrions à la petitesse et à l'abjection. »

Pendant que la petite communauté se fortifiait dans cette vie de foi et d'abnégation, M. de Préfontaine, son aumônier, goûtait peu le régime nouveau, qu'il taxait ouvertement d'imprudence et même de folie. C'était un excellent prêtre, mais qui ne comprenait absolument rien à l'esprit religieux. Comme il était difficile et même impossible d'obtenir de lui la ponctualité aux heures marquées pour l'exercice de son ministère, Mme Mouroux, chargée, comme sacristine, de lui rappeler qu'on l'attendait, avait parfois avec le bon ecclésiastique des scènes assez piquantes. Il considérait Mme Rollat comme une victime, il la respectait, l'admirait et la faisait beaucoup souffrir, parce qu'il contre-carrait à tout propos ce que le P. Roger avait réglé. Un jour devant elle et devan-

Mme Mouroux, il fit au révérend Père une violente sortie, lui reprochant ce qu'il appelait un despotisme, une vraie tyrannie exercée sur des âmes fortes et généreuses, qu'il écrasait après leur avoir lié les pieds et les mains, tandis que, par un renversement du sens humain, il obligeait Mme de Vaux à commander, elle qui ne saurait jamais qu'obéir ! La véhémence des reproches dura plus de vingt minutes. C'était cependant une réunion d'adieu, car le P. Roger allait partir pour Paris. Lorsqu'on vint l'avertir que la voiture l'attendait, interrompant les invectives du bon aumônier, il le prit dans ses bras et lui dit en l'embrassant avec effusion : « Tout cela ne nous empêchera pas d'être toujours amis, » et l'on se quitta aussi paisiblement que si les adieux eussent été des plus gracieux.

Pourtant les choses ne pouvaient durer ainsi : Mme Rollat confia au duc de Doudeauville l'embarras où elle se trouvait. Il obtint du roi que M. de Préfontaine fût nommé aumônier de ses pages, place qui convenait beaucoup mieux à son caractère. Cette affaire fut conduite avec tant de promptitude et de discrétion, que le digne homme resta tout interdit sous le coup de cet honneur inattendu. Rien ne peut rendre son étonnement, son émotion, lorsqu'il ouvrit l'enveloppe du ministère qui contenait, avec la pièce officielle, une lettre aussi aimable que pressante, pour qu'il se rendît sans aucun délai au vœu de Sa Majesté.

Cependant le P. Roger ne voulut pas prolonger trop longtemps l'état de souffrance de la communauté, et surtout de Mme de Vaux. L'épreuve lui parut suffisante. Mme Rollat reprit donc sa place naturelle, en conservant la direction des quelques rares novices, qui, pour la plupart, après un essai infructueux, rentraient dans le monde.

On voit par les lettres du bon Père combien son cœur était attaché à cette œuvre si petite, on pourrait dire si problématique, envisagée à la seule lumière de la raison. Sans s'inquiéter du nombre actuel des religieuses, il pose les fondements d'un édifice avec l'unique pensée de l'asseoir solidement; il craint toujours que le désir de s'accroître ne fasse accepter trop facilement les sujets qui se présentent, et il prémunit la supérieure :

« Défiez-vous, lui écrit-il, de la facilité à se contenter de certaines personnes douces et tranquilles, sans beaucoup de talent, et surtout sans ce tact et ce jugement nécessaires pour connaître son propre cœur et celui des autres, pour conduire une maison ou en exercer les emplois. Avec de telles personnes on ne formera jamais rien de solide, surtout dans les commencements ; elles ne seront point capables d'une grande vertu ni même de saisir, et par conséquent de prendre bien l'esprit propre d'un institut. Elles pourront le suivre s'il est bien établi, mais ne le donneront jamais, puisqu'elles n'en auront pas l'intelligence. Ainsi, jugeons donc les postulantes suivant la règle et le but que nous nous proposons, et ne nous contentons pas de certaines vertus qui suffisent dans une famille chrétienne et dans un pensionnat séculier, puisque nous devons avoir un esprit à nous, et des vertus propres à la vie humble et cachée de Jésus à Nazareth. »

Il ne faut pas se méprendre sur ce que demande ici le saint religieux ; s'il redoute les caractères sans énergie, il n'a point peur des défauts, au contraire, c'est une matière au combat :

« Gardons-nous de la précipitation, écrit-il à la supérieure. Que les défauts ne vous effraient pas. C'est le fond et l'appel de Dieu qu'il faut chercher à connaître, ce qui n'est pas toujours facile. Une âme douée d'énergie, qui se révoltera contre notre esprit en arrivant, ou même quelque temps après, sera peut-être celle qui nous conviendra le mieux. »

Toujours, et avant tout, occupé de la formation religieuse, le bon Père vit alors, presque

contre son gré, le pensionnat se développer nota-
blement; grâce à M. le duc, devenu ministre de
Charles X, vingt jeunes filles nobles, élevées aux
frais de la famille royale, entrèrent à Montléan au
mois d'octobre 1824. Dans l'état de pauvreté où se
trouvait l'établissement, ce fut un vrai secours,
et plus encore un encouragement pour le zèle des
maîtresses. Mais le P. Roger, effrayé du retentissement qu'aurait pour Nazareth le titre d'institution royale, se hâte d'écrire à Mme Rollat :
« Priez instamment Mme la duchesse de Doudeauville d'avoir pitié de notre faiblesse et de ne pas
permettre que, pour le moment, M. Le duc, qui
est si bon et qui nous veut tant de bien, nous gra-
tifie de nouvelles pensionnaires du roi. Défions-
nous des désirs de nous faire connaître et de nous
augmenter, comme aussi d'avoir des revenus pour
faire face à nos dépenses. Ils paraissent justes et
légitimes ; mais craignons l'illusion ; restons pauvres et cachés, nous serons plus agréables à Jésus
de Nazareth ; d'ailleurs, que sommes-nous? Nous
n'avons encore rien de formé, et dans les desseins
de Dieu, il faut qu'il existe une communauté en
règle. Tâchez donc, jusqu'à nouvel ordre, que
le nombre de vos élèves n'augmente pas. »

Ce qui ajoutait aux craintes du révérend Père,
c'était l'obligation de s'assujettir au règlement des

pensionnaires du roi, opposé à celui de Nazareth, surtout pour ce qui regardait les sorties, les vacances et les arts d'agrément. Le ministère consentit à retoucher cet article, et fixa d'une manière générale que les pensionnaires du roi suivraient la règle établie dans les maisons où elles seraient placées.

Mais le fondateur redoutait encore plus que tout le reste une diminution de l'esprit de simplicité dans le pensionnat, et il voyait comme un danger l'arrivée d'un si grand nombre de jeunes filles déjà d'un certain âge, et peut-être difficiles à conduire. Cependant, grâce à la sage vigilance de la supérieure, les nouvelles élèves s'attachèrent bien vite à Nazareth, prirent facilement son esprit, et donnèrent, comme leurs compagnes, beaucoup de consolation à leurs maîtresses.

Jusqu'à cette époque, 1824, religieuses et élèves étaient restées mêlées aux séculiers dans l'église de l'ancien prieuré. Le premier jour du mois consacré à saint Joseph, on posa la première pierre du chœur où la communauté put se transporter dans le courant de septembre. Vers le même temps, elle revêtit le costume religieux, ce qui réjouit tout le monde.

C'est en cette même année que Caroline Perrin entra au noviciat. Comme c'est la première sœur converse qui se soit fixée à Nazareth, on sera bien aise de savoir un mot de sa naïve histoire.

Privée de sa mère dès le berceau, Perrine avait été élevée par une sœur aînée qui, très-bonne mais très-vive, faisait marcher rondement toute la famille. Le père, Jean-Baptiste Perrin, homme droit, honnête et doux, était un chrétien dans toute la force du terme ; aussi quand Dieu eut appelé à lui sa jeune femme, il ne voulut confier à personne le soin d'apprendre les prières à la petite Perrine. Chaque jour donc, avant et après le travail, il la faisait approcher, s'asseyait, et l'enfant, à genoux sur les sabots de son père, balbutiait après lui, tant bien que mal, le *Pater*, l'*Ave*, le *Credo*, tantôt en français, tantôt en latin. Mais la pauvreté s'étant fait sentir, il fallut se séparer, et Perrine, bien jeune encore, fut placée dans une ferme, où elle aidait aux travaux de la campagne. Déjà l'amour du devoir était profondément imprimé dans son âme. Arrive le moment de Pâques, Perrine demande à sa maîtresse la permission d'aller se confesser ; celle-ci objecte que son mari a un champ à herser le lendemain matin. Perrine ne réplique pas un mot, mais, se levant pendant la nuit, elle fait l'ouvrage demandé, court à la paroisse voisine et rentre de bonne heure. On veut rire, l'enfant a bientôt remis tout le monde au sérieux : « Il n'y a pas à plaisanter, dit-elle, j'ai fait mon devoir, faites le vôtre. » Tout son cœur était tourné du côté de la piété. Les cérémonies religieuses la charmaient, aussi faisait-elle jusqu'à deux lieues pour entendre la messe de minuit. La vue d'un évêque revêtu des ornements sacerdotaux l'éblouit à un tel point qu'elle crut presque avoir été gratifiée de la présence sensible de Notre-Seigneur.

Placée chez Mme Guérard, de Leuze, femme d'une haute piété, Perrine y vit pour la première fois le P. Roger ; elle ne se doutait pas assurément qu'elle serait un jour sa fille ; mais sans s'expliquer comment, elle se sentait attirée vers lui, et ne pouvait détacher ses yeux de ce visage si doux et pourtant si vif et si animé, qui inspirait la confiance et la vénération. Elle croyait voir la sainteté personnifiée. L'entendant un jour s'écrier au milieu d'un sermon: « Savez-vous, mes frères, ce que c'est que le Saint-Esprit ? » Perrine, aussi simple que prompte à la réplique, regarde autour d'elle et s'étonne de ce que nul ne prend la parole. « Sont-ils sots, tous ces hommes, pensa-t-elle, de ne pas répondre à ce bon prêtre qui parle si bien, ce n'est pas poli vraiment !... » Et elle se disposait à se lever pour dire : C'est la troisième personne de la Sainte Trinité, lorsque, tout naturellement, le prédicateur la prévint. Elle resta confuse de la mauvaise opinion qu'il devait avoir des gens du pays.

Quand le bon Père quitta le château, la pauvre fille eut un grand sacrifice à faire, aussi courut-elle bien vite au plus haut étage de la maison afin de voir plus longtemps sa voiture.

Dès lors, sans avoir jamais rencontré de religieuse, elle se disait qu'elle voudrait bien l'être pour mieux servir le bon Dieu, mais elle n'osait pas prétendre à un tel honneur. Cependant le désir devint si vif, qu'elle ne put s'empêcher d'en faire la confidence à la cuisinière qui s'en divertit beaucoup, et alla au plus vite le raconter à la fille adoptive de Mme Guérard. La vertueuse châtelaine prit l'affaire au sérieux, causa longtemps avec Perrine et, après l'avoir rassurée en lui disant que, dans la maison du bon Dieu, il y avait place pour les pauvres comme pour les riches, elle lui promit de la présenter à la supérieure de Nazareth. En effet, peu de jours après, Perrine sonnait à la porte de Montléan, où elle reçut l'accueil le plus maternel. Il fut arrêté que la future postulante reviendrait le plus tôt possible, accompagnée de son père. De retour à Leuze, elle ne trouvait pas d'expressions pour rendre son bon heur ; elle ne pouvait que s'écrier dans son naïf enthousiasme : « Qu'elles sont bonnes, qu'elles sont belles ! »

Enfin, le jour tant désiré arriva ; notre Perrine parut dans ses plus beaux atours, présentée par son père et portant un dindon superbe dont elle voulait faire hommage à Mme Rollat. Père, fille et dindon furent on ne peut mieux reçus, et quand la supérieure demanda au brave paysan s'il ne lui en coûtait pas de donner sa fille au bon Dieu, celui-ci s'empressa de répondre : « Oh ! non, Madame, je sais bien que je fais son bonheur. » Et le digne homme ne se trompait pas.

Notre première mère accueillait toujours avec la même bonté les sujets qui se présentaient ; elle les mettait vite à l'aise, et s'il eût suffi de se sentir aimée, dirigée et en agréable société pour demeurer au couvent, elle n'aurait pas eu le chagrin de rouvrir souvent la porte à de bonnes filles qui eussent bien voulu rester près d'elle, mais ne pouvaient rien entendre à la vie religieuse.

Cependant il fallait songer à agrandir les bâtiments. Mme la duchesse, voyant le petit nombre des religieuses, aurait préféré qu'on attendît encore, mais elle se rendit aux raison du P. Roger et de la mère Rollat qui désiraient établir au plus tôt la séparation régulière du pensionnat et de la communauté. On commença donc bien petitement, en calculant les ressources qui n'étaient pas grandes et comptant sur la Providence, avec la résolution bien arrêtée de ne pas faire de dettes ; mais comme il arrive presque toujours, la dépense excéda les prévisions, et ce fut au prix de mille difficultés, de mille contradictions, que se forma le berceau de Nazareth.

A distance, malgré la meilleure volonté du monde, on ne se comprenait pas toujours ; et, lorsque le bon Père, qui s'était chargé de recueillir presque tous les fonds, voyait les comptes dépasser les devis, tout malheureux, il faisait les plus sérieuses recommandations. Dieu permettant ces petits conflits où il n'était nullement offensé, pour la sanctification de la supérieure, et aussi pour laisser des règles fondamentales sur la pauvreté des bâtiments destinés à la communauté, le révérend Père écrivait :

« Au nom de Jésus, ma fille, je vous conjure d'éviter ce qui est *joli*, toute espèce d'ornement, de diminuer la dépense, de vous souvenir que vous êtes pauvre, et que c'est une obligation et un devoir rigoureux de conscience de faire les choses pauvrement et à moins de frais. Il ne s'agit plus de l'église, mais d'une communauté qui doit, dans ses bâtiments comme dans tout le reste, imiter la pauvreté de Jésus à Nazareth. Oh ! nudité de la croix que nous ne connaissons pas, nous faisons une œuvre humaine !... Jésus, père des pauvres, ayez pitié de nous. »

Mme Rollat recevait ces leçons avec un grand esprit de foi et une entière dépendance, et quoi qu'il lui en coûtât, elle exécutait au plus vite les ordres donnés de suspendre, de faire. changer le travail, de revenir sur une première décision. En toutes ces rencontres, elle s'appliquait surtout à couvrir l'autorité du révérend Père, attirant sur elle seule le mécontentement, prenant toute la responsabilité. Elle s'accusait d'avoir mal compris, de s'être mal expliquée, etc. Une fois cependant, elle sentit une telle répugnance à soumettre son jugement que, s'étant retirée seule à la chapelle, après la prière du soir, lorsque tout reposait dans la maison, elle se prosterna la face contre terre, redisant avec le roi-prophète : « Mon âme ne sera-t-elle pas soumise au Seigneur ? » Elle resta ainsi longtemps dans son attitude suppliante et ne se releva que lorsque la victoire fut complète !... Il s'agissait de congédier immédiatement bon nombre d'ouvriers des environs que le maître-maçon avait réunis à grand' peine , et qu'il pressait activement pour finir l'ouvrage à une époque déterminée. Comment leur faire accepter de cesser brusquement leur travail ? N'allait-on pas exciter leurs murmures et leur causer quelque dommage ? Un voisin respectable, qui se faisait un plaisir de rendre quelques services au couvent et de surveiller la construction, étant consulté par Mme Rollat, sans qu'elle eût prononcé le nom du révérend Père, devina le mot de l'énigme. Après quelques instants de réflexion, le brave homme répondit : « Je vois bien, Madame, que M. Roger fait tout comme les saints dont j'ai lu l'histoire dans la vie des Pères du désert. Soyez tranquille, je me charge d'arranger cette affaire. » Il s'y prit, en effet, si bien, et la Providence seconda si parfaitement ses efforts, que la place fut aussitôt désertée ; tous les ouvriers se transportèrent dans un chantier voisin, au grand contentement du propriétaire, et ils se trouvèrent libres quand il fallut reprendre les travaux de Montléan. Ces traits de Providence ne manquèrent pas à l'œuvre naissante; c'était sous toutes les formes et en toute circonstance un continuel encouragement à la foi et à la confiance. Il serait impossible de dire les grâces obtenues par l'entremise de saint Joseph, auquel le P. Roger renvoyait le titre de fondateur. Au plus fort des embarras, grands ou petits, lorsque les ressources humaines semblaient épuisées, à l'heure marquée,

le secours arrivait, secours proportionné aux besoins du moment, et d'une manière si simple et si
cachée que le cœur seul admirait tout bas les délicatesses de l'amour.

CHAPITRE IV

Le P. Roger voulait rendre la pauvreté des filles de Nazareth aussi complète que possible quant à l'esprit et au détachement. Voici comment il s'exprimait à ce sujet :

« La pauvreté, mère de la vie religieuse, doit être particulièrement chère aux filles de Nazareth, mais pour être vraie, il est nécessaire qu'elle s'étende à tout, sans ménagement. Il faut n'avoir plus rien en propre, pas même son cœur, pour goûter l'effet de cette parole de Notre-Seigneur : *Beati pauperes spiritu*. Le fruit de cette vertu divine sera un amour pratique de Notre-Seigneur, brûlant du désir de lui gagner des âmes; ne craignez pas d'allumer, d'exciter ce feu, je me charge d'en arrêter les excès. »

La digne supérieure chérissait cette bienheureuse pauvreté après laquelle elle avait soupiré pendant tant d'années ; si, par un reste d'habitude, il lui arrivait parfois de s'en écarter un instant dans la pratique extérieure, elle réparait sa faute au plus vite, et son cœur, aussi délicat que généreux, restait toujours dans un complet dégagement. Sa conduite, plus encore que ses paroles, entraînait ses filles dans la voie d'un saint renoncement.

Un exemple aussi frappant que terrible vint montrer à la petite communauté le danger auquel s'expose l'âme qui refuse de répondre à cette parole du maître : « Allez, vendez vos biens et suivez-moi. »

En 1825, une bonne fille se présenta à Montléan pour être sœur converse ; elle semblait réunir toutes les qualités désirables : ardeur pour la piété, intelligence et adresse pour les travaux domestiques, complaisance et dévoûment dans les emplois ; on fondait sur elle les plus belles espérances ; elle-même, heureuse dans sa vocation, paraissait se dilater au service de la sainte Famille, lorsque tout à coup, elle devint triste, morose, sans qu'on pût expliquer ce changement. Pendant plus d'un mois la sage directrice en chercha vainement la cause. Malgré toutes ses avances, la pauvre fille refusait de découvrir sa peine ; enfin à bout de forces, elle demanda à se retirer. La supérieure redouble ses charitables instances pour obtenir le fatal secret. — « Ma mère, dit alors la postulante, si je reste à Nazareth, faudra-t-il vendre la maison où je suis née et où mon père et ma mère sont morts. Elle vaut bien trois cents francs. — Sans doute, ma fille, cette propriété vous deviendrait inutile, et c'est probablement le sacrifice que Dieu vous demande, car, remarquez-le, vous êtes triste depuis que vous avez entendu expliquer le trait d'Ananie et de Saphire. Lorsque vous vous êtes présentée ici, j'ai cru que vous ne possédiez absolument rien, ce n'était pas un obstacle à votre admission, et vous auriez eu part ainsi que les autres à ce qui est commun entre nous ; mais vous ne pouvez garder votre petit héritage. » En vain la bonne mère accompagna-t-elle cette explication des sollicitations les plus pressantes ; en vain montra-t-elle le danger d'une infidélité aussi positive, la postulante rentra dans sa chaumière. Peu de jours après, le feu prit à cette pauvre habitation et consuma tout ce qui s'y trouvait. La malheureuse fille tomba malade de chagrin, et passa quelques mois à l'hôpital d'où elle sortit trop faible et trop découragée pour se mettre au travail.

Quelques années plus tard, la sœur qui gardait la

porte vit entrer une mendiante à l'aspect misérable. L'enfant qu'elle portait dans une hotte paraissait plus misérable encore — « Me reconnaissez-vous, ma sœur? dit l'infortunée. — Non, je ne me souviens pas de vous avoir jamais vue. — Quoi! vous ne vous rappelez plus Claudine? j'ai voulu venir vous raconter mon histoire, afin qu'elle serve d'exemple à celles qui comme moi seraient tentées de refuser quelque chose à Dieu. »

Si dans la pensée du fondateur le dépouillement de la religieuse doit être absolu, il veut cependant que la pratique extérieure soit simple, modérée, que l'habitation, le vêtement, la nourriture, tout rappelle l'humble médiocrité de la sainte Famille, laissant à la Providence le soin de fournir à chacune des occasions de sentir quelquefois les effets d'une réelle pauvreté.

La vertu à laquelle il ne mettait aucune bornes et qu'il regardait comme devant être excellemment pratiquée à Nazareth, c'est *l'obéissance*. Il veut que, le regard fixé sur la sainte Famille, chacune mette toute son ambition et tout son bonheur à obéir promptement, joyeusement, au moindre signe des supérieures. Ses lettres, ses entretiens, sont une pressante invitation à l'amour et à l'imitation de ce petit enfant, qui n'a de vie que pour sourire à sa mère et seconder ses mouvements.

Pendant ses voyages et son séjour à Montmirail, le bon Père, joignant l'exemple au précepte, se hâtait de signaler et même de punir les plus légers manquements à cette vertu d'obéissance. Il apparaissait parfois à l'improviste dans un coin de la maison, et s'il rencontrait quelque religieuse ou novice un peu en dehors de la règle, elle recevait une bonne réprimande.

Convaincu que la grâce nous est donnée seulement pour le devoir présent, il voulait qu'on fût d'une parfaite exactitude au son de la cloche, laquelle devait se mettre en branle en même temps que l'horloge ; si l'excitatrice se trouvait de quelques secondes en retard, elle rencontrait le Père à son poste, sa montre à la main. Il n'avait pas de longs discours à faire, tout parlait en lui.

Ayant un jour insisté plus fortement encore sur cette ponctualité, un petit incident assez curieux, arrivé le matin, l'obligea à exp iquer de quelle manière on doit cependant en faire l'application. A dix heures, la cloche appelle tout le monde à la lecture commune, chacune s'empresse ; la cuisinière, occupée en ce moment à faire une friture, court comme les autres, laissant sa poële toute bouillante sur un feu ardent. Dans sa marche précipitée, elle ne prend pas même le temps de fermer sa porte, et le cœur joyeux, l'esprit libre

de tout souci, elle se range parmi ses sœurs.
Heureusement le P. Roger passe devant la cui-
sine pour se rendre à la communauté ; de la porte
ouverte s'échappe une odeur suffocante : il entre
et voit la poële prête à s'enflammer, il cherche, il
appelle, personne !... Allons, se dit-il, voilà une
bonne fille qui ne m'a pas compris parce que je
me suis mal expliqué. Il retire la poële du brasier,
et arrivant à la salle de communauté : — « Où
est la cuisinière, demande-t-il ? — Me voici, mon
Père. — Vous avez bien tout quitté au son de la
cloche, ma fille ? — Oh ! oui, mon Père, au premier son. — Eh bien, il faut maintenant vous
apprendre que nous ne devons pas forcer Dieu à
opérer des miracles pour des choses que nous
pouvons faire nous-même sans manquer le moins
du monde à l'obéissance ! » Et il explique la différence entre céder à l'entraînement de la nature
et accomplir ce qui n'est qu'un devoir.

Quand le bon Père s'éloignait de Montléan, ses
lettres continuaient l'enseignement et la formation religieuse :

« Félicitez vos filles de ma part, écrit-il à la
supérieure, et répétez-leur combien je désire que
l'obéissance prompte et aveugle soit leur vertu
chérie, et qu'elles fassent tous leurs efforts pour
s'y affectionner chaque jour. Oh ! qu'elles donne-

ront de contentement au cœur de Jésus en imitant ce qu'il a fait lui-même toute sa vie et surtout pendant trente ans ! Quand nos chères filles de Nazareth auront-elles une pleine intelligence de la vie pauvre, humble et cachée de Jésus, Marie, Joseph ? Cette vie leur sera communiquée à proportion de leur simplicité et de leur obéissance. Ne pensons donc qu'à l'obéissance, ne parlons que de l'obéissance, n'agissons que par l'obéissance et ne vivons que d'obéissance avec Jésus, Marie, Joseph. O sainte obéissance qui fera compter tant de victoires à celles qui te pratiqueront, que je voudrais te voir bien établie dans notre petite et chère maison ! »

Et comme pour faire mieux comprendre à la religieuse de Nazareth qu'elle ne trouvera sa perfection et son salut que dans la pratique de cette vertu, un triste exemple vint montrer jusqu'où peut aller l'entraînement de la propre volonté, même sous le spécieux prétexte du plus parfait.

Parmi les novices se trouvait alors une sœur âgée de vingt-trois ans. Tout en elle annonçait une solide vocation. Elle joignait à un grand courage, de précieuses qualités et une force physique peu commune. Malheureusement ayant entendu lire la vie très-édifiante des Pères du désert, elle se prit à vouloir les imiter dans leurs jeûnes comme dans leur silence. Sa patience, sa douceur, son abnégation la faisaient aimer de tout le monde ; les pensionnaires, charmées de sa complaisance, l'avaient surnommée ; *Moult benin ;* elle obéissait aux moindres désirs de ses sœurs comme à ceux des supérieures ; mais toute sa vertu venait échouer devant l'ordre de ne point jeûner. Elle le transgressait malgré tout ce qu'on pût dire et imaginer pour l'en empêcher. La mère Rollat et le P. Roger essayèrent vainement de lui découvrir la dangereuse illusion. — « Je sens, disait-elle, que Dieu veut ces jeûnes de moi ; la preuve en est que je suis beaucoup plus forte quand je n'ai pris aucune nourriture. » En effet, une force nerveuse, qui était sans doute une ruse du démon, la soutint assez longtemps. Quand on eut épuisé tous les moyens autorisés par la règle, le révérend Père lui déclara qu'elle sortirait de la société. La pauvre fille ne voulut pas croire au sérieux de cette menace ; il fallut donc se séparer.

La mère supérieure ne se contentait pas d'exercer ses filles à l'obéissance, ne voulant pas se priver elle-même d'un si précieux avantage, elle continuait à se tenir dans une parfaite dépendance du P. Roger, qui ne laissait passer aucune occasion de mortifier sa propre volonté. Craignant toujours que la petite politique humaine ne vienne à son insu prendre la place de l'obéissance toute de foi, le saint religieux, en félicitant sa fille de ses progrès, lui signale encore le danger :

« Dieu vous a faite pour être droite et franche, lui écrit-il, cette droiture est le caractère de la vraie obéissance. Je me rappelle que Mme Mouroux et vous m'avouâtes un jour que, pour avoir quelque chose de moi, vous paraissiez céder d'abord, afin de me faire revenir ensuite à ce que vous vouliez, et puis vous vous plaignîtes, *vous*, Madame Rollat, que j'accordais à une autre ce que je vous refusais. Je ne parus pas alors faire beaucoup d'attention à de pareils propos ; mais mon cœur souffrait de vous voir penser ainsi, et ce que je vous aurais dit dans ce temps vous eût paru un reproche amer. Aujourd'hui, ma chère fille, qu'en pensez-vous ? Agir ainsi, est-ce vraiment être obéissante ? Est-ce avoir même la notion et le premier degré de l'obéissance ? Celle que vous me montrez à présent est bien différente. »

Si dans cette occasion le P. Roger avait différé de faire à sa fille une observation, il était loin d'user pour l'ordinaire de ces sortes de ménagements. Nous avons vu que, dès ses premiers rapports avec Mlle Rollat, il lui avait fait goûter ce que la règle de Nazareth appelle *un privilége inestimable pour l'âme religieuse :* l'amour des

réprimandes et des observations. Ces invitations
à l'obéissance ne pouvaient être d'ailleurs qu'un
appel à la véritable humilité, puisque ces deux
vertus sont tellement inséparables que l'une ne
subsiste pas sans l'autre, c'est le fruit auquel on
reconnaît l'arbre. Le bon Père, toujours pratique, veut donc qu'on ne se contente pas de parler
d'humilité, ni même de demander l'humilité au
Roi des cœurs humbles et doux, il insiste sur les
avantages et la nécessité des humiliations, et
comme il sait bien que rien n'est plus opposé à
l'attrait naturel, en multipliant les leçons, il mul-
tiplie aussi les encouragements. Il écrit à la supérieure : « Inculquez bien dans l'esprit des personnes qui sont avec vous ou qui vous viendront,
que Notre-Seigneur ne reconnaîtra comme vraie
fille de Nazareth que celle qui, avec beaucoup de
penchant à l'orgueil, n'aura dans le cœur d'autre
désir, d'autre ardeur, que d'acquérir l'humilité.
Celle-là mettra son application à chercher et à
recevoir avec action de grâces les occasions de
renoncement et d'abjection qu'elle pourra rencontrer. Donnez-moi une âme avide d'humiliation,
malgré ses répugnances, elle connaîtra Jésus
et entrera dans le sanctuaire de Nazareth, tandis
que l'âme qui se complaît en elle-même restera à
la porte, souffrira beaucoup sans consolation, et

ne connaîtra jamais le parfait amour de Jésus. Remarquez bien, ma fille, que Notre-Seigneur ne demande pas qu'on soit humble, c'est une grâce que lui seul peut nous faire, mais il veut que nous tendions à le devenir, et que nous prenions pour cela des moyens efficaces ; ceux surtout qui sont entre nos mains, que la grâce nous suggère, que la règle nous donne, et ceux qu'il nous envoie, quelque amers qu'ils nous semblent.

« Comme nous avons besoin de comprendre ces vérités pour former cette petite famille, qui ne peut exister qu'autant qu'elle sera fondée sur l'humilité ! Humilité établie en nous par une multitude d'oppositions, de contradictions, de misères, d'impuissances, de maladresses, d'imprudences et de non-succès. Oh! ma bien chère fille, qu'elles sont grandes les faveurs que Dieu nous prépare, mais qu'elles sont opposées à nos sentiments naturels ! Puisse-t-il nous exercer par toutes sortes de traverses, et puissions-nous être assez généreux pour ne lui refuser aucun sacrifice ! »

Fidèle à sa ligne de conduite, le P. Roger tient surtout en haleine la première supérieure. Il ne lui passe rien ; de vive voix ou par écrit, il relève ses moindres fautes. C'est ainsi que, voulant l'aider à vaincre une délicatesse excessive qui lui faisait trouver difficile de congédier des visites à l'heure d'un exercice, un jour qu'elle n'avait pu se dégager assez vite, le révérend Père la devance à la salle de communauté, dès qu'elle paraît, il lui dit avec solennité : « Nous vous attendions, Madame Rollat ! » puis il l'engage à faire sa conférence devant lui. La pauvre mère, rouge, confuse essaie d'obéir; mais les mots n'arrivent qu'à grand'peine, l'auditoire, plus malheureux qu'elle, regarde le bon Père qui ne tarde pas à prendre la parole.

Une autre fois que, dans le jardin, elle expliquait à Mme Mouroux et à la sœur Caroline la manière de cultiver un rosier, le P. Roger, du haut d'une lucarne, suivait le mouvement. Sans doute, l'explication lui parut trop longue, car à la première réunion de communauté, il donna une admonition aux trois personnes qui avaient parlé trop librement dans un temps de silence. Chacune en fit son profit, et l'arbuste, cause innocente du délit, fut appelé par la mère Rollat : *Rosier de la réprimande paternelle.*

Nous avons vu que, dans sa correspondance, le bon Père ne connaissait pas davantage les ménagements de l'amour-propre. Après une explication que la supérieure a cru devoir lui donner, il répond :

« Oh! quand aimerez-vous à passer pour avoir tort, ma fille, alors même que l'accusation serait injuste? Un peu d'esprit de Dieu, d'amour de Jésus et d'humilité suffit pour cela. Qu'il est difficile à une personne active de ne pas suivre le premier mouvement, et ce premier mouvement, quel est-il et d'où vient-il? Je fais cette faute plus souvent que vous. Concluons que nous ne sommes pas encore humbles. L'humilité est dans notre esprit, mais pas encore dans notre cœur. »

Sans attendre les avertissements du sage directeur, sa fille spirituelle, éclairée par l'Esprit-Saint, découvrait le plus souvent elle-même les ruses de l'amour-propre, et s'humiliait de ses moindres surprises. L'expérience de sa misère personnelle l'aidait puissamment à instruire et diriger ses filles dans cette voie étroite et basse qui fait frémir la nature. Elle revenait souvent, dans ses entretiens, sur l'exemple des saints, qui tous ont fait à Dieu, lorsqu'il l'a demandé, le sacrifice de leur réputation. Elle voulait qu'on s'exerçât à trouver tout simple, non-seulement de n'être pas comprise ou approuvée, mais de se voir soupçonnée ou accusée injustement, et comme une fois ses filles répondirent que cette résolution semblait être une des plus difficiles à garder : « C'est ma propre expérience qui me fait insister sur ce point, reprit-elle ; même dans les choses les plus insignifiantes qui n'intéressent en aucune sorte la gloire de Dieu, le bien du prochain, ou le fond de notre réputation ; il faut un grand effort de volonté pour ne pas se justifier quand on le peut faire aisément.

« Au dernier voyage du P. Roger, j'ai encore touché du doigt l'excessive faiblesse de ma nature. Il m'avait reproché, il y a dix ans, une chose sans portée et dont j'étais complétement innocente. Sur place, je ne me justifiai point, mais depuis lors, presque à tous les voyages du bon Père, je me surprenais arrangeant adroitement dans mon esprit une histoire qui mettrait en lumière le trait que je ne pouvais oublier. J'ai résisté pendant dix ans, et l'amour-propre a fini par l'emporter. L'autre jour, comme malgré moi, ramenant la conversation sur les circonstances qui avaient frappé le révérend Père, je racontai ce que je savais des personnes et des choses, de telle sorte, qu'il n'aurait jamais pu se douter que je cherchais à faire mon apologie, si, confuse de ma lâcheté et de mon orgueil, je ne lui en eusse fait l'aveu immédiatement. »

Comme on le voit, la bonne supérieure ne craignait pas d'initier ses filles à ses propres luttes et même à ses défaites, pour leur faire mieux comprendre cette vérité si ingénieusement exprimée par saint François de Sales, que « la perfection ne s'enfile pas comme une robe toute faite, mais que la vie doit se passer à y coudre tantôt une pièce, tantôt une autre. » Ces petites confidences se glissaient dans l'entretien de la manière la plus simple, car, à l'exemple de la sainte Vierge, « elle conservait dans son cœur » et ne parlait jamais de ses communications intimes avec Notre-Seigneur, ni des touches secrètes de la grâce. Ce n'est que dans ses conférences que se trahissaient l'ardeur de son amour et sa soif de sacrifice.

Dès les commencements de la société, notre première mère imprima aux conversations et à la correspondance ce cachet de grande simplicité que Nazareth devait conserver. Tout en causant avec naturel, liberté et abandon, de ce qui les intéresse et du bonheur qu'elles goûtent au service de Dieu, les religieuses ont toujours gardé dans le secret les dons ou faveurs particulières dont elles sont l'objet ; elles les communiquent seulement au directeur de leur conscience pour en recevoir des lumières. Si quelqu'une, s'écartant de cette règle, s'échappait pendant la récréation en exclamations ou véhéments désirs, la supérieure par un sourire, une parole, la ramenait au positif : « Nous voici bien haut perchées dans les nuages, gare ! —

Écoutons sainte Thérèse! — Voilà qui est du ciel, mais malheureusement nous n'y sommes pas. »

Lorsqu'elle entendait raconter quelques faits merveilleux, elle ramenait l'attention sur la faveur, bien autrement précieuse, d'une communion sacramentelle, et remarquait que rien n'est comparable au bonheur d'habiter sous le même toit que Notre-Seigneur, de pouvoir l'aborder et lui parler comme faisaient la sainte Vierge, saint Joseph et tous ceux qui allaient à lui pendant sa vie mortelle. Elle s'efforçait de faire comprendre que nous avons autant de motifs de tendre à la perfection que si les saints, les anges, Dieu lui-même, se montraient à nous sensiblement. Ces apparitions, ces voix entendues, peuvent être le produit de l'illusion, tandis que les leçons de l'Évangile ne nous trompent jamais. Voici un fait qu'elle apportait gaiement plus tard à l'appui de ces paroles :

« Dans une de mes grandes maladies, on me donna pour me veiller la nuit une brave fille qui avait lu beaucoup de vies de saints, et qui aimait surtout les traits merveilleux. Elle s'avisa de raconter que, pendant mon sommeil, les anges, pour me réconforter, faisaient entendre une mélodie céleste dans ma chambre, et qu'elle-même s'en trouvait si bien, qu'elle ne sentait jamais la fatigue de ses longues veilles ; on pouvait donc sans nulle inquiétude ne pas la faire reposer. Pauvre fille ! elle faisait de bonne foi tous ces contes et n'aurait point été capable de mentir ; mais la vérité est que, tandis qu'elle dormait au coin du feu et rêvait de ces belles choses, j'étais dans mon lit en proie à d'affreux cauchemars : « Je ne prétends pas, ajoutait-elle, que les visions des saints manquent de réalité ; j'admire ce que le bon Dieu fait en eux ; mais je m'attache à cette parole du divin Maître : Heureux ceux qui n'ont pas vu et qui ont cru. »

Au reste, la bonne Mère avait le talent de jeter une pensée de foi au milieu des conversations les plus banales ; mais cela se faisait d'une manière si naturelle et si rapide qu'on se laissait entraîner sans s'apercevoir de son ingénieux détour. Près d'elle on se trouvait recueillie, en la quittant, l'oraison était facile.

D'ailleurs, aucune contrainte ne résultait de la discrète réserve conseillée par le P. Roger, et qu'il rappelle dans les vers adressés à l'humble fille de Nazareth :

> Attends tout de la grâce, à la garder soigneuse,
> Dans un profond secret tiens ce trésor caché.

Si chacune, en traitant avec ses sœurs, évitait alors comme aujourd'hui tout ce qui peut flatter la vanité si dangereuse, surtout dans les choses

spirituelles, son estime n'en était que plus profonde ; elle admirait en silence autour d'elle les
efforts de vertu, les progrès de la grâce, en redisant avec le roi-prophète : « Qu'il est doux de vivre dans l'union ! »

Les exhortations et les lettres du révérend Père
invitaient toujours à la dilatation des cœurs ; c'est
ainsi qu'il écrivait :

« Une de mes grandes consolations, ma fille,
c'est l'esprit de charité et de docilité qui règne dans
votre maison et qui me remplit de grandes espérances pour l'avenir. Ne permettez pas qu'il s'al-
tère ou qu'il s'affaiblisse, mais donnez une grande
liberté aux âmes, afin que toutes soient gaies,
franches, simples, pleines de cordialité et d'amabilité les unes envers les autres, et que, pour
plaire à Jésus, elles cherchent sans affectation à
se donner le bon exemple et à s'édifier mutuellement. »

Et une autre fois, en annonçant sa visite :

« Égayez vous, et marchez à la perfection dans
un esprit de liberté et de franche simplicité. Je
n'ai d'autre désir que de vous voir toutes comme
de petits enfants. Aussi, dans ce voyage, je ne me
propose rien de sérieux. Je veux vous trouver
toutes bonnes, toutes simples, toutes gaies. Point
de contention pour acquérir la vertu ; elle se

trouve dans un bon cœur qui veut beaucoup aimer Jésus, et se rendre enfant avec lui pour son
amour. »

Après avoir traité de graves affaires, il termine
ainsi une autre lettre :

« Saluez mes bonnes filles, et dites-leur combien
je désire qu'elles jouissent de la paix et de la joie
en s'aimant cordialement les unes les autres. Dieu
ne veut pas de lâches et de négligentes à son service. Il est si glorieux d'appartenir à la sainte
Famille, et il est si consolant pour un cœur qui
aime sa vocation de se faire violence pour plaire
à J. M. J. !

> A Nazareth, point de tristesse,
> Où Jésus est tout est gaîté.
> A le servir que l'on s'empresse
> Avec amour et liberté. »

CHAPITRE V

PROFESSION DE MADAME ROLLAT

En 1826, le P. Roger prépara un grand sujet de joie à la famille de Montléan : sans avoir prévenu la bonne mère de son dessein, il fit faire à Paris la croix d'argent que devaient porter les religieuses professes, et lui écrivit de se rendre en pèlerinage à Notre-Dame de Liesse avec la sœur Caroline. Lui-même partit de Paris, et le 4 juillet, il salua la supérieure de Nazareth en lui annonçant que le lendemain, elle pourrait faire secrètement ses vœux perpétuels avant la communion. Remplie d'une sainte joie, quoique souffrante et fatiguée du voyage, elle voulut faire autant que possible sa *veille d'armes*. Elle ôta donc les matelas de son lit, et se coucha sur la sangle, où la prière fut son unique repos. Le 5, de bon matin, le P. Roger suspendit la croix d'argent au cou de la statue miraculeuse, puis il offrit le saint sacrifice, consacrant de nouveau à la Vierge immaculée la petite société de Nazareth. La révérende mère, avant de communier, mit le sceau à ses engagements, et rien ne saurait exprimer son bonheur lorsque, après la messe, le révérend Père fit passer sur sa poitrine cette croix que Marie elle-même semblait lui présenter, ce vrai trésor de la fille de Nazareth, où elle trouve, avec les noms de Jésus, Marie, Joseph, la couronne d'épines, les clous sacrés et sa devise, ou plutôt le cri de son cœur : *O crux, ave, spes unica.* Il y eut grande fête à Montléan quand la Mère supérieure y reparut avec sa croix ; on bénit la sainte Famille, on la remercia de ce nouveau gage d'adoption, et chacune n'aspira plus qu'au moment où il lui serait permis à son tour de rendre ses engagements irrévocables. Mme Mouroux et Mme Camille de Vaux firent successivement leur profession les années suivantes.

Mais si le vieux mot de *Liesse* signifie joie, il veut dire aussi *soulagement*, comme pour indiquer que la joie en ce monde n'est qu'un éclair, mais un éclair qui se change en rayon lorsque l'âme sait faire passer la lumière du ciel sur les tristesses et les obscurités de la terre.

Le P. Roger comprenait bien qu'en descendant

de son petit Thabor, la nouvelle professe se re-
trouverait aux prises avec les contradictions quand
il lui disait :

« Vous avez reçu la croix de la main de Marie,
elle produira ses effets, vous allez entrer dans de
grandes peines et de grands travaux ; ce que
nous avons fait jusqu'ici n'est qu'un jeu d'enfants :
le sérieux va commencer. Vous serez attachée à
la croix et j'y serai avec vous ; ne craignez rien ;
étudiez la Passion, et nourrissez-vous des humiliations et abjections de votre Époux crucifié, qui
veut que sa croix pénètre fortement votre âme
pour y opérer des merveilles de grâces, de force
et de vertu ; bien portée et bien chérie, elle sera
un remède à tous vos maux et la source de tous
les biens. Méditez cette petite sentence qui peut
vous convenir dans la maladie et dans l'impuissance :

> Qui vit sans croix, vit sans Jésus.
> Qui prend la croix, trouve Jésus.
> O bonne croix, chère à Jésus,
> Fais que ma croix me soit Jésus ! »

Cette croix, chère à Jésus, est aussi le présent de son cœur aux âmes qui l'aiment d'un
amour plus généreux et plus délicat. Il ne devait
donc pas la refuser à la pieuse mère, aussi la fit-Il

passer par des épreuves très-mortifiantes pour son ardente nature : le petit nombre des sujets, les essais infructueux de ceux qui se présentaient, cette sorte de stérilité à laquelle la société semblait condamnée, pesait sur elle plus encore que tous les autres sacrifices. Elle s'accusait d'être un obstacle au développement, et le révérend Père, calmant ses craintes lui écrivait :

« Vous désirez trop, et vous voulez toujours trop, ma bonne fille. Vous usez votre cœur et votre santé à force de soucis, de craintes et de préoccupations. Devenez passive, faites le moins que vous pourrez, et laissez tout faire à Dieu, obéissant en paix et sans réflexion à ce qui vous paraît être sa sainte volonté, et vous est indiqué comme tel, par le temps, les circonstances, les personnes, les choses, les difficultés, les obstacles, les inconvénients, les impuissances, les oppositions, les mécomptes, les non-succès, les contradictions, etc., etc., enfin par tout ce qui arrive ou peut arriver, à l'intérieur, à l'extérieur, de la part du corps, du côté de l'âme, soit en bien, soit en mal, pour être plus semblable à Notre-Seigneur qui, sous la conduite de saint Joseph, va en Égypte, revient à Nazareth, souffre partout, est humilié partout, ne trouve de repos nulle part et ne se plaint jamais, parce qu'Il voit en tout le bon plaisir de son Père.

C'est dans ce bon plaisir qu'Il se repose en éprouvant toute l'amertume de la souffrance et de l'humiliation qui le suivent et vont toujours croissant. Il trouve sa paix dans le silence, dans l'abandon absolu. Consentez, ma fille, à porter les misères qui vous tourmentent et à n'en être jamais délivrée. Il vaut mieux pâtir sous la main de Dieu et passer sa vie dans l'humiliation que de convertir l'univers. »

Pour augmenter la pesanteur de la croix et donner plus de mérite à la foi de sa servante, le Seigneur la frappa du même coup dans ses affections de mère et dans ses espérances de fondatrice, en rappelant à Lui une religieuse de chœur, l'année même où elle venait de prononcer ses premiers vœux. La voie devenait donc chaque jour plus étroite et plus difficile pour la supérieure de Nazareth. A des peines intérieures vives et nombreuses s'ajoutaient de fréquentes maladies, résultat le plus ordinaire des combats qu'elle se livrait. Nature à la fois sensible et forte, elle dominait extérieurement des impressions qui avaient un douloureux retentissement dans la partie intime de son être, et dont sa frêle santé subissait le contre-coup. L'air calme avec lequel elle recevait les observations, la gaîté qu'elle conservait, et qui augmentait même en proportion de l'effort de la volonté pour se soumettre intérieurement, toutes ces apparences engageaient le P. Roger à aller encore plus avant ; craignant de n'avoir pas été compris, il enfonçait la pointe et s'étonnait tristement ensuite du résultat de ses opérations ; il se promettait de ne plus aller si loin, mais le zèle l'emportait encore, car il ne se trouvait jamais en face d'une âme qui parût demander grâce.

La vertueuse mère ne voulait pas surtout se poser en victime, elle s'accusait de sentir trop vivement la vie de nature et demandait à ne point être épargnée. Cependant, le cœur du Père se montre toujours sous les austères rigueurs du religieux. Il n'approuve pas la violence extrême que s'impose sa courageuse fille, et l'ardeur qu'il met à réprimer ses moindres imperfections ne l'empêche pas d'y compatir ; chaque secousse un peu forte est suivie de quelques bonnes paroles brûlantes de charité. Si, dans une de ses maladies, il l'engage à réunir la communauté le 19 mars, afin de réciter avec elle un *Te Deum* en action de grâces, parce que son état de faiblesse est une preuve que saint Joseph l'a exaucée, il lui ordonne aussi de prendre tous les ménagements et tous les adoucissements possibles pour hâter sa guérison. Et dans une autre circonstance, la voyant accablée sous le poids de mille épreuves, il lui écrit :

« Vous êtes donc toujours extrêmement souffrante, ma chère fille ; je sens toute l'amertume de vos peines et je voudrais pouvoir vous soulager. Peut-être, avec la grâce de Dieu, en viendrais-je à bout, si j'étais auprès de vous et si nous pouvions causer à notre aise et surtout *ex intimo corde*. Le siége du mal est au cœur qui est noyé dans diverses peines, toutes plus cuisantes les unes que les autres. Un physique trop faible n'en peut porter autant. Il faut donc qu'il succombe ? Non, non, ma fille, en faisant de votre côté ce que Dieu attend de vous, il opérera des merveilles dans votre âme et vous rendra la santé. Que pouvez-vous donc faire ?... Écoutez bien et comprenez. Chacun est sensible à sa manière, les uns le sont plus que d'autres ; il faut vouloir être ce que l'on est et ne pas vouloir être autrement. Vous avez une sensibilité excessive, il n'y a pas de péché à cela ; Dieu veut s'en servir pour vous faire souffrir et mériter beaucoup, c'est donc une grâce. Un événement très-affligeant, qui regarde votre famille, les personnes que vous aimez et votre cher Nazareth, vous va droit au cœur, vous fait éprouver une commotion de sensibilité dont vous n'êtes pas la maîtresse. Vous voulez alors vous faire violence comme si vous étiez coupable, vous con--

traindre, vous taire et concentrer en vous-même
votre douleur, dans le dessein sans doute de vous
immoler tout entière au bon plaisir divin, ce qui
est très-louable ; mais prenez garde, ma fille, ce
n'est pas là ce que le bon Dieu demande de vous.
Il veut que vous éprouviez toute la sensibilité de
la nature, que vous donniez un libre cours à vos
larmes, que vous parliez de votre peine, non-seulement à Dieu, mais aux hommes, c'est-à-dire à
des personnes de confiance ; en un mot, que vous
vous épanchiez tout à fait, exprimant librement
et à votre manière toute la profondeur et toute la
vivacité de votre douleur, pourvu que votre âme
dans son fond ne murmure pas, mais adore les
desseins de Dieu, et reste soumise, résignée et
abandonnée à la divine volonté. Oui, ma fille,
dans la triste et pénible conjoncture où vous vous
trouvez, et qui m'afflige sensiblement moi-même,
j'aimerais mieux vous voir exprimer avec l'accent
de la douleur vos peines et vos chagrins, et verser
pendant huit jours un torrent de larmes ; j'essaie-
rais de pleurer avec vous, en tâchant de dire de
temps en temps au fond du cœur : « Seigneur !
« que vous me faites mal ! mais puisque vous le
« voulez, je le veux aussi ! » Vous vous rendriez
plus agréable à Dieu et vous mériteriez beaucoup
plus qu'en faisant des efforts pour obtenir une

sorte d'impassibilité que Dieu ne veut pas. Ne soyons pas plus sages que les saints qui ont connu les peines du cœur, et qui ont autorisé et justifié les larmes versées pour des objets naturels. Saint Augustin et saint François de Sales ont pleuré, et Notre-Seigneur lui-même a été sensible à la douleur des sœurs de Lazare, et pleura avec elles en allant à son tombeau. Mais c'est assez. Je prie Notre-Seigneur d'être lui-même votre consolation et je l'attends de sa bonté... Quand on est sur la croix, on est bien près de Jésus. Courage, ma fille ! »

Cette lettre est datée de 1828, année marquée par une maladie plus longue, pendant laquelle la bonne Supérieure donna, comme toujours, l'exemple d'une grande soumission à la volonté de Dieu et composa son délicieux cantique du *Saint Abandon*.

> *Saint Abandon*, je veux chanter tes charmes
> Et le repos que tu m'as fait goûter.
> Ta douce voix sait bannir les alarmes,
> Ah ! bienheureux qui la sait écouter !
>
> Oui, *l'Abandon* convient à la faiblesse,
> Je l'ai choisi, je ne le quitte plus ;
> Je ne vois rien, je ne sais qui me blesse,
> Et je m'endors sur le cœur de Jésus.

C'était bien en effet dans *l'abandon* que se ré-

fugiait cette âme ardente au plus fort de la tempête ; elle se trouvait parfois réduite à une telle
extrémité qu'elle ne pouvait plus que fermer les
yeux et laisser passer l'action divine, sans chercher à en pénétrer le mystère.

A peine relevée de sa longue maladie, elle eut à
trembler pour sa jeune famille : il parut tout à
coup dans Montmirail et ses environs une terrible
épidémie qui jeta l'épouvante dans la population.
Les mères surtout furent saisies de crainte, car les
jeunes enfants, soudainement atteints d'un mal de
gorge, étaient presque tous emportés rapidement
malgré l'activité des remèdes. Au pensionnat de
Montléan, une petite fille fut enlevée en deux jours,
et la maladie gagna bientôt ses compagnes ; plusieurs
donnaient déjà de mortelles inquiétudes, lorsque
la révérende Mère eut l'inspiration d'adresser un
cri suppliant à saint Louis de Gonzague, patron
des pensionnaires. Le 13 juin, mères et enfants,
pleines de confiance, commencèrent une fervente
neuvaine où la générosité du sacrifice se joignait
à l'ardeur de la prière. Le 21, toutes, malades ou
en santé, devaient communier en action de grâces.
Dès ce moment, la contagion s'arrêta ; celles qui
étaient atteintes éprouvèrent un mieux sensible ;
tout danger disparut, et quoique l'épidémie redoublât d'intensité à Montmirail, la guérison fut si

prompte et si complète à Montléan que le jour de
la fête personne ne manquait à la messe. On l'entendit dans un sentiment de vive reconnaissance, et
les élèves y chantèrent avec un pieux élan le cantique que la bonne supérieure venait de composer
pour remercier leur patron et protecteur.

Mais il est temps de parler avec quelques détails
de ces chères enfants, et de voir la mission que la
première Mère de Nazareth remplit auprès de
cette partie si intéressante de la famille.

CHAPITRE VI

Si un peintre mal inspiré, voulant représenter un intérieur de famille, laissait vide la place de l'enfant... quelle ne serait pas la déception! Il semblerait que la vie manque à ce foyer domestique. Or, Nazareth est une famille religieuse où, grâce à Dieu, l'enfant trouve sa bonne et large place, et s'il s'éloigne un instant, lorsque gronde l'orage révolutionnaire, le cœur des mères est attristé ; il faut pour bien accepter le sacrifice, se rappeler les trois jours d'angoisse de la Vierge bénie à la recherche de son divin fils.

Le P. Roger et la duchesse de Doudeauville ne s'étaient point trompés lorsque, jetant les yeux sur Mlle Élisa encore dans le monde, ils l'avaient désirée pour diriger cette éducation solidement chrétienne, à la fois simple et distinguée, qu'ils voulaient faire donner aux enfants de Nazareth. Elle en était le type, le parfait modèle, elle en devint le principal et puissant ressort.

Les charmes de sa conversation, son esprit naturel et bien cultivé, son adresse à manier les caractères, sa grande bonté tempérée par une dignité sans raideur, lui gagnaient l'affection des jeunes filles. Dès qu'elle apparaissait au pensionnat, tout s'animait et prenait un intérêt nouveau ; elle était pour les enfants un ange visible, et avait le talent de rendre la vertu aimable et facile. Parfaitement maîtresse d'elle-même, elle savait apporter à chaque exercice le genre de coopération et les qualités qui conviennent. On pouvait lire dans son attitude et sur sa physionomie gaie ou sérieuse, mais toujours animée, ce que demandait le devoir du moment. Dans les récréations c'était une dilatation franche et joyeuse, mais si rentrée en classe, quelque étourdie essayait de prolonger le rire ou la plaisanterie, un regard la ramenait à l'ordre et semblait répéter la devise favorite de la Mère : « Soyez à ce que vous faites. »

Il ne lui était pas possible d'agir toujours par elle-même, mais elle imprimait le mouvement et traçait la marche à suivre : s'assujettissant à la visite régulière des classes, elle interrogeait, examinait les devoirs et se faisait rendre compte du travail et des progrès de chacune. Son esprit d'ordre et de précision se retrouve surtout dans sa méthode d'enseignement ; elle avait le talent de fixer l'attention des élèves, et profitait de tout pour développer l'intelligence, former le jugement et élever le cœur.

Celles qui ont suivi ses cours de littérature et d'histoire en ont gardé le meilleur souvenir. Mais ce qui laissa des traces plus profondes encore dans leur mémoire, ce sont les conférences ou pieuses exhortations dans lesquelles se révélait l'ardeur de sa foi et de son amour pour Dieu ; elle y parlait avec tant de solidité et d'onction des vérités de la religion, que son âme semblait passer tout entière dans l'âme de ses enfants. Ses relations chez Mᵐᵉ d'Adhémar, avec les ecclésiastiques les plus instruits de son temps, l'avaient admirablement préparée à ces cours d'instruction religieuse, base fondamentale de l'éducation. Aussi excellait-elle dans cet enseignement qui, bien compris, développe plus qu'aucun autre le jugement, et, sans fatiguer la tête des jeunes filles, leur apprend la meilleure de toutes les logiques.

A l'heure de l'ouvrage manuel, des lectures

choisies, commentées par Mme Rollat, achevaient le travail de la classe. Les détails intéressants et instructifs faisaient perdre à l'étude son aridité. Ce qu'on avait appris précédemment éveillait l'attention ; et, lorsqu'à l'idée chronologique et générale d'un fait se joignait l'aperçu moral, l'appréciation des caractères et des événements, le récit historique, en se gravant dans la mémoire, laissait un sujet d'utiles réflexions. Ces lectures avaient tant de charmes que c'était une véritable pénitence d'en être privée.

Le travail à l'aiguille n'y perdait rien, car la maîtresse, joignant l'exemple au précepte, tint toujours à mettre en honneur cette partie si essentielle dans l'éducation des femmes.

Le P. Roger, dans la fondation de Nazareth, se proposait de réagir fortement contre l'esprit du siècle : redoutant tout ce qui peut favoriser la vaniteuse légèreté des jeunes personnes, il voulait que, sans négliger les moyens d'émulation pour encourager au travail et à l'action persévérante, on s'appliquât à combattre le désir de briller, d'éclipser une compagne, que, dès leur première apparition, on fît la guerre aux petites jalousies instinctives qui finissent par étouffer les meilleurs, les plus légitimes sentiments.

Effrayé de ce courant du jour qui entraîne vers

l'éclat, le succès, et précipite dans la mollesse et le sensualisme, il écrit à Mme Rollat :

« Ne craignez rien tant dans la jeunesse que la langueur, une vie lâche et commode, une piété trop naturelle; élevez, fortifiez vos enfants; faites-les marcher gaîment et généreusement dans la pratique des solides vertus.

« Tâchez d'aller jusqu'au fond de leur âme et d'y établir l'esprit de foi qui se montre par une vraie crainte du Seigneur. Instruisez-les des vertus pratiques ; faites-les s'exercer d'une manière suivie et constante à la présence de Dieu, à la pureté d'intention, à la mortification, à la charité et à l'obéissance ; qu'elles se fassent véritablement violence '... Il faut se vaincre, et se vaincre non pas un jour, mais longtemps, pour acquérir la vertu. Après une retraite, une instruction qui les a touchées, elles paraissent de petites saintes, tout est dans l'imagination, et vingt-quatre heures plus tard, elles sont comme auparavant, ou à peu de chose près ; toute leur piété est dans leur sentiment, ou dans l'affection pour ceux et celles qui les conduisent doucement et leur font beaucoup d'amitiés. C'est le mal général des meilleurs pensionnats et qui vient d'une diminution sensible de la foi. »

Un peu plus tard, le bon Père écrit encore :

« Dégagez les cœurs, ma fille, par la pratique

constante d'une mortification et d'un détachement souvent plus difficiles dans les petites choses que dans les grandes. Vous pouvez conduire dans cette voie, même vos élèves ; c'est dans la jeunesse qu'on commence à être vraiment saint, parce qu'on ne met pas de réserve avec Dieu, ce qui est difficile à faire dans un âge plus avancé. »

A la vue de l'affaiblissement général de la foi qu'il constate chaque jour dans l'exercice de son ministère, le bon Père laisse échapper ce cri de détresse : « Oh ! ma fille, les âmes pieuses cherchent beaucoup de moyens pour être plus vertueuses, *afin de s'aimer encore davantage.* Qu'il en est peu qui cherchent les moyens d'aimer Jésus-Christ ! Aimez-le, vous, ma fille, et faites-le aimer, je vous en conjure, par toute l'affection que j'ai pour vous, ou plutôt par la charité du cœur de Jésus. »

Mais si le zèle éclairé du révérend Père veut associer la jeune famille à la pratique des vertus de Nazareth, il lui réserve aussi sa part des joies et de l'action de grâces. Après une visite à Montléan, il se hâte d'écrire :

« J'ai quitté votre maison l'âme toute remplie de consolation, et j'ai emporté, avec une impression profonde des grâces que Dieu vous prodigue, une conviction plus intime que cette pauvre petite maison sera **bien** chère au cœur de Jésus. Ma fille, je me sens fortement pressé de terminer ce beau mois de Marie par une neuvaine toute consacrée à l'action de grâces, à la louange et à la reconnaissance. Je désire que le pensionnat prenne part à cette neuvaine en récitant le *Magnificat* avant la prière du soir, pendant les neuf jours. »

Dans une autre circonstance, plein de joie de l'excellent témoignage qu'il vient de recevoir sur la conduite du pensionnat, le révérend Père laisse ainsi déborder son cœur :

« Oh ! que nous sommes tous heureux de sentir et de goûter dans la foi que ces bons petits enfants sont vraiment à Dieu et que Dieu les aime ! N'est-ce pas là la plus belle récompense que nous puissions désirer pour tous les soins que nous aimons à leur donner, et que, vous surtout, ma fille, leur avez prodigués avec une tendresse toute maternelle ? Jouissez de votre travail, conservez-les dans la grâce qu'elles ont reçue, et dans le sentiment d'une vive reconnaissance envers le Seigneur. »

Ces chères enfants étaient en effet un constant objet de sollicitude pour Mme Rollat. Nature essentiellement droite, elle savait remettre dans la vérité celles qui tendaient à s'en écarter, et ne permettait pas à l'illusion de prendre la place de la vertu. Elle faisait surtout la guerre à cette sagesse qu'on appelle vulgairement *sagesse plâtrée*, qui consiste plutôt dans la négation de tout défaut extérieur que dans la sainte violence recommandée par Notre-Seigneur.

Afin d'apprendre aux enfants à se connaître elles-mêmes, pour leur faire toucher du doigt ces germes d'égoïsme et de sensualité que la faute originelle a laissés dans nos âmes, elle ne se contentait pas des exhortations générales : un entretien particulier signalait le côté faible, le danger à craindre, le défaut à attaquer. On s'habituait ainsi à se voir sous un jour vrai, mais quelquefois tout nouveau, et celles qu'une aveugle tendresse avait posées à leurs propres yeux comme de *charmants prodiges*, et qui se croyaient volontiers de petites perfections avant leur entrée au pensionnat, reprenaient humblement leur place dans les rangs de l'humaine fragilité.

Pour obliger les natures concentrées à sortir d'elles-mêmes, la vigilante Mère faisait naître quelque incident qui les forçait à se révéler. Elle redoutait l'orgueil secret pour ces enfants qu'une conduite extérieurement irréprochable désigne sans interruption à toutes les récompenses ; elle voulait qu'on les poursuivît dans les plus minutieux détails, afin de les trouver en faute et de leur apprendre à recevoir une réprimande, à supporter une humiliation ; ainsi, comme on confiait aux grandes élèves raisonnables le soin des plus jeunes, trois fois de suite elle fit enlever à une congréganiste exemplaire la décoration de sagesse pour une négligence dans la toilette de sa « petite fille. » Cette charge de « petite mère » était d'ordinaire réservée aux enfants de Marie ; on la regardait comme un complément de l'éducation, car plus la jeune fille se rapproche de son retour en famille, plus il devient important de l'exercer à cette surveillance de sœur aînée, qui demande tout à la fois un zèle intelligent et une bonté persévérante.

C'était aussi en vue de préparer la femme de ménage qu'à certains jours on associait les enfants à ces petits travaux domestiques qu'il faut connaître dans la pratique pour savoir les diriger.

Suivant l'esprit de la règle et l'intention des fondateurs, dès le commencement, les religieuses de chœur saisissaient avec joie l'occasion de remplacer les sœurs converses pour les emplois domestiques : dans les jours d'embarras, ceux de lessive, par exemple, non-seulement à l'intérieur de la communauté, où chacune doit se servir elle-même le plus possible, mais aussi du côté du pensionnat, l'ordre semblait s'établir par enchantement. Alors comme aujourd'hui, c'était un bonheur pour les élèves d'être choisies ou acceptées pour aider leurs maîtresses dans ces sortes de travaux qui, faits ainsi gaîment et sans contrainte, contribuaient à entretenir l'esprit de famille : balayer, épousseter, mettre le couvert, étendre et plier le linge étaient presque des récompenses. Cet usage s'est établi et conservé à Nazareth, avec le double but de rendre les jeunes filles moins empruntées en mille petites rencontres, et de faire tomber la morgue dédaigneuse de quelques-unes, qui se croiraient déconsidérées en se livrant elles-mêmes à ces soins du ménage.

Les relations que Mme Rollat avaient eues dans le monde l'avaient mise à même de voir de près mille petites misères de tout genre que la négligence, l'oubli, l'ignorance, font naître si souvent, et qui prennent parfois de fâcheuses proportions ; elle donnait à ce sujet de très-sages conseils : « Jamais, disait-elle, on n'a fait entendre plus de plaintes sur les domestiques, sur leur égoïsme et leur ingratitude, et il y a du vrai dans ce qu'on en dit ; mais que de fois les reproches devraient s'adresser aux maîtres ! Pour vous faire aimer de vos serviteurs, il faut les aimer d'un amour de charité, les instruire, veiller à ce que rien ne leur manque ; leur témoigner de l'intérêt dans les moments pénibles ; ne pas faire peser sur eux vos petits plaisirs, leur montrer enfin qu'ils sont de la famille, tout en gardant votre dignité, et en vous interdisant toute conversation inutile et jusqu'à l'ombre d'une confidence. Quand on vit dans l'aisance, on ne se doute guère du souci et de l'embarras que prennent les autres pour nous contenter, et, même avec un très-bon cœur, on peut arriver, faute de réflexion, à se montrer exigeante et tout à fait ridicule. N'est-il pas absurde, par exemple, d'afficher pour les animaux une tendresse qu'on n'a pas toujours pour ses semblables ? »

Ces conseils et bien d'autres, Mme Rollat les donnait sous toutes les formes, et le plus souvent au milieu des récréations, dans un jour de congé, où les grandes élèves se groupaient autour d'elle et causaient librement en travaillant pour les pauvres. Mille traits simples et intéressants venaient à l'appui d'une recommandation, d'un avis ; les petits jeux de société donnaient aussi un enseignement, et laissaient parfois une vive empreinte sous une forme originale et piquante. La révérende Mère avait le talent de provoquer la libre et naïve expansion ; malgré le respect qu'elle inspirait, il n'y avait nul embarras en sa présence et chacune disait simplement sa pensée.

On savait pourtant que Mme Rollat ne *laissait rien passer*, c'était chose bien connue ; aussi, à peine certains jugements étaient-ils énoncés qu'on devinait ce qui allait suivre, mais la leçon était faite si agréablement, que la crainte de s'y exposer n'arrêtait pas cet abandon et ces joies de famille.

La fête de la bonne duchesse était une occasion d'exercer les enfants à témoigner leur reconnaissance, dans quelques scènes ou gracieux emblèmes composés par Mme Rollat qui excellait en ce genre, sans jamais sortir de la simplicité de Nazareth.

Le 19 novembre, il y avait grand concours parmi les enfants, car toutes les muses naissantes essayaient de chanter sainte Élisabeth, patronne de leur Mère. On réussissait quelquefois ; mais quelquefois aussi le talent se trouvait complètement en défaut ; alors le cœur seul devait faire tous les frais. Mme Rollat se montrait toujours satisfaite du bon esprit qui animait sa petite famille.

Une année, ces souhaits de fête furent, hélas ! plus que médiocres, et pourtant on avait fait l'impossible pour accorder la lyre ! et, ce qui valait mieux encore, on s'était préparé à la Sainte-Élisabeth par une sagesse exemplaire. La Mère supérieure reçut gracieusement ces chants peu harmonieux et fit comprendre à ses enfants que les vœux du cœur allaient toujours droit au sien.

Les enfants de Nazareth auraient bien voulu fêter aussi leur bon Père, mais ce fut longtemps chose impossible, car il mettait un soin particulier à cacher son patron. On savait qu'il s'appelait Aimé-Pierre-Alexandre. Lequel choisir ? On craignait aussi de déplaire. Une fois cependant, la révérende Mère, par un gracieux tour d'adresse, fit accepter les vœux du pensionnat; voici comment elle s'y prit. Le révérend Père visitait souvent les classes, les récréations; et les enfants, loin d'être embarrassées devant lui, redoublaient d'ardeur pour l'étude et d'émulation dans leurs jeux; sa physionomie seule engageait à l'action et au joyeux entrain. On se permettait même quelques plaisanteries ingénues dont le bon Père s'amusait. Ainsi, comme il était de Coutances, on y faisait allusion dans la chronologie d'histoire de France composée par Mme Rollat et chantée en ronde; on revenait volontiers devant lui sur ces mots du règne de Charles le Chauve :

> Et pour comble de misère,
> Nous arrivent les Normands.

Il en riait de très-bon cœur. Une année qu'il se trouvait pour la Saint-Aimé à Montléan, la Mère supérieure l'amena comme tout naturellement à la récréation. Dès qu'on le vit paraître, la ronde se forma et le fameux couplet sur les Normands fut suivi de ceux-ci :

> Notre mère a des secrets, .
> Ses yeux m'ont paru distraits ;
> On dira t qu'elle s'apprête
> A célébrer une fête.
> Demandons... Nous saurons bien,
> Elle ne nous cache rien.
> Cherchons plutôt... ; son silence
> Augmente la jouissance.
>
> C'est *lui* qu'elle veut chanter,
> Ah ! pouvions-nous en douter ?...
> Mais on sait que le bon père
> De son nom fait un mystère...
> Le cœur est-il arrêté
> Par cette difficulté ?...
> Sans battre la grosse caisse,
> Du patron cherchons l'adresse.
>
> Faisons bien vite un scrutin...
> Nous sommes en bon chemin.
> Aucun billet ne déroute:
> *Aimé*... partout... plus de doute!
> *Aimé*, voilà bien son nom,
> Pas un cœur ne dira non !
> Le Destin à sa naissance
> Sur nous avait pris l'avance.
>
> Qu'allons-nous lui souhaiter ?
> Que faut-il solliciter ?
> Il a demandé lui-même
> Ces vertus que chacun aime
> Et qu'on signale tout bas,

> Pour ne lui déplaire pas.
> Joignons nes vœux, nos prières :
> Ah! que le meilleur des pères,
> Par le Ciel si bien nommé,
> Soit heureux autant qu'*aimé*.

Le révérend Père, ordinairement si difficile à aborder lorsqu'il craignait qu'on ne ramenât sur lui l'attention, fut pris au piége cette fois ; profondément touché et les yeux humides de larmes, il dit avec bonheur et simplicité : « Mes enfants, il est vrai que je n'ai jamais permis qu'on me fêtât, mais vous m'avez vaincu, j'accepte vos vœux et vous donne un congé ; seulement désormais nous nous réjouirons à la Saint-Pierre qui est mon vrai patron. »

Il y avait encore d'autres jours de fête à Montléan : c'étaient ceux où Mgr de Prilly, évêque de Châlons, y faisait sa visite. Ce digne prélat, grand admirateur de la sainteté de la duchesse de Doudeauville, avait pour la première Mère de Nazareth une estime toute paternelle et lui en donnait des preuves constantes. Il entretenait avec elle une correspondance assez active où se révélaient l'humilité profonde et l'ardente charité du digne prélat ; ainsi il lui écrivait après l'approbation royale que le duc de Doudeauville avait obtenue pour l'établissement de Montléan : « Je viens de

recevoir du ministre des affaires ecclésiastiques
une copie de l'ordonnance du roi qui autorise et
agrée la fondation des dames de Nazareth, aussi
bien que les statuts de cet établissement. Par ce
moyen vous voilà fondées définitivement et établies sur un terrain ferme où Dieu répandra, je
l'espère, ses bénédictions. Les obstacles qui se sont
rencontrés et les difficultés que vous éprouvez
peut-être encore sont d'un bon augure et doivent
exciter votre courage ; nous verrons se multiplier
à la fin la sainte famille de Nazareth ; elle prendra
son accroissement, et elle sera toujours ce qu'elle
est maintenant pour nous : un sujet de joie et de
consolation dans le Seigneur. »

Et une autre fois :

« Puisque vous le voulez, vous n'aurez que le
nom de : *ma chère fille ;* ce nom, qui est un sym-
bole si touchant de la charité de Jésus-Christ, laquelle doit remplir le cœur des évêques, est aussi
plus conforme à la simplicité de Nazareth, et il
est plus selon mon cœur, à vous dire vrai. C'est une
paternité bien chère que celle qui s'établit par la foi
entre les pasteurs et les ouailles, et j'ai la consolation de savoir que je n'ai nulle part des filles plus
fidèles, plus pieuses et plus attachées à leur Père
spirituel que celles de Nazareth, dans la bienheureuse retraite de Montléan. Le bon esprit est là, et

avec lui mon cœur et toutes mes affections. Que Jésus doit se plaire dans une si aimable famille ! Que Dieu la comble de bénédictions ! »

Lorsque l'épidémie a choisi une victime dans le pensionnat, le bon évêque s'associe à la douleur de la révérende Mère et s'empresse de lui écrire :

« Je sens que vous avez besoin de consolation. La main du Seigneur vous a frappée, puisque la mort vous a enlevé une de vos pauvres enfants. Je vous plains sincèrement et je prends une part bien vive à votre affliction, dont vous ne pouvez vous consoler qu'en adorant la divine volonté qui a exigé de vous ce douloureux sacrifice. Espérons que votre bon cœur ne sera plus mis à de si dures épreuves, et que Dieu vous conservera ces chères enfants qui s'élèvent et se sanctifient à l'ombre de son sanctuaire, par vos soins vraiment maternels. Je vous salue en Notre-Seigneur, chère et sainte fille, vous plaçant dans son cœur bien-aimé comme dans un tabernacle. Prenons-y notre repos au milieu de tant d'orages qui grondent de toutes parts, c'est le moyen d'échapper à la tempête. »

Un peu après, il félicite, encourage, puis annonce sa prochaine visite :

« Madame, et j'ajoute : ma très-chère fille en Notre-Seigneur ; car ce titre vous plaît et vous édifie. je vois avec plaisir que Dieu continue à ré-

pandre, avec abondance, ses bénédictions et ses
grâces dans votre maison, et que, fidèle à recueillir
cette manne et cette rosée céleste, chacune de vous
fait une abondante provision. Que peut-il y avoir
dans ce monde de plus consolant pour moi que de
voir nos chères filles de Nazareth marcher dans la
voie de la vérité, fidèles à leur vocation. Aussi ne
m'étonné-je pas; ce nom de Nazareth doit porter
bonheur à celles qui l'ont choisi, et qui ont pris
pour modèle la Sainte Famille cachée dans ce bien-
heureux pays. Je sais qu'à Montléan on a la sainte
ambition de se former à ce divin exemple et de
retracer autant qu'on le peut les mêmes vertus.
Daigne le Seigneur bénir vos efforts, et ceux que
vous faites aussi pour perfectionner vos jeunes
élèves dans l'étude des sciences, dans les travaux
auxquels s'appliquent les enfants de cet âge, afin
qu'elles deviennent, comme vous le désirez, de petites personnes accomplies.

« Je vous félicite du retour de Mme la duchesse
à Montmirail. Dès que le temps sera venu, je sui-
vrai la même route, et j'irai prendre un peu de
repos dans votre aimable solitude, dans cette sainte
compagnie; le souvenir m'en est toujours bien
précieux, et c'est pour moi cette bonne liqueur
qu'on appelle du *revenez-y*. »

On ne peut, en parcourant ces lettres, résister au

désir de citer encore pour le plaisir et l'édification du lecteur :

« Je viens, Madame et chère fille en Notre-Seigneur, de recevoir votre lettre et le paquet de pales que vous m'avez envoyé avec un empressement qui me touche. Que Dieu vous a donné un bon cœur pour votre évêque, et combien ce que vous me dites là-dessus est digne d'une fille de Nazareth! Vous voulez que je vous commande sans façon et que je vous dise : Faites ceci et faites cela, et vous êtes toute disposée ainsi que vos chères enfants à obéir. Ces dispositions où vous êtes me rappellent la foi du centurion que notre bon Maître et Seigneur a admirée. Ce capitaine avait de bons et fidèles soldats sous ses ordres, il n'avait qu'à parler pour être obéi : *Fac hoc, et facit.* Je remercie Dieu de m'avoir donné des ouailles qui leur ressemblent et toutes formées sur ce béni modèle.

« Je vous écris en ce jour de fête de la Toussaint ; mon cœur a nagé dans la joie en pensant au ciel, et dans l'espérance que Dieu dans sa bonté m'y donnera une place. Nous avons passé à l'église toute la journée. Je ne suis guère rentré chez moi que pour me remettre en mémoire l'instruction que j'ai faite sur les morts, et, entre nous soit dit et non point à d'autres, pour y servir les pauvres que j'ai invités à dîner chez moi :

les sœurs de charité viennent m'aider dans ces circonstances ; l'une d'elles fait la lecture de table, et moi j'ai le bonheur de servir Jésus-Christ dans la personne de ses pauvres. Puis nous leur parlons de Dieu, et ils sont touchés du peu qu'on fait pour eux.

« Ah ! ma chère fille, quand serons-nous au ciel pour toujours ! Ce lieu de notre exil m'est quelquefois insupportable, parce que le Seigneur y est beaucoup offensé. D'ailleurs la pensée que j'y vis dans un entier relâchement, par comparaison à tant de saints évêques, me fait trembler et me dégoûte de moi-même. Priez pour moi, s'il vous plaît, et intéressez en ma faveur tous les saints du paradis comme aussi ceux que vous connaissez sur la terre. »

On comprend la joie, le bonheur que devait apporter la visite d'un si bon et si digne pasteur en son bercail de Nazareth. Il y venait comme un père ; sa présence seule était une fête.

Ajoutons à ces doux souvenirs celui de la visite de Mme la Dauphine. Elle avait promis à M. le duc de voir le pensionnat de Montléan au retour du sacre de Charles X. Le 2 juin 1825, elle s'arrêta donc à Montmirail, et pour témoigner son empressement d'arriver au couvent, elle dit aux personnes qui voulaient lui montrer ce qui pou-

vait l'intéresser dans la localité : « Cela nous con-
duira-t-il à Nazareth ? » Accompagnée de la famille
de la Rochefoucauld, elle fut reçue par l'aumônier
à la porte de l'église extérieure. Après un moment
d'adoration au milieu du sanctuaire, elle entra
dans le chœur où tout le pensionnat était age-
nouillé. Prenant une petite fille par la main, elle
se rendit sur la terrasse, et les élèves la saluèrent
par les couplets suivants :

> Quel doux émoi
> Nous cause ta présence ;
> Ah ! tous les cœurs vont au devant de toi,
> Dans ses transports, notre timide enfance
> Redit en chœur ce cri cher à la France :
> Vive le Roi !

> L'honneur, la foi,
> Tout renaît à sa vue ;
> Les cœurs français tressaillent à sa voix ;
> C'est l'arc-en-ciel qui redore la nue.
> O France ! enfin ta gloire t'est rendue.
> Vive le Roi !

On n'était pas encore à la métaphore de l'*arc-
en-ciel*, lorsqu'un violent orage vint obliger la
Dauphine et sa petite cour à rentrer précipitamment. Dès qu'on fut à l'abri, elle demanda qu'on
recommençât les couplets. La voix mâle et sonore
des habitants du château s'unit alors à celle des

pensionnaires pour répéter le refrain qui fit couler les larmes de l'illustre princesse.

Le souvenir de ces fêtes, de ce *bon temps* du
pensionnat, laissait une autre impression que
celle de la jouissance passagère ; l'œil vigilant de
la Mère saisissait en ces occasions les nuances
de caractère, le côté faible qui se révèle dans
l'impromptu, dans les situations nouvelles, dans
ces saillies de la nature que semble autoriser un
jour de congé. La sage directrice se servait de
ces circonstances pour développer l'oubli de soi,
l'abnégation, la patience, le support mutuel,
l'adresse, l'agilité, etc., vertus et qualités précieuses dans un intérieur de famille. C'étaient
surtout les enfants de Marie qu'on exerçait en
toutes rencontres, comme de petites novices, non
point aux pratiques du cloître, mais à la vie de
dévouement qui doit être celle de toute femme
chrétienne, quelle que soit sa position.

Dès qu'il le put, le P. Roger forma des congrégations pour exciter le zèle et l'émulation dans la
pratique du devoir ; mais il tenait essentiellement
à ce que le nom de congréganiste ne fût pas un
simple titre honorifique. Il ne voulait aucun privilége extérieur pour les associées. « Loin de se
préférer à aucune de leurs compagnes, dit-il dans
le règlement, les congréganistes s'édifieront des

vertus des autres, comme elles tâcheront de les édifier elles-mêmes par leur charité et leur obéissance ; sans respect humain comme sans ostentation, elles se distingueront par leur fidélité à remplir tous les points de la règle du pensionnat ; elles se feront un devoir de se trouver avec toutes les élèves indifféremment, et si elles en rencontrent d'un caractère difficile, elles s'empresseront de leur rendre service, supporteront patiemment leurs défauts, pardonneront et excuseront leurs torts et les aimeront toutes cordialement ; mais elles se tiendront en garde contre les amitiés particulières qui ruinent la vraie charité, et sont le fléau de toute société chrétienne.

« L'esprit des associées sera de nourrir en soi, contre le penchant de la nature, une grande horreur des maximes du monde et de ses vanités ; de fuir les louanges, la flatterie et les applaudissements ; d'aimer une vie laborieuse et recueillie. Elles auront pour les pauvres et pour tous ceux qui souffrent, non pas une simple compassion naturelle, mais un vrai sentiment d'affection et de respect, et s'estimeront heureuses de pouvoir leur porter quelques secours, les consoler, les instruire et les soulager. »

Nous avons cité en entier ce sommaire du règlement, parce qu'il résume parfaitement la pensée

qui a inspiré le saint religieux dans ses œuvres,
et spécialement dans la fondation de Nazareth :
*ranimer et conserver une foi simple et agis-
sante*, la faire pénétrer dans les âmes, non comme
un joug qui pèse, mais comme un principe de vie,
de force et de bonheur. Tout dans le plan de l'éducation devait converger vers ce but : soins géné-
raux et particuliers, développement de l'intelligence, du cœur, direction de la volonté. Comprendre, aimer et remplir un devoir imposé par
Dieu lui-même, sous quelque forme qu'il se présente : voilà ce que doit se proposer l'enfant de
Nazareth qui a l'insigne honneur d'appartenir à
la congrégation de la sainte Vierge. Au moment
de quitter le pensionnat où elle s'est exercée aux
saints combats, elle emporte avec elle un précieux
talisman dans sa chère médaille. Ce petit trésor
remet constamment sous ses yeux la leçon avec
le modèle. C'est une force pour sa faiblesse, un
puissant et délicieux attrait pour son cœur. D'un
côté, elle voit la Vierge Immaculée qui la couvre
de sa maternelle protection. Quel enseignement !
quelle douce obligation de se conserver digne d'un
tel regard ! Sur l'autre face, elle contemple l'intérieur de Nazareth, ce charmant et divin tableau
de la famille, dont la vue seule lui rappelle sa
belle mission au foyer domestique.

La jeune apôtre ne prêche pas, mais la douceur, l'humilité, la patience, la charité, le dévouement sont d'éloquents discours. Dans ses relations de société, elle se distingue surtout par une aimable simplicité : sans embarras comme sans prétention, elle se présente telle qu'elle est, désireuse, non de plaire pour s'attirer l'estime et l'admiration, mais de se rendre utile et agréable. Si elle fait partie de quelques pieuses associations, elle y apporte, avec modestie, son entière coopération, sans jamais témoigner aucune susceptibilité d'amour-propre ; elle cède volontiers aux autres l'honneur du succès.

Une fois sortie du pensionnat, l'enfant de Nazareth y revient avec bonheur, sûre d'y trouver toujours le conseil et l'affection dont elle a besoin. Mme Rollat soutenait par ses lettres celles que la distance retenait au loin. Afin de mieux faire comprendre sa pensée sur la mission de la jeune fille et de la mère de famille, citons quelques passages de sa correspondance avec sa nièce Césarine, ancienne élève de Montléan :

« Continue, ma chère enfant, à soutenir ta bonne volonté et à renouveler tes résolutions, bien que tout cela n'ait pas encore un succès très-brillant ; ce n'est qu'avec le temps et des efforts soutenus qu'on parvient à se vaincre et à se corriger

de ses défauts ; tu le sais, le bien ne nous est pas
naturel, et nous aimons mieux notre liberté que
l'assujettissement exigé par la fidélité. Tiens donc
ferme sur tous les points convenus : le devoir
avant tout, le devoir rempli pour Dieu, toujours
envisagé comme l'expression continuelle de sa
volonté. La sainteté est là pour les enfants et
pour les personnes âgées, pour les religieux
comme pour les séculiers. Hors de là tout est
illusion, et les plus belles œuvres ne mènent à
rien. Mais pour pratiquer ses devoirs, il faut les
connaître ; dès lors, nécessité de réfléchir, nécessité de la guerre contre soi-même qui n'est autre,
comme je vous l'ai expliqué si souvent, que la
vraie et solide mortification indispensable au
salut.

A la même. 13 juillet 1828.

« Te voilà donc avec un règlement et de la bonne
volonté ; ce sont les deux points essentiels, et je
dirais presque suffisants pour faire une sainte, à
condition que ce soit une vraie bonne volonté, et
non une velléité qui recule aux moindres efforts,
dès qu'il faut se contraindre et s'assujettir.

« Il n'y a qu'une toute petite chose qui me ferait
un peu de peine dans tes lettres, si je n'étais bien
convaincue que dès que tu auras réfléchi tu seras

de mon avis : c'est ton désir de revenir déjà nous voir. A peine y a-t-il trois mois que tu es à Paris, tes parents sont écrasés de besogne et ont grand besoin de toi, et tu voudrais que je fisse une pareille demande ! Je t'assure, chère amie, que je m'en garderais bien, parce que je croirais mal faire, et à cette crainte il n'y a désir et plaisir qui ne doivent céder. »

Au moment où Césarine vient de prendre une décision importante :

« Un mot, ma chère Césarine, quoique bien à la hâte. Eh bien, chère enfant, le bon Dieu t'a donc fait connaître sa volonté par un concours de circonstances, par la disposition de tes parents, etc. C'est bien, il n'y a plus qu'à demander avec persévérance, tous les jours, les grâces dont tu as besoin pour remplir les devoirs de l'état auquel il te destine. Mais le plus sûr moyen, je dirais l'unique, ne te fais pas illusion, c'est la fidélité aux devoirs présents. Ne te décourage pas quand tu y manques, mais répare ta faute par un redoublement d'attention et de travail, méfie-toi toujours des reproches vagues qui n'aboutissent à rien. Beaucoup d'attention dans la prière, sans quoi ton âme se répandra, s'affaiblira et ne sera plus capable d'un effort. — Beaucoup d'obéissance envers tes parents et de charité avec ta sœur. Tu ne seras jamais une femme vraiment chrétienne, si tu n'as été d'abord une bonne fille et une bonne sœur. Tu dois te rappeler que c'est là ma morale ordinaire, c'est la fidélité aux devoirs actuels qui attire les grâces de Dieu pour ceux qui suivront. Je dis cela sans cesse et de toutes les façons à nos enfants : Vous ne serez pas de bonnes chrétiennes dans le monde si vous n'êtes ici de bonnes pensionnaires. »

Puisque la correspondance nous amène sur un terrain nouveau, voyons comment la sage supérieure envisage les devoirs si sérieux, de mère, de maîtresse de maison, à travers des difficultés ordinaires et inévitables de la vie. Profitant de son influence sur une excellente mère de famille qui, pleine d'admiration pour sa fille, est toute disposée à lui céder l'autorité, elle signale l'écueil, et, pour le bien de son ancienne élève, rappelle l'ordre établi par Dieu :

« Comme vous êtes assez bonne, Madame, pour aimer mes conseils et y attacher quelque prix, je vais vous dire tout rondement ce que je pense. Votre fille est bonne et n'a que de petits travers, mais elle en a, cela est sûr. Ils deviendront de vrais défauts, s'ils ne sont pas redressés par l'autorité. Or, chère Madame, souffrez que je vous le dise, c'est vous qui êtes cette autorité pour elle, la religion et la nature sont d'accord sur ce point important, et quels que soient les desseins de Dieu sur cette enfant, elle ne les remplira qu'autant qu'elle aura bien et parfaitement rempli ceux du moment qui sont très-clairs : vous obéir et même vous complaire en tout. Je dis en tout, parce que la seule exception, qui est la loi divine, est nulle pour vous. Voilà son devoir, sa piété, sa perfection. De là, tirons une conséquence bien simple. Vous devez donc commander, vouloir, vous devez être la *mère* enfin ! Je vous l'avoué, je vous trouve un peu la sœur aînée dans vos rapports avec votre fille, et je crains, si vous n'y remédiez, que vous ne finissiez par être la cadette. Les meilleures âmes ont besoin de sentir l'autorité, d'être poussées ou arrêtées par elle, afin de faire la volonté d'autrui et non la leur. Pas un saint n'est devenu saint autrement. Il en coûte plus souvent pour commander que pour obéir, je le sais mieux que personne, mais enfin, c'est un devoir, et nous devons le remplir sans consulter notre goût. Cependant vous sentez bien , chère Madame, qu'il ne faut pas espérer tout corriger, ni vouloir aller trop vite dans cette correction ; donc, fermeté pour tendre au but, mais patience, si on ne l'atteint pas tout de suite. Je ne doute nullement que la lenteur, le manque d'ordre dans l'emploi du temps, ne soient fort souvent les seules causes de l'impossibilité où se trouve la chère enfant de faire ce qu'elle s'est proposé aux heures. Plus elle aura de liberté pour reprendre à un autre moment ce qu'elle a négligé, plus ce défaut augmentera. Au lieu que si, avec autorité et sans nul scrupule, vous dites rondement : « Telle chose n'a pas été faite, vous ne la ferez pas du tout, » elle veillera sur elle-même et ménagera son temps dès le commencement de la journée. Je fixerais de même l'heure précise à laquelle vous voulez qu'elle soit couchée, autrement je la vois d'ici commencer ses prières et les prolonger, à l'heure où il serait bien plus agréable à Dieu qu'elle dormît. Quand l'habitude de *tourner* a pris racine, on ne voit plus l'illusion dans laquelle on vit, et avec beaucoup d'exercices de dévotion, on ne fait pas un véritable acte de vertu dans sa journée. »

Revenons à Césarine devenue Mme Wateau : elle s'attriste de ne pas trouver faciles à concilier deux devoirs bien doux à son cœur : un nuage a passé entre la mère et le jeune ménage. La tante consultée ne s'étonne pas de ces petites misères, elle affermit les bonnes résolutions :

« Ton mari et toi, ma chère Césarine, avez pris le bon parti, le seul à prendre, de remplir vos devoirs d'égards, de douceur, de respect envers vos parents, et de vous efforcer, même seuls, entre vous deux, de vous occuper plus des bonnes qualités, des vertus et des chagrins de ta mère, que des peines qu'elle vous fait souffrir, sans le savoir, ni le vouloir. Voilà de ces choses fort pénibles, je le sens très-bien, mais comme nous n'y pouvons absolument rien, il faut remonter plus haut, et voir que Dieu le permet ainsi pour des raisons qui nous sont inconnues, mais qui n'en sont pas moins sages et bonnes ; et nous regretterions bien un jour de ne les avoir pas mises à profit pour notre vertu. Tout est dans le peu de mots que je te dis là... Ta mère t'aime, tu n'en peux douter ; elle ne m'a jamais écrit au sujet de M. Wateau qu'avec de grands éloges. Des misères de caractère ne font rien au cœur et au sérieux du sentiment. Ma pauvre enfant, je ne veux pas froisser ta sensibilité, en t'enlevant l'illusion qui convient encore à ton âge et à ton inexpérience ; mais, crois-moi, il y a peu d'intérieurs qui soient exempts d'ennuis et de tracasseries bien pénibles à porter. Le bon Dieu le permet ainsi, et voilà ce qui, sous des dehors de bonheur et d'union, et quand on a assez de vertu pour le supporter en silence, forme à petit bruit les grands saints. »

Lorsqu'un premier chagrin vient frapper à la porte du jeune ménage, la tante religieuse, avec son cœur et sa foi, apporte ainsi la consolation et l'espérance :

« Pauvre chère enfant, le bon Dieu t'a donc envoyé une grande et sensible affliction, en t'enlevant ta chère petite Aimée. Je voudrais, en partageant ta peine, pouvoir l'adoucir ; mais il n'appartient qu'à Dieu de guérir les plaies qu'il fait au cœur. Je suis sûre que ma bonne Césarine, après avoir bien pleuré, ce qui n'est certes pas défendu, trouvera dans sa foi de solides motifs de consolation. Elle se dira que tous ses soins, toutes ses sollicitudes se seraient concentrés dans le désir d'assurer le salut éternel de sa chère enfant, afin de la retrouver et de l'aimer toute l'éternité en Dieu et pour Dieu, et que sans peine, sans combat, cette enfant possède pour ne le perdre jamais, celui que nous craignons sans cesse de perdre par notre faute. C'est une avocate pour vous deux, un ange qui vous prépare la place et qui vous doit la sienne. Combien de pauvres enfants meurent sans baptême, par suite de l'indifférence de leurs parents pour la religion ! Cette âme bienheureuse n'est plus dans le ciel un petit être sans raison et sans connaissance. Dégagée des liens de la mortalité, elle est plus intelligente dans les choses de Dieu que les plus habiles gens et même que les plus grands saints ne le sont sur la terre. Elle sait apprécier l'étendue du bienfait qu'elle tient de votre foi et de votre zèle, et si, comme je le crois, c'est à tes prières et à la protection que tu as obtenue de la sainte Vierge, qu'elle doit d'être parvenue au baptême qui assure son bonheur, quelle reconnaissance n'a-t-elle pas pour sa mère ? Avec quelle tendresse n'appellera-t-elle pas sur cette mère chrétienne les grâces et les bénédictions du ciel ! Je t'en fais juge, Césarine, descends dans ton cœur pour en juger mieux.

« Pleure, mon enfant, pleure ta fille, et ne te le reproche pas, Dieu n'en est pas offensé, pourvu que, soumise à sa volonté, tu t'y conformes sans murmure, bien convaincue qu'il a tout fait avec amour et sagesse.

« Je ne saurais assez remercier ton mari de ses attentions ; dis-lui que je l'aime bien, et que je suis de tout cœur sa vraie tante. »

Cette vraie tante, toujours aussi vraie religieuse, travaille constamment à fortifier le caractère de sa nièce, et ne lui permet pas de se laisser aller à d'inutiles regrets pendant l'absence un peu longue de son mari ; elle lui écrit donc :

« Courage et raison, ma chère enfant, supporte avec patience la pénible absence de ton mari. Prends ce temps en esprit de pénitence pour suppléer à celle que tu ne fais peut-être pas assez

courageusement dans l'habitude de la vie ; car
enfin, il n'y a pas moyen de se sauver et d'être
agréable à Dieu sans cela. Occupe-toi beaucoup de
ta maison, afin qu'à son retour Amable soit content, et sente qu'il a une femme sur laquelle il peut
se reposer, et qui met ses devoirs en première ligne. Tu y gagneras de toutes les manières. Le temps
te paraîtra moins long avec une action intérieure
et extérieure soutenue et constante, que dans le
vague ou le laisser-aller que causent la peine et
l'isolement, chez les âmes faibles et molles.

« J'écrirai à Fanny ; c'est une excellente enfant
que j'aime bien, mais je ne sais sur quel ton monter
ma gamme. Je l'ai choquée, peinée, en lui parlant selon mon cœur et ma pensée, avec une vraie
affection. Les amours-propres de ce siècle sont si
délicats, si douillets qu'on ne les peut toucher.
J'espère que tout cela n'empêchera pas d'aller en
paradis ; mais il faudra que le bon Dieu appuie ferme
sur la chanterelle, car enfin la vertu est la même
pour ce temps que pour le temps passé, et elle ne
peut s'accommoder de toutes ces délicatesses. La
main divine fait cruellement souffrir ceux qui n'ont
pas su, par de vrais efforts, donner une certaine
énergie à leur âme ; mais de Lui il faut bien tout
supporter, bon gré, mal gré. Misère humaine ! Je
ne dis pas qu'on ne sente de la peine à la rencontre

d'une vérité qui nous choque, parce qu'elle n'est pas conforme à nos pensées ; mais cette peine, il faut la condamner et la surmonter, au lieu de s'y enfoncer. »

Terminons ces citations par deux lettres où se révèle, dans l'abandon et la confiance, toute la pensée de la révérende Mère sur l'attitude que doivent prendre des époux chrétiens dès les premières années de leur union.

Elle s'adresse d'abord à sa nièce :

« Le P. Roger a vu ton mari et en a été très-content ; vraiment tu es bien heureuse d'avoir un bon chrétien ; de notre temps ils sont rares, puis avec cela un homme d'un jugement droit, d'une conduite sage et prudente. Le Père m'en a parlé dans ce sens, et me paraît en faire un grand cas. Je ne le connais guère par moi-même, ou pour mieux dire pas du tout, et tu penses bien que celui à qui est confié ton bonheur ; me doit tenir fortement au cœur. Je voudrais savoir si tu apprécies toutes ses qualités comme tu le dois, je dis, dans la pratique. Tu aimes bien ton mari, je n'en doute pas ; mais es-tu pour lui ce que tu dois être selon la foi? Voilà l'important, il y va de tout pour toi, dans ce monde et dans l'autre. Il me semblait que dans le commencement, sans le vouloir, ni le savoir peut-être, tu abusais quelque peu de la bonté

de ton mari, de son attachement, et qu'il y avait
un peu de caprice, de fantaisie et trop d'occupation
de toi dans ta manière d'être. Tu veux que je te
dise toujours ce que je pense, je commence d'abord
par t'assurer qu'on ne m'a rien dit de tout cela ;
la peur que j'en ai m'est venue par de légers in-
dices ; si je me trompe j'en serai charmée ; mais
ce que je te dis servira, ou à te réformer, s'il y a
lieu, quand ce ne serait que dans des choses lé-
gères, ou à te confirmer et à te faire croître dans
le bien. Vois-tu, mon enfant, nous autres qui voulons voir les choses ce qu'elles sont, et non avec
ces petites idées humaines, que le monde et l'amour-
propre mettent à la mode, qui au fond dénaturent
tout et ne sont d'aucun poids devant Dieu, nous
devons juger le mariage, ce qu'il est, par la grandeur et la dignité que la religion lui a données.
C'est une société sainte où l'on doit s'entr'aider à
servir Dieu et à se sauver, car enfin *voilà tout
l'homme*, et la Providence ne peut avoir établi
aucun état qui ne tende à cette fin. Pour cela,
il faut que tout soit dans l'ordre. L'homme est
le chef, la femme n'est pas la servante, je le
sais, elle est la compagne, l'amie, la consolation de son mari ; mais elle lui est assujettie,
cela est sûr ; donc, avec une vraie tendresse, elle
lui doit du respect, de l'obéissance en tout absolu-

ment ce qui n'est pas contraire à la loi divine ; voilà seulement où elle doit s'arrêter, parce que cette barrière, nul intérêt humain ne la peut franchir. Dieu avant tout, et pour une femme chrétienne, son mari aussitôt et uniquement après. Si le mari a la charge des affaires extérieures, toutes les grandes responsabilités comme chef, la femme doit prendre sur elle l'assujettissement de l'intérieur, y donner tous ses soins, y sacrifier ses goûts et ses répugnances, afin que sa société soit aimable et douce, pour celui que, bien véritablement, elle est obligée de rendre heureux par tous les moyens qui sont en son pouvoir. Et ce n'est point là une exagération de dévotion, ce sont les simples principes de la foi, que nous trouvons dans notre cœur dès qu'à sa lumière nous écoutons la voix de Dieu. Il n'a pas voulu nous laisser de doute sur un point si important, puisque c'est l'état le plus commun dans le monde, celui dans lequel devrait se sauver le plus grand nombre. Il nous a donné pour exemple l'union de Jésus-Christ avec son Église. Quel modèle, ma fille ! et qu'y voyons-nous ? quel respect, quelle obéissance, quel dévouement et quelle tendresse !... J'écris sans avoir le temps de savoir ce que je dis ; mais tout cela est pour toi seule. »

Presque en même temps, la digne Mère écrit à

son neveu qui lui témoignait la plus affectueuse vénération :

« Je vous sais bien bon gré et je vous remercie d'avoir trouvé le temps de me donner de vos nouvelles et de m'envoyer la bonne lettre de Césarine. M. Roger m'a dit que vous étiez plus content de sa raison, cela m'a fait grand plaisir. Me permettrez-vous, mon cher neveu, de vous donner un petit conseil qui restera bien entre nous deux, et dont vous ne tiendrez nul compte si l'expérience vous en a démontré l'inutilité ? Vous savez combien j'aime cette petite ; son cœur est excellent ; mais elle est légère et deviendrait facilement *enfant gâtée*. Vous sentez bien que je ne vous connais pas assez pour juger de votre caractère et de votre manière d'être avec elle, ainsi je vous parle un peu à tâtons et de l'abondance du cœur, parce que le mari de ma fille me paraît mon fils, et que je désire le bien essentiel, le bonheur en ce monde et le salut des deux également. Je crains toujoursque cette fausse douceur, si fort à la mode, ne se glisse partout. J'appréhende cette affection toute naturelle qui met le désordre là où elle pénètre, parce qu'elle confond tout et ne laisse rien à sa place. Je prêche Césarine dans le sens opposé. Elle vous aime beaucoup, cela est sûr et je m'en réjouis. C'est un devoir ; il est bien heureux de trouver dans son mari tout ce qui rend ce devoir doux et facile; mais ce n'est pas assez, elle ne doit pas vous aimer comme son petit frère, ou son enfant, si le Seigneur daigne lui en donner; il faut que ce sentiment, plus tendre que tous les autres, soit mêlé de respect, c'est l'ordre que Dieu a établi; quand on l'intervertit, on croit faire merveille en commençant, et on finit mal; hélas! je ne l'ai que trop vu! Césarine doit craindre de vous déplaire, conformer ses goûts aux vôtres, regarder votre volonté comme l'autorité divine qui a droit d'exiger, mais que la prévenance de la soumission empêche d'en venir là. Il faut donc que, de votre côté, avec toute la douceur, l'amabilité que commande la charité, pourtant vous soyez le mari, c'est-à-dire le chef, que vous obteniez par la raison, avec gravité, ce qui doit être; que votre volonté soit faite; mais non pas à force de caresses, de condescendance, en flattant et passant par des caprices.

« Une femme capricieuse est un vrai fléau pour une famille, et elle est vraiment malheureuse, mille fois plus que celle qui, contrariée à propos, sans humeur et par raison, a su plier son caractère et ses petites fantaisies à son devoir, qui est de plaire à son mari en tout ce qui n'est pas contre la loi de Dieu. Cela est positif et de principe. Je ne vois nul moyen de greffer la sainteté et la dévotion si ce fondement nécessaire manque.

« Vous me passerez mon petit sermon, n'est-ce pas? mon cher neveu, et surtout vous le garderez pour vous tout seul. Je chante toujours sur cette gamme avec Césarine. Il vaut mieux même qu'elle croie ce principe le vôtre, basé sur la réflexion et le sentiment du devoir, que de le croire inspiré par d'autres. Comme machinalement, elle sentirait qu'il peut s'affaiblir, et puis, elle aurait peut-être moins de confiance en moi. Je ne me servirai jamais de cette confiance que pour son bien, vous le savez. »

Ces conseils étonneront peut-être, parce qu'au milieu d'une confusion assez générale des pouvoirs dans ce petit royaume qu'on appelle la famille, le plus souvent chacun ne cherche qu'à se tirer d'affaire, sans se mettre en peine du grand principe d'institution divine, et cependant on conviendra que tout marcherait à merveille si, de part et d'autre, le devoir était compris tel que Dieu l'a tracé.

Approchons-nous maintenant du berceau d'un enfant : nous sommes dans l'octave de Noël. La fervente religieuse tire de la contemplation des mystères de la sainte Enfance un enseignement délicieux pour le cœur d'une mère :

« Chère Madame et amie,

« Dans ce temps si doux de la naissance de notre Sauveur, prenons des forces à la crèche, pour le suivre ensuite sur le Calvaire, s'il nous en trouve dignes. Oh ! que cette fête de Noël a de ravissants attraits pour le cœur !... et puisque vous aimez mes lettres, dans toute la simplicité de la confiance, vous ne trouverez pas mauvais que je vous parle de ce mystère ineffable qui m'occupe tout entière. Vous êtes heureuse, votre petit Charles vous est un moyen extérieur et facile de vous le représenter sans cesse.

« Si un enfant ordinaire a tant de charmes, s'il attache et intéresse si vivement, que devait être l'Enfant-Dieu ? Notre cœur ne serait-il pas de pierre, s'il ne s'attendrissait pour Lui ! Vous me trouverez des idées enfantines, j'en conviens, mais elles me paraissent être justes. Je sais bien qu'Il ne cesse pas d'être Dieu, et par conséquent, Juge. Oh ! sans doute, je l'adore d'autant plus profondément qu'Il est plus abaissé ; mais pouvons-nous penser qu'Il n'ait pris de l'enfance que la petitesse, et qu'Il en ait dédaigné les qualités aimables. Si Charles tenait dans ses mains un trésor objet de nos désirs, comme il serait bientôt à nous ! Un petit enfant ne refuse rien, il donne en souriant, et donne tout sans peine. Voilà comment je me représente notre Jésus de Bethléem. Il vient sur la terre chercher et sauver des pécheurs. Ses petites mains sont donc pleines de grâces et de pardon ; il n'y a même que cela. Il n'a pas dû apporter de récompenses ; à qui les aurait-il données? Marie et Joseph seuls en méritaient, mais elles leur étaient réservées pour le Ciel, afin d'être immenses comme leurs vertus. Je ne vois donc dans ce petit Cœur que douceur et bonté : approchons-nous pour baiser ces petites mains ; Marie ne les refusera pas et nous aurons tout ce qu'elles renferment. Restons unies près de ce berceau, chère Madame, Bethléem est le noviciat de Nazareth. »

Lorsque la mère de famille tremble à la pensée que Dieu va lui demander le sacrifice de sa fille, toute confiante en sa religieuse amie, c'est de sa bouche qu'elle attend l'arrêt divin, elle la consulte et voici la réponse :

« Chère Madame, je dois à la confiance que vous voulez bien me témoigner, et surtout à l'amertume dont je sens votre cœur inondé, plutôt des consolations que des conseils. Vous me dites vous-même, et beaucoup mieux que je ne saurais le faire, tout ce que je pense : il n'est pas question de vous apprendre vos devoirs de mère vraiment chrétienne, vous les connaissez, vous en parlez de manière à ne laisser rien à désirer; c'est de force, de générosité que vous avez besoin, et Dieu seul peut vous en donner. Dans son cœur, au pied de la croix, vous trouverez tout ce qui vous manque pour faire votre sacrifice, ne comptez que sur Lui. Pour moi, je l'avoue à ma honte, si le Seigneur exige de vous ce généreux effort, ce qu'il ne m'appartient pas de décider, je ne puis vous offrir qu'une tendre compassion et des larmes à mêler aux vôtres. Je vous plaindrai, je souffrirai avec vous; mais je ne pourrai rien ajouter à ce que vous me dites vous-même, que vos enfants sont à Dieu plus qu'à vous. Voyez donc sous ce divin regard ce que vous devez faire, en pensant à ce que vous voudriez avoir fait à l'heure où il faudra rendre compte du dépôt précieux mis entre vos mains : « Tout est à moi! » dit le Seigneur. Cette parole si courte et si vraie m'a toujours fait une impression profonde. Les conséquences pratiques sont d'une immense étendue. Je prie l'Esprit-Saint de vous éclairer, de vous faire connaître et suivre la sainte et tout aimable volonté, dans laquelle seule se trouve la paix du cœur et la consolation au milieu des plus déchirantes douleurs. »

A un mois de distance, la grâce ayant déjà parlé bien haut dans le cœur maternel, la bonne supérieure félicite et encourage :

« J'ai été vraiment très-édifiée de la générosité de votre volonté, qui est demeurée ferme, malgré la souffrance de l'âme et tous les combats qu'il a fallu soutenir. Dieu achèvera son œuvre quand et comme il voudra; je n'ai qu'à le bénir de ce qu'il s'est réservé encore quelques familles fidèles où les enfants sont élevés pour lui, et de telle sorte qu'il en puisse disposer comme de son bien. Hélas! qu'elles sont rares aujourd'hui, ces familles!... Dieu vous dit maintenant au fond du cœur ce qu'Elcana disait à Anne, son épouse, qui se désolait de n'avoir point d'enfant : « Pourquoi pleurez-« vous et ne prenez-vous plus de nourriture? Est-« ce que je ne vous suis pas moi seul plus que dix « enfants?» Et en effet, que peut-il manquer avec lui et qui pourrait suffire sans lui? Je le prie avec instance de se faire goûter et sentir à votre âme affligée, de manière à calmer et adoucir sa douleur. »

La fille doit bien avoir aussi son tour. La révérende Mère ne cherche pas à l'attirer par la douceur, nous pouvons en juger :

« Ma chère enfant, j'ai lu avec attention vos quatre grandes pages de considérations. Mais attendrez-vous que le bon Dieu vous envoie son ange pour fixer vos irrésolutions? Pour moi, je ne me sens nullement inclinée à vous donner l'avis que vous me demandez. Je vous dirai seulement que vous ne vous trompez pas en croyant, d'après vos lectures, qu'une bonne fille de la Visitation pourrait faire une bonne fille de Nazareth, *et vice versa;* l'essence de la vie religieuse est partout la même, il n'y a de différence que dans les formes qui varient selon le but extérieur de chaque institut. La mère Marie Michel vous assure qu'elle répond de votre persévérance si vous allez la rejoindre. Cette bonne religieuse vous connaît sans doute mieux que moi, car si vous veniez ici, je ne porterais un jugement qu'après votre noviciat.

« Les monastères de la Visitation sont généralement très-fervents, le Saint-Siége a approuvé leurs règles, leurs fondateurs sont au ciel, prés du trône de Dieu, et honorés dans l'Église, et vous savez, mon enfant, ce qu'est en comparaison le pauvre Nazareth !

« Bref, soyez parfaitement indépendante dans votre préférence, je vous recevrais volontiers à l'essai, mais en quelque lieu que vous alliez, je bénirai le Seigneur de vous avoir appelée à le servir de tout votre cœur. L'essentiel pour vous, c'est de vous déterminer nettement, car qui commence à quatre pattes finit par se coucher à terre. »

Cependant la lumière s'est faite. Il n'y a plus

d'hésitation dans le choix de l'ordre, la révérende Mère trace la marche à suivre :

« Prière et obéissance, mon enfant, le bon Dieu fera le reste. Je suis très-contente que vous ayez parlé à votre bon père, il y a de droit divin et naturel une confiance si tendre, si intime, si entière entre les parents et leurs enfants !... Pour moi, malgré votre grand désir, je ne dis rien et je me garde surtout de donner des conseils dont on n'a pas besoin. Et puis, voyez-vous, mon enfant, j'ai une certaine pudeur, je suis juge et partie dans cette affaire, et toute la consolation est pour moi, la peine et l'amertume pour les autres. C'est bien le moins que je sache me taire et attendre. Je parle à Dieu, par exemple, et beaucoup. Je demande pour votre père, devenu comme Abraham chef d'un grand peuple, avec sa nombreuse famille, qu'il soit aussi héritier de la foi ferme, courageuse, et soumise du saint patriarche ; alors bientôt son Isaac sera offert et deviendra pour tous une source de bénédictions, car le Seigneur ne se laisse pas vaincre en générosité. »

Le sacrifice accompli, la bonne supérieure donne des nouvelles de la novice :

« Votre fille est heureuse et contente, mais comme j'aime qu'on le soit ; c'est un triste présent à faire au bon Dieu que celui d'un cœur qui n'aime rien ; nous n'en sommes pas là : ce pauvre cœur est devenu tout gonflé, et les larmes ont coulé en lisant votre petit mot. On ne parle de vous et du bon père qu'avec une touchante émotion : ainsi tout est bien parce que tout est à sa place. Aimer tendrement ses parents, aimer Dieu plus encore, de manière à le préférer quand il appelle : voilà, à mon avis, le triomphe de la grâce et un hommage digne de celui à qui on l'offre.

« Les temps sont bien mauvais, faites prier vos petits anges, la prière des enfants est toute-puissante, aussi j'ai pour eux une vraie tendresse mêlée de respect. Oh ! que les âmes ainsi parées d'innocence sont belles et précieuses devant Dieu ! »

CHAPITRE VII

1830 ET SES CONSÉQUENCES POUR NAZARETH

Sous le regard de la sainte Famille et la surveillance à la fois douce et forte de ses mères, le pensionnat de Montléan s'était développé, moins encore par le nombre de ses élèves, qui ne dépassa jamais cinquante, que par leurs progrès dans les vertus solides ; car les premières enfants de Nazareth prirent essentiellement son esprit. A l'abri du contact du monde, dans une charmante solitude où tout contribuait à élever l'âme, sans que rien manquât aux pures et douces jouissances de l'esprit et du cœur, cette intéressante jeunesse, pleine de vie et de gaîté, répondait aux soins intelligents et dévoués dont elle était l'objet depuis plusieurs années.

Mais nous vivons dans un siècle où la paix extérieure est de courte durée ; après quelques jours de sérénité on peut prévoir la tempête, et plus que jamais il est besoin de tremper fortement les caractères, pour les rendre capables de supporter les brusques transitions de la prospérité et des revers, conséquences ordinaires de nos commotions politiques.

La jeune famille de Montléan était dans tout son épanouissement lorsque 1830 vint la disperser : non-seulement les pensionnaires du roi durent se retirer, mais leur départ entraîna celui de parentes et amies qui les avaient suivies, et il ne resta plus au foyer que quelques élèves de Montmirail ou des environs. La secousse fut complète ; car le bon P. Roger, tout malade, quitta Paris pour Lyon, et de là se rendit en Suisse. Le courage de la Mère supérieure grandit avec les circonstances, elle ne fit entendre aucune plainte ; et, comme une personne du château lui disait que l'absence du P. Roger devait être sa plus grande souffrance : « C'est vrai, répondit-elle, mais un directeur qui n'a pas appris à ses pénitentes à se passer de lui ne leur a rien appris. »

Cette absence lui était cependant extrêmement douloureuse, surtout dans ces temps difficiles. Habituée à faire exécuter les ordres du P. Roger, bien plus qu'à prendre l'initiative, la responsabilité lui devenait pesante ; mais, n'y a-t-il pas, pour l'âme qui s'est donnée totalement à Dieu, une certaine jouissance à sentir qu'il la prive de tout secours humain pour se faire son unique appui ?

Mme Rollat souffrait bien plus des maux qui affligeaient l'Église et la France que de ses propres douleurs, et le saint évêque de Châlons trouva dans son cœur un fidèle écho lorsqu'il lui adressa la lettre suivante :

« Vous jugez, Madame et chère fille, par votre cœur, où en sont les nôtres. Hélas ! que le pain dont nous faisons notre nourriture nous semble amer ! Nous le mangeons dans le silence et l'humiliation et nous l'arrosons continuellement de nos larmes. Ah ! quel besoin nous avons maintenant de recourir aux vues de la foi pour ne pas succomber sous le poids qui nous presse et qui nous accable ! Si du moins nous n'avions qu'à supporter nos propres douleurs, mais nous sommes chargés de celles des autres et nous ressentons toutes les infortunes à la fois. Que Dieu a de terribles châtiments réservés dans les trésors de sa justice ! Avec quel éclat et quelle célérité, il sait punir les peuples endurcis, insensibles à ses grâces ! Qu'il soit donc vengé puisqu'il le veut et puisqu'il le faut ! Tout nous doit être bon, ma fille, pourvu que dans l'éternité il nous fasse miséricorde. Je ne sais quel avenir nous est réservé ; quelquefois, mettant les mains sur mes yeux comme pour ne plus rien voir, je dis au Seigneur : Frappez, frappez, pourvu que nous vous aimions et que nous vous soyons fidèles ! Une dévotion que je pratique quand je le puis, c'est de me mettre à genoux en disant au *Pater : Fiat voluntas tua*, et adorant le fléau de Dieu, comme saint Loup devant Attila.

« Enfin, on fait et il faut faire tout ce que l'on peut, pour désarmer cette souveraine justice et cette haute majesté traitée si insolemment par les hom - mes. Plus de croix, plus de religion, le saint nom de Dieu effacé partout. Plus même de Christ dans les tribunaux ! Ne devait-il pas punir à la fin une audace si criminelle et si persévérante. Prions et ne perdons pas courage, ma chère fille, heureux ceux qui souffrent persécution ! Jésus-Christ l'a dit, et je n'en veux pas savoir davantage. Je vous salue dans le Seigneur. Puisse votre paix n'être point troublée et les anges faire bonne garde autour de notre chère maison de Nazareth ! »

Cette lettre est datée du 24 août. Le cœur du saint prélat se tourne encore vers Montléan pour la solennité du 14 septembre ; il a trouvé une occasion sûre de faire parvenir son message, et se livre sans contrainte à un épanchement intime et paternel :

« Aujourd'hui, ma chère fille, nous célébrons la fête de l'Exaltation de la Croix, et quelle fête dans un temps où l'impiété renverse de toutes parts ce signe adorable! Heureusement nous avons conservé la nôtre, et les gens de la ville, à un trèspetit nombre près, y sont attachés et tout disposés à empêcher qu'on lui fasse aucun outrage.

« A cet égard, je vous dirai que lorsque cinq cents héros de Paris passèrent à Châlons, allant à Metz, nous avions assez peur qu'ils ne voulussent montrer ici leur savoir-faire. Un misérable en alla trouver quelques-uns et leur promit cinquante francs s'ils voulaient l'aider à renverser notre croix. Ceux-ci le dénoncèrent au corps de garde, en déclarant la proposition qu'on leur avait faite, et qu'ils avaient repoussée avec horreur. N'est-ce pas un miracle de la Providence? Tout s'est donc passé pour le mieux, et les choses vont assez bien maintenant; mais qu'arrivera-t-il dans la suite? Sans me livrer à aucun pressentiment, je crois que dans le temps présent, quand un évêque consulte le Ciel, il peut s'attendre à une réponse de mort. Lors de ma première entrée dans ce pays, avant de paraître à Châlons, je me souviens d'avoir demandé à M. de Jenville qui était venu me chercher à Reims, de m'avertir quand nous serions arrivés sur les confins du diocèse; lorsque nous y eûmes mis le pied, je fis arrêter la voiture, et m'agenouillant sur cette terre sacrée (du moins c'est à moi de la rendre telle), je répandis beaucoup de larmes en la baisant avec un profond respect. Une voix secrète me dit alors que des larmes n'étaient pas assez. Si Dieu veut quelque chose de plus, il le dira et j'adore sa volonté, mais je lui demande instamment, par les mérites de mon Sauveur et l'intercession de la très-sainte Vierge, la grâce d'être fidèle. Hélas ! ce qui fait trembler, c'est que Dieu ne me la doit point et qu'il ne la doit à personne ; je n'ai pour me réconforter que le souvenir de celles que j'ai reçues, et encore n'est-il pas à craindre que je n'en aie pas fait un bon usage ? Je vous assure que ces pensées m'humilient profondément et qu'elles sont merveilleuses pour me garantir absolument de tout ce qui est amour-propre.

« Aujourd'hui, une chose m'a touché : à l'heure de l'examen, après l'*Angelus*, une pauvre femme s'est approchée de moi et m'a dit d'un ton propre à inspirer la pitié : « Monseigneur, donnez-moi « s'il vous plaît, de quoi avoir un peu de pain ; « je suis faible et hors d'état de m'assister. » En disant ces mots, sa tête était toute tremblante aussi bien que tout son corps, son air de visage était vénérable. » Attendez un moment, lui dis-je, je vais

« vous chercher ce qu'il vous faut. » Lorsque revenant à l'église je lui mis dans la main mon aumône et un bon pour le boulanger. « Que Dieu soit votre « récompense ! » me dit-elle ; mais avec un accent qui m'a pénétré. « Ah ! c'est bien là ce qu'il faut « demander, » ai-je réparti, et, mon cœur se fondant devant Dieu, j'ai répandu de douces larmes. »

« Je vous quitte, Madame et chère fille ; il est onze heures et demie, et avant de me coucher, j'ai encore à dire mes sept psaumes ; c'est la dernière visite que je fais à Notre-Seigneur tous les soirs. »

Avant de clore sa lettre le saint évêque ajoute :

« Me trouvant au lendemain et voyant le papier encore blanc, fantaisie me prend de le noircir et d'ajouter quelques bonnes paroles à ce que j'ai dit. Eh, que puis-je faire de mieux que de vous recommander de vous attacher à la croix du Sauveur, de la serrer tendrement : toute la religion est là. C'est l'unique secret de vivre en paix dans les circonstances. Que vous dirai-je encore ? faites-vous pelote, souffrant que chacune y mette son épingle et vous persécute, c'est là ce qui doit faire la joie du chrétien. M. Boudon, étant bafoué par les gens du plus bas étage, s'en estimait si heureux et le réputait à si grand honneur qu'il disait à Dieu : « Mais vous vous trompez, Seigneur, je « mériterais d'être sur un trône, environné de

« tous les respects, et de recevoir tous les hom-
« mages, etc. » C'est qu'il connaissait bien
les saintes voies de la croix, il savait qu'elle est
le partage des amis de Dieu et que rien n'est plus
affligeant pour un chrétien que d'être estimé grand
et honoré dans le monde. Ce langage n'est compris
que par un petit nombre d'âmes, essayons d'en
bien convaincre les nôtres. »

Ainsi que le souhaitait le digne prélat, saint
Joseph et les saints anges firent bonne garde auprès de la petite maison de Montléan ; réduite à
la plus grande pauvreté, elle vit gronder autour
d'elle les agitations révolutionnaires sans en souffrir aucun mal. Les héros de Juillet, passant à
Montmirail un jour de marché, remarquèrent qu'il
n'y avait pas de drapeau tricolore sur le clocher,
ils s'agitaient et parlaient déjà d'enfoncer les portes,
lorsqu'un vieillard, s'approchant, leur dit avec
douceur : « Mes amis, j'habite ce quartier depuis
quelques années et je n'y ai jamais vu de drapeau
blanc, il est donc tout simple que les quelques
pauvres femmes qui sont enfermées dans cette
maison n'aient pas eu l'idée d'en mettre un tricolore. Croyez-moi, dès qu'elles seront averties,
elles feront comme les autres. » La foule apaisée
se retira, et bien vite, un témoin de cette scène vint
la raconter à la Mère supérieure, qui envoya aus-

sitôt deux personnes de Montmirail à la recherche du digne vieillard, afin de le remercier. Il avait disparu, on ne le revit point, et la reconnaissance se tourna toute vers saint Joseph.

Malgré les difficultés de tout genre qui entravaient les relations, la correspondance continua aussi avec le P. Roger. De Sion, il rassure sa petite-famille et lui envoie, avec des encouragements, les plus touchants témoignages de sa paternelle affection. Le petit stratagème des noms de baptême, employé pour tromper les regards indiscrets, donne encore plus de charme à ces nouvelles lointaines. Regrettant de n'avoir pas les lettres de la mère Rollat, nous voulons au moins en citer quelques-unes du bon Père.

« Sion, 10 novembre 1830.

« Oui, ma chère Élisa, je veux dire avec vous : Dieu soit béni ! Nous le dirons ensemble de bon cœur, n'est-ce pas ? Si la nature et la sensibilité veulent y apporter quelque obstacle, nous irons chercher au fond de notre cœur ce doux et consolant refrain : Dieu soit béni !

« Vous êtes bien bonne, ma chère Élisa, de vous occuper du pauvre Alexandre qui court le monde et qui voudrait bien retourner auprès de vous ; mais le temps n'en est pas venu et il ne sait pas quand Dieu le lui permettra. Vous faites bien de lui rassembler des détails pour les lui faire passer dans l'occasion : ce que vous appelez vos *fatras* lui plaira beaucoup, car je sais qu'il aime ce qui vient de vous. Il a fait un petit écrit qui est maintenant en route et que vous recevrez incessamment. Quand vous l'aurez, vous connaî-trez tous ses sentiments et nous aurons occasion d'en causer dans nos lettres. Vous prétendez qu'il va devenir un grand saint, cela devrait être. Il m'a dit qu'il ne savait pas trop où il en était là-dessus et qu'il avait plus de sujet de trembler que de se rassurer ; mais qu'il ne voulait pas perdre la confiance, et qu'il espérait tout de la bonté de Dieu, de la protection de la sainte, Vierge et de saint Joseph ; au reste, si vous lui souhaitez une grande sainteté, il me semble qu'il n'a pas moins de zèle pour la vôtre, et qu'il demande à Dieu que vous égaliez sainte Thérèse en fidélité et en amour des souffrances. Pour cela, chère Élisa, soyez gé-néreuse, méditez beaucoup la Passion et tenez-vous prête à souffrir tout pour N.-S., surtout ces petites peines journalières qui sont l'aliment de l'amour. »

Le *petit écrit* apporté par le docteur Récamier suivit de près cette lettre ; c'est un précieux docu-ment conservé dans les archives. Il trace une di-rection sage et prudente pour les temps difficiles.

Aux craintes presque prophétiques du chrétien et de l'apôtre se mêlent des paroles de confiance pour l'avenir de l'humble petite société qui va traverser la tempête. En voici quelques passages :

« Il me semble devant Dieu que, dans les circonstances actuelles, je dois rester attaché plus que jamais à cette petite communauté, et que, regardant cette maison naissante comme une œuvre de Dieu, je dois m'y intéresser de toutes mes forces et lui porter tous les secours qui sont en mon pouvoir, à moins qu'il n'arrive que la petite Société, de concert avec l'évêque, ne juge qu'il vaut mieux que je m'abstienne de tout rapport avec la maison. Je regarderais cette décision, ou même le seul désir de Monseigneur, comme l'expression de la volonté de Dieu sur moi. Ou bien encore si mes supérieurs exigent de moi ce même sacrifice, je suis prêt à obéir sans aucun examen ; mais la maison me restera toujours chère, je porterai dans mon cœur toutes les personnes qui l'habitent. Je me ferai un devoir de prier toute ma vie pour elles, et, plein de confiance dans la protection de Marie et de saint Joseph, père et fondateur de cette petite et chère famille, je resterai persuadé et assuré que cette maison si faible et si dénuée de tout secours humain, après avoir été solidement établie sur la croix et dans l'abnégation,

11.

prendra son accroissement dans la pratique du silence et de l'humilité, et prospérera pour l'honneur et la gloire de la sainte Famille de Nazareth. Vive Jésus ! »

Et jetant un coup d'œil sur le mouvement général des esprits en France, il s'écrie :

« Le démon, à qui Dieu a laissé le pouvoir pour un temps, va sévir avec rage contre tôut ce qui appartient à la personne adorable de Jésus. Dieu lui permet de tourmenter ses élus ; c'est ainsi qu'il renouvelle son Église en la purifiant, en la sanctifiant ; il la livre au pouvoir des impies pour faire pratiquer des vertus héroïques et montrer la force de son bras dans ceux qui sont à lui. Il renversera sans doute ces puissances de l'enfer, et fera triompher d'une manière éclatante son Église qui ne peut périr qu'avec le monde ; mais en attendant, il se servira de ses ennemis pour châtier un peuple ingrat et infidèle, pour réveiller la foi des âmes séduites et convertir de nouvelles nations. Voilà donc le moment de souffrir, et de souffrir beaucoup ; heureuses les âmes que Dieu choisira pour sceller de leur sang les vérités chrétiennes ! Mais qui est digne de cette faveur ? »

Puis le révérend Père indique les mesures de prudence qu'il convient de prendre, et recommande surtout de s'occuper des petites filles pauvres.

« Rendez ce service à Notre-Seigneur qui vous récompensera, ma chère fille ; ayez compassion des pauvres qui, dans ces temps-ci surtout, sont l'objet de la compassion du Cœur de Jésus. Ah ! s'ils ne l'aiment pas, c'est qu'ils ne le connaissent pas ! »

Et cherchant dans le souvenir des grâces reçues un motif de confiance pour l'avenir, il ajoute :

« Admirez avec moi la conduite de l'aimable Providence sur vous, ma fille, et sur cette petite maison de Nazareth depuis ses commencements : peines, travaux, difficultés, obstacles, contradictions, maladies, etc., voilà le sceau de Dieu ; mais aussi que de ressources, que de moyens, que de secours étonnants et même miraculeux ! et surtout que de bien opéré dans les âmes, que de péchés évités, que d'actes de vertu pratiqués, que de vraies et solides consolations, en un mot, que de grâces répandues sur toute la maison, sur chacune de celles qui l'habitent et spécialement sur vous, ma très-chère fille ! C'est bien la bénédiction de Dieu ! Oh ! ce n'est pas d'une manière humaine que cette société s'est établie, et ce ne sera pas inutilement qu'elle aura été fondée sur la croix et confiée aux soins de la Sainte Famille. Vous l'avez éprouvé et vous l'éprouverez d'une manière plus admirable encore. Abandonnez-vous donc à la miséricorde divine, sans porter un regard inquiet sur l'avenir. Oh ! qu'il est consolant de pouvoir se dire à soi-même : Je suis où Dieu me veut, je fais ce qu'il veut, je n'ai plus rien à attendre des hommes, j'attends tout de sa grâce, et je suis prêt à souffrir tout ce qu'il voudra.

« Aurons-nous la consolation de nous revoir dans ce monde, ma très-chère fille ? Ne cherchons point à pénétrer les desseins de Dieu, et faisons encore ce sacrifice, s'il l'exige. Quoi qu'il arrive, les liens spirituels qui, depuis plus de quinze ans, ont uni nos âmes en Jésus-Christ, ne seront jamais rompus, et vous aurez tous les jours part dans mes prières, comme je suis persuadé que je ne serai jamais oublié dans les vôtres. Oui, mon cœur conservera jusqu'au dernier moment le souvenir de cette famille chérie dont vous êtes la mère, que vous avez enfantée dans la douleur, et qui, purifiée dans le feu de la tribulation, sera un jour votre joie et votre couronne.

« Je ne puis mieux terminer cet écrit que par les paroles touchantes de l'apôtre saint Paul aux Éphésiens, et que je vous adresse avec lui de tout mon cœur :

« Mes très-chères filles, chargé de chaînes dans
« le Seigneur, privé de la liberté de vous voir et

« de communiquer avec vous, je vous conjure de
« marcher d'une manière digne du saint état au-
« quel le Seigneur a bien voulu vous appeler;
« avec une vraie humilité et douceur de cœur,
« avec une telle patience que vous vous supportiez
« les unes les autres dans une parfaite charité,
« avec une singulière attention à conserver l'unité
« de l'esprit dans le doux lien de la paix. Ne for-
« mez qu'un cœur. Vous ne devez avoir qu'un
« seul esprit, comme votre vocation ne vous pré-
« sente qu'une seule fin, une seule espérance. Il
« n'y a qu'un seul Seigneur, qu'une seule foi,
« qu'un seul baptême, comme il n'y a qu'un seul
« Dieu, qu'un seul Père de tous les hommes, qui
« est au-dessus de toutes les créatures, qui donne
« le mouvement à tout ce qui existe et vit dans
« nous tous. » (Éph., IV, 1.)

« Vive Jésus et toujours vive Jésus ! »

La Providence choisit le temps où le fondateur
était dans une sorte d'exil et de prison, où la première Mère avait vu disparaître presque toute sa
jeune famille, pour donner enfin quelque espérance de développement à cette œuvre de Nazareth, si longtemps en germination. La bonne Mère
sembla renaître lorsque, au mois de novembre 1831, elle vit entrer au noviciat quatre pensionnaires, dont l'une était destinée à porter après

elle le lourd fardeau de la supériorité. Plus de neuf ans de stérilité presque complète avaient préparé cette heureuse arrivée, aussi la salua-t-on avec un joyeux attendrissement. A cette occasion, l'abbé Hilaire, alors aumônier du couvent, commenta d'une manière touchante le psaume XLIV, le jour de la Présentation; la révérende Mère, pour compléter la fête et en perpétuer le souvenir, résuma l'instruction dans son cantique : *Mon cœur, plein de reconnaissance*, etc., cantique souvent chanté à Nazareth, le jour des vœux, et qui exprime admirablement les sentiments d'une âme répondant à l'appel du Seigneur.

Le début de ce noviciat, que deux jeunes sœurs converses étaient venues augmenter, fut tout ce qu'on peut imaginer de plus fervent. La supérieure entraînait par son exemple cette jeunesse dont elle avait à modérer l'ardeur, tout en la dirigeant. Chaque enseignement portait son fruit : à peine une vertu religieuse était-elle expliquée, que toutes rivalisaient de zèle pour la mettre en pratique.

Les caractères différents que la Mère Rollat avait déjà vus se heurter contre les difficultés, et pour la plupart, échouer faute de droiture ou d'énergie, servaient à lui donner une connaissance expérimentale des ruses de l'amour-propre, des piéges du démon, cet ennemi acharné de l'âme qui tend à la perfection. Comme elle avait pris souvent la nature sur le fait, elle en découvrait aisément les détours, et, pour prémunir ses novices contre de dangereuses subtilités, elle faisait passer sous leurs yeux un tableau varié, saisissant, où chacune, se reconnaissant, s'étonnait de voir ainsi son cœur mis au grand jour. C'était un trait de lumière ; on désirait, en la redoutant, une nouvelle clarté, on souriait à la pensée que d'autres avaient à soutenir les mêmes combats, et une sainte émulation s'emparait de toutes les volontés.

Dans les entretiens particuliers, la révérende Mère soutenait, consolait, ramenait au simple, au vrai, au positif de la vertu ; toujours bonne et compatissante pour les véritables peines, elle soufflait sur les maux imaginaires, de telle sorte que l'illusion n'était plus possible ; d'une parole, elle renversait l'échafaudage dressé par les susceptibilités de l'amour-propre. On s'étonnait de voir tous les sujets de crainte ou de gémissement s'évanouir en un instant, comme de vains fantômes.

Elle tenait beaucoup à prémunir ses filles contre ce qu'elle appelait *une sensualité spirituelle*. « Ce goût de Dieu, disait-elle, que vous éprouvez dans l'oraison, la communion, les ardeurs qui s'emparent de vos âmes devant le tabernacle, au pied du crucifix, quelquefois même en allant et venant, les effusions de la reconnaissance, traduites par de douces larmes : toutes ces faveurs sensibles sont des éclairs qui passent; les regretter, comme si nous perdions la grâce avec elles, faire des efforts pour les retrouver, c'est se rechercher soi-même, et non point Dieu. »

A une remarquable justesse dans le discernement des esprits, la vigilante Mère joignait l'application pratique du remède : devait-elle infliger une pénitence , elle indiquait un acte opposé à la faute commise, et, comme pour son propre compte elle usait de ce *système des contraires*, elle était prompte à trouver la réparation propre au genre de délit.

Au reste, tout lui servait d'enseignement pour sa jeune famille, qu'elle élevait sans cesse jusqu'au cœur du divin Maître. « Il faut, disait-elle, qu'une âme religieuse fasse de Notre-Seigneur son ami et son confident; qu'elle trouve sa force et sa consolation dans cette simple vérité : il sait, il voit, il peut tout, il m'aime! »

Cette confiance filiale se trouva encore excitée par un nouveau trait de spéciale protection : au printemps de 1832, le choléra, ravageant Montmirail, fit surtout de nombreuses victimes dans le faubourg de Montléan. Les plus proches voisins du couvent moururent en quelques heures, mais l'épidémie s'arrêta à la porte de l'humble famille religieuse.

Mgr de Prilly, toujours bon, toujours gracieux, après avoir félicité la révérende Mère de cette protection visible du ciel, annonça ainsi sa visite à Mme la duchesse :

« Je veux aller m'édifier près de vous, si vous le trouvez bon, et me retremper à Montmirail. Son nom latin est *Mons mirabilis, Mont admirable.* J'y admire, en effet, bien des choses et des personnes aussi, mais je ne nommerai point. Je chercherais volontiers une étymologie à Montléan, qui pourrait bien venir de *Mons lætans,* montagne du bonheur, où tout est dans la joie. En peut-on trouver de plus douce que celle de servir le Seigneur comme on fait dans cette bienheureuse maison ? On y court, on y vole, on ne sait ce que c'est que d'aller d'un pas ordinaire dans les saintes voies. J'admire les soins de la Providence qui permet que dans ce parterre les jeunes plantes prospèrent et fructifient au milieu des orages, dans un temps où tout est menacé.

« Montléan me rappelle ces thébaïdes, ces chartreuses où j'aurais tant aimé à passer ma vie ; ces ermitages, ces monastères d'autrefois, peuplés de saints religieux, de solitaires fervents et dont on ne voit plus que les ruines ; mais Dieu nous laisse Montléan pour nous consoler, et il y répand ses bénédictions. Qu'il soit béni lui-même de cette grâce qu'il nous fait, et dont je sens tout le prix. »

Dans cette solitude, si agréablement chantée par le saint évêque, la première Mère de Nazareth achevait le grand travail de sa perfection. Rien ne peut rendre l'ardeur qu'inspirait au sien le Cœur sacré qui, après l'avoir charmé par sa beauté, attiré par sa tendresse, l'admettait à la participation de ses douloureux sacrifices. Lorsque, sous les opérations de la main divine qui, pénétrant jusqu'à la partie la plus sensible de son être, la faisait marcher de dépouillement en dépouillement, elle se trouvait parfois épuisée, haletante... au pied de la croix, son refuge ordinaire, elle se rappelait et répétait ce vœu échappé à son amour :

Oui, je l'espère,
Un jour enfin viendra
Que pour te plaire
En moi tout souffrira.
Je te rendrai les armes,
Au milieu des alarmes,
Tu règneras
Et tu me détruiras.

Cette destruction, nous l'avons vue commencer, elle va continuer jusqu'à la fin d'une vie toute consacrée à l'immolation. Mais ce n'était que devant Dieu, dans le silence de l'oraison, que la pieuse Mère exhalait ses véhéments désirs.

Comme la Vierge de Nazareth, elle s'appliquait à prouver son amour par les actes d'une vie simple et commune en apparence, mais relevée par la pureté d'intention et la fidélité au devoir du moment.

Quoi de plus tendre que sa dévotion pour la divine Mère qui lui servait de modèle ! elle parlait de ses grandeurs, de sa bonté, de sa miséricorde avec une si douce confiance, qu'au témoignage de ses filles, ses paroles laissaient une impression ineffaçable. Sa foi et sa piété prenaient alors un caractère touchant de naïveté. Tout ce que le moyen âge a pu raconter de plus miraculeux, les récits merveilleux, les légendes même sur la sainte Vierge, ne trouvaient aucun doute dans son esprit, cependant peu crédule par nature. « Rien ne m'étonne de Marie, disait-elle, j'ai la ferme conviction qu'elle s'occupe constamment de nous, non-seulement pour nous préserver du danger, mais encore pour nous faire plaisir, car enfin elle est mère ! » ajoutait la fervente religieuse avec un accent indéfinissable de tendresse et de reconnaissance filiale.

Quant à saint Joseph, elle le regardait vraiment comme le chargé d'affaires de la famille ; en effet, nous l'avons déjà vu et nous le verrons encore prendre soin du temporel de la petite communauté de la manière qui convient aux filles de Nazareth.

Il ne mettait pas moins de zèle à procurer leur avancement spirituel, et il faisait chaque année au mois de mars un présent de choix à la mère supérieure : ordinairement il la clouait sur un lit de douleur pendant la neuvaine préparatoire à la grande fête du 19 ; les grâces plus joyeuses venaient ensuite.

Puisque nous parlons de saint Joseph, nous ne pouvons oublier sainte Thérèse, sa fidèle servante, qui inspirait tant d'amour et d'admiration à notre première mère d'abord fortement attirée vers le Carmel. Elle avait eu l'insigne faveur de revêtir son manteau pendant quelques instants au monastère de Paris. Souvent elle parlait à ses filles de cette aimable sainte. Elle goûtait fort sa doctrine, et avait adopté sa maxime qui convient si bien à la fille de Nazareth : « Il n'y a rien de petit dans le service de Dieu. » Aussi, fidèle observatrice de tous les points de la règle, elle s'assujettissait aux moindres pratiques de la vie religieuse, et se trouvait la première aux exercices de la communauté, auxquels elle revenait avec un sensible plaisir après ses longues maladies. Très-exacte à faire l'examen particulier suivant la méthode, elle rappelait volontiers la naïve illusion qui lui avait fait croire tout d'abord à une entière et prompte victoire. « Lorsque, disait-elle, vers l'âge de quinze ans, mon confesseur m'engagea pour la première fois à combattre pendant le carême les saillies piquantes qui m'échappaient sans que j'eusse jamais la pensée de blesser personne, je repris avec ingénuité : « Et que ferai-je après la quaran- « taine ? » Le directeur, souriant malicieusement, me répondit : « Après ! Eh bien, ma fille, nous ver- « rons, » — et moi, ajoutait-elle, j'ai vu depuis qu'il est long et difficile de corriger un défaut qui semble inhérent à notre nature ; mais c'est une raison de plus pour combattre avec persévérance. »

La digne Mère semblait avoir un droit particulier d'engager à la lutte, car elle s'était si bien exercée à mortifier sa volonté dans les mille détails de la vie, qu'on ne pouvait distinguer ce qui lui était naturellement agréable ou pénible. Toujours modérée dans son ton et ses paroles, une subite rougeur, résultat d'une grande impressionnabilité physique, trahissait seule ses émotions : plus elle souffrait, plus elle se montrait joyeuse, non par une surrexcitation nerveuse, mais

par l'effort de la vertu ; c'était chose tellement
reconnue, que lorsque ses filles la voyaient plus
gaie et plus animée que de coutume en récréation,
elles se disaient entre elles : « Notre Mère va être
malade. » Elle ne se plaignait jamais du temps et
se prêtait gracieusement à tout ce qui accommo-
dait les autres. Il lui était souvent arrivé d'affronter un soleil ardent en se promenant avec le
P. Roger, qui, très-frileux, s'imaginait lui faire
beaucoup de bien en l'exposant à une forte cha-
leur. La pauvre Mère ne disait mot, mais ne rentrait qu'épuisée de fatigue et tourmentée par la
fièvre. Dès que le bon Père fut averti par la mère
Mouroux, tout désolé, il se fit de grands reproches,
et se montra fort attentif à ne plus mettre à pareille épreuve une vertu qu'il admirait.

Malade, la vertueuse supérieure recevait avec
reconnaissance tout ce que ses infirmières lui
présentaient, heureuse de pratiquer l'obéissance
et la mortification ; mais, craignant que, sous le
prétexte de soins réclamés par sa santé, il ne se
glissât dans les filiales attentions quelque chose
de contraire à la simplicité et à la pauvreté de
Nazareth, elle se montrait aussi ferme que vigilante pour en arrêter la première apparition.
L'économe, la voyant obligée de chercher un appui
pour ses bras, dans le moment où elle souffrait

de sa maladie de cœur, imagina d'acheter, sans son autorisation, un fauteuil fort modeste qu'elle fit mettre à sa place au réfectoire. La révérende Mère, étonnée et redoutant extrêmement les petites flatteries dont on entoure parfois les supérieures, au lieu de remercier gracieusement selon son habitude, condamna la pauvre économe à dîner pendant huit jours dans le malheureux fauteuil, qu'on fit ensuite disparaître du réfectoire.

Il fallait que tout autour de la bonne Mère respirât à la fois l'ordre et la sainte pauvreté; sa chambre en était un modèle parfait; on n'y voyait sous une forme rustique que le strict nécessaire. C'est là qu'elle recevait les plus grands personnages, non-seulement Mgr de Châlons, mais le duc et la duchesse, profitant de leurs droits de fondateurs, aimaient à pénétrer dans l'humble retraite, accompagnés quelquefois de personnes amies qu'ils voulaient honorer spécialement; tous s'édifiaient de la pauvreté de l'ameublement; la révérende Mère y tenait comme à son plus cher trésor. Sachant bien que les plus belles considérations ne font pas avancer dans la pratique de la vertu, si l'on n'en vient à des actes positifs et fréquents, elle voulait qu'on exerçât les religieuses et les novices à un dépouillement *effectif*. « Mille choses, disait-elle, m'ont prouvé qu'il ne faut pas s'en tenir aux spéculations : en arrivant ici, j'avais mis joyeusement en commun mon petit trousseau, et cependant, par une singulière anomalie, j'éprouvai des soulèvements spontanés d'impatience, en voyant paraître une de mes sœurs ridiculement coiffée des bonnets qui me paraient dans le monde. Il me fallut faire effort pour me rendre indifférente à cette niaiserie, et en bien des circonstances, je me suis surprise m'intéressant particulièrement à l'emploi des objets qui m'avaient appartenu. »

Ce que l'humilité de la sainte Mère n'ajoute pas, c'est que chacune de ces découvertes était suivie d'un acte opposé au mouvement de l'amour-propre, elle ne se contentait pas du simple désaveu de la volonté. Sa vie était devenue une continuelle protestation de la grâce contre la nature.

Généreuse par caractère, elle aimait beaucoup à donner et y avait été habituée dès l'enfance ; aussi une des choses qui lui coûtèrent le plus fut la dépendance absolue où elle se mit de l'économe pour toutes ses aumônes ; elle n'en fit jamais aucune, petite ou grande, sans la prévenir, voulant témoigner par là qu'elle se regardait comme simple dépositaire et n'agissait point en propriétaire. « C'est la communauté que nous représentons, disait-elle, n'offrons rien, ne donnons rien comme

de nous-même, ne cherchons pas à fixer sur nous
la reconnaissance et l'affection. »

Ce désir de s'effacer lui imposa un sacrifice que
son ardente nature rendait bien méritoire.

Peu après la révolution de Juillet, parut, sous
le nom de la comtesse d'Adhémar, un ouvrage qui
semblait révéler de curieux détails sur la cour de
Louis XVI, la Révolution, l'Empire et la Restaura-
tion. Les jugements portés par l'auteur, le rôle
qu'il fait jouer en particulier à une reine abreuvée
d'amertume, et si héroïque dans le malheur qu'elle
nous apparaît entourée de l'auréole du martyre,
toute la couleur locale de l'ouvrage était tellement
opposée aux sentiments de Mme d'Adhémar, morte
depuis dix ans, que Mme Rollat fut très-peinée de
lui voir attribuer un pareil écrit. « Jamais, dit-
elle, la comtesse n'a tracé une seule ligne de ces
mémoires, et, si elle l'eût fait, c'eût été dans un
tout autre esprit. » La pensée de protester publi-
quement la préoccupa quelque temps, car si elle
était, par nature, fort sensible au point d'honneur
pour ce qui la touchait personnellement, elle souffrait plus encore de ce qui atteignait ses amis et
bienfaiteurs. Mais l'éclat de la publicité l'arrêta,
comme religieuse : « Je suis morte au monde, se
dit-elle, et je dois laisser au monde ses débats ; ma
protestation n'ajouterait rien au bonheur de celle

que je prétendrais justifier, et je créerais un précédent fâcheux pour la communauté dont je suis
la Mère. » Elle resta donc dans le silence.

Cet amour de la vie cachée lui faisait grandement estimer les plus humbles travaux ; elle ne
perdait jamais un instant et donnait à ses filles
l'exemple de l'assiduité à l'ouvrage manuel. Trou-
vait-elle dans la journée la possibilité d'y consacrer une heure en silence, on la voyait tout heureuse, pendant qu'elle tirait l'aiguille, arrêter son
regard sur quelque passage de la sainte Écriture ;
elle aimait beaucoup ce repos du cœur dans l'action, il lui rappelait la Vierge de Nazareth méditant et travaillant à la fois. Lorsque sa santé
l'obligeait à prendre l'air dans les jardins ; ne voulant pas que ce temps fût perdu, autant par esprit d'humilité que par amour de la pauvreté, elle
ramassait les petits morceaux de bois qui devaient
servir à allumer son feu ou bien elle arrachait
quelques mauvaises herbes, cueillait des fruits, ou
taillait des arbustes.

Nous avons parlé des grandes dames admises
dans la pauvre chambre, il ne faut pas oublier les
ouvriers, les personnes simples que la digne mère
visitait fréquemment dans leur travail et toujours
avec une grande affabilité. Ils la respectaient, la
vénéraient, et ses paroles étaient pour eux de

vrais oracles. Elle se faisait amener les femmes, les petits enfants; elle encourageait, consolait au besoin et ramenait toujours à la pratique du devoir.

Un jour, après s'être assurée que les ramoneurs ont eu un bon dîner, elle s'arrête avec deux petits Savoyards fort intéressants qu'elle interroge sur le bon Dieu, sur le pays. Satisfaite des réponses, elle se retourne vers le maître et lui recommande de veiller sur ces chers petits, de les bien traiter. « Ah! Madame, reprend le brave homme avec feu, il n'y a pas de danger que je les maltraite, ce sont mes enfants. » Cette parole et l'accent avec lequel elle était prononcée attendrirent la bonne Mère, et elle aimait à citer ce petit trait comme une faible image de la bonté de Dieu pour ses créatures.

A l'exemple du divin Maître, elle avait une prédilection bien marquée pour le jeune âge, et les petits enfants attirés par son aimable sourire faisaient cercle autour d'elle. Un père de famille tout affligé, lui présentant un jour son fils de huit à neuf ans, laissa voir les plus cruelles appréhensions. « C'est un enfant qui nous désole tous, s'écriat-il. Ah! je crains bien qu'il ne soit la honte de ses parents! » La révérende Mère, émue à son tour, examine le petit accusé, le fait parler, interroge sa sensibilité, et le congédiant, elle se retourne vers le malheureux père : « Votre enfant est plein d'espérance, lui dit-elle, mais on s'y prend mal avec lui. Pourquoi le confier à des maîtres incapables qui ne disent rien à son cœur? Mettez-le au séminaire et je réponds de lui. » Ce reproche, cette assurance, font une salutaire impression, et le conseil est immédiatement suivi. Transformé sous l'action de la grâce, l'enfant, devenu jeune homme, reçoit l'ordination ; prêtre zélé il exerce encore avec intelligence et dévouement le saint ministère, en faisant l'honneur et la joie de sa famille.

La révérende Mère lisait-elle sur les physionomies, ou tirait-elle ses pronostics des réflexions qu'elle faisait naître? Il est probable que son amour pour l'enfance lui donnait ce tact merveilleux, cette sorte d'intuition qui n'appartient qu'aux saints. C'est ainsi qu'après avoir causé avec un petit étourdi qui déconcertait ses maîtres par sa paresse et sa légèreté, elle le désigne parmi ses frères et dit à la mère inquiète : « Cet enfant me paraît destiné à procurer beaucoup de gloire à Dieu. » Quelques années après, la mère de famille annonçait tout heureuse à la bonne supérieure, l'entrée de son fils au noviciat de la compagnie de Jésus. Bientôt la Chine ouvrait ses portes au jeune missionnaire et devenait le théâtre de ses travaux apostoliques.

Si l'ardente charité de Mme Rollat l'associait aux craintes et aux espérances des amis qui venaient chercher près d'elle de saintes consolations, elle restait surtout fidèle à la reconnaissance, et son cœur filial suivait le P. Roger que les événements politiques retenaient encore loin de sa famille religieuse. De Marseille, où il s'est rendu en quittant la Suisse, le bon Père, toujours obligé de garder l'incognito, écrit à la Mère supérieure :

« Ma chère Élisa, je vois avec plaisir que vos affaires de famille vont bien, que Dieu en soit à jamais béni !

« Je viens à la hâte vous dire quelque chose d'Alexandre, puisque vous demandez de ses nouvelles avec tant d'empressement. Vous saurez donc que c'est toujours un pauvre homme et qu'il est encore à peu près ce que vous l'avez connu. Il éprouve, sans être malade, une sorte de lassitude extrême et d'engourdissement qui l'empêche de s'occuper comme il voudrait. Du reste, vous savez qu'il aime à se plaindre et qu'il ne peut rien souffrir : à son âge, il doit bien avoir des misères, et il est heureux de pouvoir travailler comme il le fait. Je ne vous conseille pas de vous en inquiéter, vous le gâteriez. Il se plaindra encore longtemps et il ira toujours tant qu'il plaira à Dieu.

« Ses occupations sont très-pénibles et des plus

fatigantes qu'il ait eues de sa vie ; il a à gouverner des caractères presque indomptables[1]. Que de moyens il faut prendre ! Que de paroles à dire ! etc.

« Cependant il ne doit pas être ingrat envers Dieu ; avec du temps et de la patience, il se fait un certain bien dont Lui seul est l'auteur.

« Alexandre dit la messe à sept heures, vit en solitaire, est toujours occupé, confesse trois jours entiers par semaine, fait des instructions fréquentes et a donné une retraite. Quant à son caractère, vous le connaissez, il est à peu près le même, cependant il me semble qu'il est moins impatient et qu'il s'efforce de devenir plus doux et plus aimable. Il a un grand désir d'offrir à Dieu ses dernières années pour réparer le passé ; mais il est toujours lâche et se traîne bien lentement dans le chemin de la perfection. Comme je le vois souvent et que je le connais à fond, je vous dis ce qui est vrai, afin de vous engager à prier pour lui. Au reste, vous ne ferez que lui rendre ce qu'il fait constamment pour vous, car je ne le vois jamais qu'il ne me parle de vous et du grand intérêt qu'il vous porte. Il ne tarit pas sur cet article ; on sent bien que son cœur est toujours auprès de vous et de vos enfants. Loin d'une fa

---

[1] Le révérend Père avait alors la direction des filles repenties.

mille qu'il chérit, il se regarde comme en exil ; mais il se console dans les divins cœurs de Jésus et de Marie, où il cherche à vous retrouver. Enfin, chère enfant, si vous êtes sainte, autant qu'il le désire, vous obtiendrez une belle couronne.

« Adieu, je prie le Seigneur qu'il sanctifie de plus en plus l'union qu'il a formée entre nous pour sa gloire et l'avancement de son œuvre. »

Le noviciat et la petite communauté se maintenaient dans une grande ferveur, et comme le couvent n'avait été nullement inquiété pendant la crise révolutionnaire, la confiance s'était rétablie et le pensionnat se remontait peu à peu ; tout allait au mieux sans bruit, dans une humble et sûre obscurité, lorsqu'un nouveau genre d'épreuve passa dans l'intérieur même de la maison, et menaça d'ébranler son excellent esprit.

L'abbé Hilaire, depuis quatre ans, dirigeait avec un zèle aussi prudent qu'éclairé les religieuses et les élèves. Il avait parfaitement compris et goûté les idées du P. Roger qu'il tenait en haute estime et singulière vénération. Le fondateur, de son côté, avait en lui une pleine confiance, et du fond de son exil il lui écrivait :

« J'ai souvent remercié Dieu de vous avoir pour associé dans une œuvre naissante, délicate et difficile. Il faut des années pour établir un esprit solide et vrai dans une maison destinée à procurer beaucoup de gloire à Dieu. Il faut un accord parfait entre les chefs; c'est donc par un bienfait de la Providence et par la protection de saint Joseph que vous vous êtes senti pressé de venir à notre secours, et que Dieu a établi entre vous, ma sœur et moi, cette unité de vues, cet accord dans la conduite qui était nécessaire. Je vous l'ai dit et je vous le répète : vous êtes l'homme qu'il nous fallait. C'est Dieu qui l'a fait, qu'il en soit à jamais béni! Ah! que le Seigneur est bon! et que la croix apporte de biens à l'âme qui dit en paix comme Jésus au jardin des Olives : Que votre volonté soit fait et non la mienne.

« Dans mon exil, je n'apprends que des choses consolantes et édifiantes de cette famille si chérie. Elle souffre, mais la grâce abonde, la vraie vertu se pratique, les cœurs s'aiment et s'unissent dans le divin cœur de Jésus; la paix, la joie accompagnent la fidélité. Voilà, mon cher ami, les fruits consolants de votre travail. »

Mais l'abbé Hilaire a fait une retraite à Issy et y a décidé son entrée dans la compagnie de Jésus. Voyons comment le saint fondateur apprécie une détermination qui lui enlève un secours en apparence indispensable :

« J'ai admiré la conduite de la Providence sur

vous, mon bien cher ami, je ne vous dirai pas : Qui suis-je pour m'opposer aux desseins de Dieu ? mais je dirai avec un sentiment de joie : *Magnificat !*

« Jusqu'ici, mon âme a été unie à la vôtre, et je me plaisais à ne faire qu'un avec vous dans les soins que nous donnions à cette petite famille que Dieu a formée au pied de la Croix ; aujourd'hui notre union deviendra plus intime et encore plus étroite sous bien des rapports. »

Il fallait donc songer à remplacer l'excellent aumônier ; ce n'était pas chose facile d'après le propre témoignage de Mgr de Châlons qui en écrivait ainsi à la Mère Rollat :

« C'est une affaire importante que de trouver un successeur à M. l'abbé Hilaire. Je m'en repose entièrement sur le choix que Mme la duchesse fera pour une maison qui est son ouvrage et qu'elle chérit comme sienne. Vous trouvez que j'ai rencontré juste dans le jugement que j'ai porté autrefois et presque au premier coup d'œil sur le compte de M. N., c'est aussi du premier coup et sans délibérer que je vous recommande de tenir ferme pour la parfaite observation de la clôture, on ne saurait à cet égard pousser trop loin la sévérité et les précautions, et si M. A*** a trouvé que vous excédiez en ce genre et qu'on pouvait permettre en sa faveur quelque adoucissement, ce serait pour moi une raison de penser qu'il n'est pas ce qui vous convient. »

Malgré les appréhensions du pieux prélat, après mille tergiversations, ne trouvant pas dans le diocèse de prêtre libre et capable de remplir le poste de Montléan, on accepta l'abbé A***; mais Sa Grandeur, qui ne le regarde que comme provisoirement à Nazareth, écrit en envoyant ses pouvoirs :

« J'ai toujours la pensée de vous chercher un homme capable et tiré de notre sol, sur lequel nous pourrons enfin compter. Que de qualités ne lui faudrait-il pas pour remplir un si important ministère : le goût de la retraite et du silence, un esprit vraiment intérieur, l'amour de l'étude, une profonde piété, le tout joint à un âge mûr. Que de choses à rencontrer dans un même sujet ! le détail en serait bien long. Demandons-le instamment cet homme de Dieu, cet ange, cet exemplaire de toutes les vertus qui doivent se pratiquer à Nazareth, et qui sont toutes indispensables aux habitants d'une si sainte famille. Hélas ! il ne nous faudrait partout que des anges, et nous retrouvons partout l'humanité ; au moins en voit-on le petit bout, et c'est ce qu'il faut retrancher en nous-même, ma très-chère fille, ce bout qui s'allonge furieusement, si l'on ne veille avec une grande

attention sur soi, comme ces figures de buis fa-
çonnées dans les jardins dont parle Rodriguez :
on les taille aujourd'hui avec beaucoup de soin
et une adresse merveilleuse, et après quelques
jours, la plante ayant poussé, ce ne sont plus les
mêmes figures, la forme en a changé, parce que
pour bien faire, il y fallait passer souvent le ciseau.

« Mon Dieu, que de bonnes et saintes pensées
dont on devrait bien se faire l'application à soi-
même ! Que ne puis-je aller cette année à Montmirail, ma chère fille ! Mais il faut se borner à
s'unir et à se voir en Dieu jusqu'à nouvel ordre. »

Les craintes du saint évêque n'étaient que trop
fondées, son coup d'œil avait été juste ; malheureusement les règles de clôture concernant l'aumônier n'étaient pas encore établies. On avait
bien décidé certains points, comme l'habitation
hors du couvent, les instructions faites à l'église,
la non-intervention dans le gouvernement de la
maison ; mais il restait des choses que l'excessive
réserve de M. Hilaire n'avait jamais fait mettre
en délibération. Son successeur, pieux, vif, très-
ardent, s'exprimait avec grâce et facilité ; mais
son style fleuri, recherché, rempli de mots nouveaux, de réflexions subtiles, n'avait au fond rien
de sérieux.

Cette manière de procéder, qui éblouit les jeunes imaginations, ne produit pas une solide vertu ; aussi, avec du zèle et d'excellentes intentions, le pauvre aumônier fut loin de faire le bien qu'il désirait, et peu à peu on remarqua dans le pensionnat un esprit de légèreté, de dissipation et de vanité inconnu jusque-là.

La Mère supérieure ne se douta pas d'abord du danger. Mme Mouroux la première le vit et le signala. Ce qui contribua à éveiller l'attention fut le léger dégoût que témoignèrent alors quelques personnes de la communauté pour la lecture d'ouvrages anciens, solides, bases fondamentales de la vraie spiritualité, mais dont les expressions vieillies choquaient maintenant des oreilles habituées au style nouveau et élégant. Ce fut un trait de lumière pour la pauvre supérieure, qui gémissait sur le changement opéré dans les élèves sans en deviner la cause. Sous le poids d'une douleur vive et profonde, bien vite elle s'accusa auprès du P. Roger, et elle le fit d'une manière si fortement accentuée, que le bon Père crut au renversement complet de l'esprit de Nazareth. C'était toucher la partie sensible de son cœur et de sa foi ; déjà entendant parler de certaines innovations, il avait écrit : « L'activité de votre aumônier me fait peine. Le démon veut nous perdre et nous forcer à sortir de notre petitesse et simplicité. » Il répondit donc par une douloureuse plainte à celle de la Mère Rollat et se hâta d'indiquer les remèdes : « Défiez-vous de tout ce qui sent le roman pour les lectures de vos enfants, et de tout exemple de vertu purement naturelle. Faites-leur aimer le beau qui est toujours simple et sans exagération, et le vrai qui seul plaît à l'âme et la captive. Ainsi elles aimeront la religion parce que seule elle est grande, simple et vraie, seule elle renferme la plénitude du bonheur. »

Dès qu'il le put, le révérend Père vint lui-même prêcher la retraite à Montléan. En résumé, le mal n'était pas aussi sérieux qu'on l'avait craint d'abord. Ce fut une leçon salutaire, et l'occasion d'insister plus encore que par le passé sur le caractère tout spécial sans lequel la société de Nazareth n'aurait point eu de raison d'être.

A dater de ce moment jusqu'à nos jours, le couvent de Montléan a toujours eu de très-bons aumôniers, prêtres du diocèse, parmi lesquels nous pouvons nommer M. Laurent d'Hennezel, dont il est permis de louer le zèle intelligent et dévoué, puisqu'il a couronné une vie admirablement remplie, par la mort d'un saint, nous dirions presque d'un martyr, tant sa patience a été héroïque dans ses longues souffrances. Il réunissait les rares et précieux avantages que Mgr de Prilly souhaitait pour un aumônier de Nazareth.

De retour à Lyon, le P. Roger y reçut de si bonnes nouvelles de la communauté et du pensionnat qu'il répondit à la révérende Mère :

« Votre lettre a été pour moi un jour de fête, parce que je vois qu'avec l'aide de Dieu vous travaillez de toutes vos forces à maintenir le véritable esprit de Nazareth, et que la communauté est revenue à cet esprit primitif dont elle s'était un peu écartée. Si Jésus-Christ est son fondement, si sa vie pauvre, humble et cachée, est toute son ambition ; si le silence, l'humilité, l'obéissance et l'abnégation sont sa règle ; si la simplicité, la candeur, la paix, la gaîté et la charité sont l'âme et le cœur des filles de Nazareth, en un mot, si elles sont vigilantes pour se tenir ensevelies dans leur solitude avec Jésus, Marie et Joseph, n'y laisser rien entrer des maximes du monde, et ne faire aucune concession à ses exigeances antichrétiennes, leur maison subsistera jusqu'à la fin des temps. »

Puis le bon Père ajoute :

« Je viens de faire faire pour nos sœurs converses une petite croix d'argent sur laquelle est gravé le nom de Jésus ; mais c'est dans le cœur que doit être plantée la croix et imprimé ce doux nom du Sauveur. Je félicite nos sœurs Caroline et Salaberge de leur admission à la profession ; qu'elles profitent bien du second noviciat, c'est une de ces époques importantes de la vie, qui, une fois passées, ne reviennent plus. L'Esprit-Saint leur inspirera l'amour du silence, du recueillement, d'une vie humble, cachée, toute consacrée à l'obéissance, semblable à celle de Jésus-Christ. La conversion du cœur doit devenir entière et parfaite, à l'approche de ce jour de fête qui représente l'entrée dans le Ciel. »

Ce fut, en effet, un vrai jour de fête que celui où le révérend Père reçut les vœux perpétuels de nos premières sœurs converses. Nazareth garde ses plus beaux chants d'allégresse pour une solennité où tout parle d'amour, de joie et d'espérance, car l'âme, qui a le bonheur de sceller à jamais son alliance divine, sait pratiquement à quoi elle s'engage : aux prises avec toutes les difficultés de sa vocation, sa constance a été mise à une épreuve de sept années, et les heureux témoins de sa promesse n'ont pas à redouter l'illusion présente et le désenchantement à venir.

Cependant la petite famille n'augmentait pas, elle semblait plutôt près de s'éteindre. Mᵐᵉ Camille de Vaux se traînait péniblement auprès des élèves. La Mère supérieure, constamment arrêtée par la maladie, acceptait bien sa propre impuissance;

mais l'avenir de la société la préoccuppait douloureusement. Le P. Roger, affaibli, épuisé par
l'âge et le travail, se trouvait lui-même en présence d'un problème difficile à résoudre. Il a au
fond de l'âme la conviction que l'œuvre de Nazareth est une œuvre durable, et dans le moment où
la situation est le plus critique, il répète à la première Mère : « Ne pensez jamais à vous réunir à
une autre communauté. »

Mais le bon Père reconnaît que la petite ville
de Montmirail ne peut donner d'espérances de vocations. La vie religieuse n'y est point comprise,
et les communications sont trop difficiles pour
qu'on y vienne d'autre pays. Nazareth d'ailleurs
n'est pas connu, et le fondateur a tout fait pour le
tenir dans l'obscurité. La pensée d'établir à Lyon
une seconde maison s'offre à son esprit, mais d'une
manière si confuse qu'il s'écrie : « Je ne sais rien !
je ne vois rien ! Je suis dans les ténèbres et je ne
puis comprendre ce que Dieu veut faire ou ce qu'il
demande de moi ! » Puis il réclame des prières.

On s'émeut à Montmirail ; serait-il question de
transporter le berceau ? Car comment songer à une
nouvelle maison quand on est loin d'avoir les ressources suffisantes pour faire marcher la première ?

Chacune des mères consultées est prête à faire
sans hésiter tous les sacrifices que Notre-Seigneur

exigera, même celui de sa vie, mais la vénérable fondatrice?...

Le révérend Père se hâte de rassurer sur une question que jamais sa délicate loyauté n'avait soulevée ; il bénit ses filles de leurs généreuses dispositions :

« Acceptez-moi comme quatrième, écrit-il aux trois conseillères, et tâchons de nous oublier entièrement pour ne plus penser qu'à former l'œuvre de Nazareth, et à mourir en y travaillant sans aucune considération de personne. »

Puis s'adressant en particulier à la supérieure :

« Vous et moi, ma bonne fille, nous serons tout à fait inutiles dans cette importante affaire à cause de notre santé et de nos misères, mais soyons contents d'être à la dernière place, et de voir les autres prendre les devants, même dans la pratique des vertus. »

Peu à peu, mais bien lentement, la lumière se fait dans l'esprit du saint fondateur ; sans entrevoir encore d'où viendra humainement le secours, il dit à ses filles :

« Ayez assez de foi pour ne pas douter, et le succès est assuré. »

CHAPITRE VIII

FONDATION DE LA MAISON DE LYON

L'abbé Hilaire, devenu religieux de la compagnie de Jésus, suit le P. Roger à la résidence de Lyon. En quittant Montléan, il avait emporté une estime sincère pour la petite communauté et un grand désir de lui venir en aide. Il cherche donc, ou plutôt il se tient prêt à saisir l'occasion de faire connaître Nazareth; mais, comme le dit le P. Roger, les vocations sont rares, les communautés nombreuses, Montléan est bien loin; et d'ailleurs les mystères d'une vie commune, humble et cachée, n'offrant rien à l'imagination, ne seront jamais compris que du petit nombre.

A Vienne, où il prêche l'avent en 1833, le P. Hilaire reconnaît un appel très-marqué à la vie religieuse dans une jeune personne de vingt-trois ans qui vient le consulter. Depuis longtemps elle a entendu la voix de Dieu ; mais son affection pour sa famille, et plus encore ses indécisions dans le choix de l'ordre, la retiennent dans le monde. Cependant les sollicitations de la grâce sont plus pressantes ; elle craint d'être infidèle et veut briser ses liens ; mais de quel côté se tourner ? Ursulines, Nativité, Sacré-Cœur ? Elle estime chacune de ces maisons et ne se sent nullement portée à y entrer.

Le Père, après l'avoir interrogée de nouveau, lui dit : « Je connais une communauté qui répondrait parfaitement à vos désirs, » et il explique le but proposé dans la nouvelle fondation, l'esprit qui l'anime, etc. ; mais, ajoute-t-il, « cette maison est dans le nord de la France, plus loin que Paris.

« — Au delà de Paris ? C'est bien loin, en effet.

« — Oui, mon enfant, et bien difficile pour y arriver.

« — Mais, mon Père, le nom de cette communauté ?

« — Nazareth.

« — Nazareth !

« — Oui, saint Joseph est le chef de la famille, Marie le modèle des religieuses, et l'enfant Jésus, le modèle des pensionnaires. »

« A ce nom de Nazareth, tout tressaillit en

moi, dit Mlle Brunet, il répondait aux aspirations de mon âme et fit s'évanouir toutes mes difficultés. Ce nom seul me révélait une vie d'union à Dieu, de simplicité, de cordialité, qui me ravissait. C'était bien aussi le mode d'éducation que je rêvais pour la jeunesse. Cette fois, plus de doute, je dis au Père : « Voilà bien ce que je désire, et « comment y arriver? » A cette époque, les distances ne se franchissaient pas comme aujourd'hui ; mais quand Dieu a des desseins particuliers sur une âme, il sait bien renverser les obstacles.

Le 22 janvier 1834, Mlle Brunet, présentée au P. Roger, reçut de nouveau, dans un entretien qui la charma, l'assurance de son admission à Nazareth. La grande difficulté était de faire accepter l'éloignement à sa famille, et elle semblait insurmontable ; aussi l'on convint de chercher simplement à préparer les voies, de prier beaucoup et d'attendre en paix l'heure de Dieu. Cette heure fut longue à venir, car il s'écoula près de trois ans avant que la postulante de Nazareth pût suivre l'attrait de la grâce. Mais, d'après le conseil du révérend Père, elle se mit immédiatement en rapport avec la supérieure, et voici la réponse qu'elle en reçut :

« Ma chère fille, je vous donne, avec plaisir, ce nom que mon cœur ne vous a jamais refusé, dès

que j'ai su vos pieux desseins et que j'ai pu croire
raisonnablement que Dieu vous destinait à le servir avec nous dans la petite et obscure maison de
Nazareth. Les obstacles, quelque invincibles qu'ils
paraissent, ne font que rendre plus ferme mon
espérance ; ils céderont dès que Dieu le voudra,
au moment peut-être où nous nous y attendrons
le moins. Faisons de notre côté tout ce que nous
pourrons, avec générosité et constance ; comme
les vierges sages qui attendaient l'Époux, ayons
de l'huile dans nos lampes, et ne nous ménageons
pas des regrets en laissant perdre le temps précieux de la préparation. Pratiquez donc de bon
cœur les vertus que de pénibles contrariétés vous
donnent l'occasion d'exercer : la patience, la résignation au bon plaisir divin ; cela n'ôte rien à
la suite et à la fermeté du courage avec lequel on
poursuit le projet qu'on a reconnu bon et selon
Dieu. Appliquez-vous surtout aux vertus propres
à l'esprit de Nazareth. Je pense que le P. Roger
et le P. Hilaire vous en ont dit quelque chose.
Par forme de récréation, et pour que vous en
nourrissiez votre âme, je veux vous copier ici
quatre vers qui sont en abrégé tout le fond de notre
règle et de notre esprit ; le P. Roger les a faits avant
la fondation et lorsque nous nous en occupions
ensemble : vous les trouverez partout ici sous les

tableaux de la sainte Famille, où l'enfant Jésus est représenté travaillant.

> Cieux, terre, admirez en silence !
> Jésus qui de rien a tout fait,
> Pauvre ouvrier dans son enfance,
> Travaille, obéit et se tait !!

« Vous comprenez facilement que le commencement du quatrain doit être l'occupation de notre cœur et de notre esprit, ou, en d'autres termes, l'objet le plus ordinaire de notre oraison ; et le dernier vers renferme en trois mots tous nos devoirs. C'est exactement vrai, ma chère fille, ainsi vous voilà au fait de tout ce que vous aurez à faire ici : travailler, obéir et se taire, c'est là toute la science d'une bonne fille de Nazareth. Interrogez quelquefois votre cœur sur ces points ; voyez si c'est bien ce qu'il désire ; se trouvera-t-il content dans ce petit cercle étroit, où il sera pourtant fort au large s'il se renferme bien seul avec Jésus, Marie, Joseph? Ajoutez encore que le travail est simple et commun. J'aime à vous dire tout cela pour que d'avance vous vous portiez à ce qui deviendra un devoir. Vous sentez que les petites gentillesses et inutilités ne vont pas à notre esprit : on n'en faisait point à Nazareth. Oh ! pensez, pensez beaucoup à la vie cachée de ces trois personnes ; elle était l'admiration du ciel : qu'elle soit l'objet de toute notre ambition sur la terre ! »

Le 2 janvier 1886, le P. Hilaire, demandé au parloir de la rue Sala, se trouva en présence d'une demoiselle de trente-cinq ans dont l'émotion était visible ; son expression trahissait à la fois l'embarras et l'anxiété. Après quelques paroles, le Père comprit qu'il s'agissait de trancher une question, insoluble en apparence : Mlle Prat était résolue à embrasser la vie religieuse par attrait, et aussi pour sauver l'âme de son père, objet de sa plus vive tendresse ; mais, directrice d'un pensionnat de jeunes filles dans les environs de Lyon, cette bonne demoiselle, décidée à tous les sacrifices, avait l'intime persuasion que Dieu lui demandait de conserver son établissement. Comment concilier ces deux choses? Le Père écoute, examine la position, sonde la générosité de celle qui lui parle, et fait passer sous ses yeux le plan de l'Institut de Nazareth, son but, son esprit, son genre de vie, son mode d'éducation. A mesure que le tableau se déroule, la physionomie de Mlle Prat s'épanouit.

« Voilà bien ce que je cherche, mon Père, mais Nazareth voudra-t-il de moi? »

Une parole d'encouragement et un rendez-vous pour voir le P. Roger remplissent de joie la bonne demoiselle, qui sentait l'action de la grâce dans tout ce qui venait de se passer. Depuis plusieurs jours, aux prises avec une lutte pénible, elle avait vainement interrogé de sages et saintes personnes, aucune n'avait pu la satisfaire ; et c'est lorsque, fatiguée d'inutiles recherches, elle s'était jetée aux pieds de Notre-Seigneur, demandant instamment à connaître sa volonté, que la pensée de consulter le P. Hilaire lui était venue comme une inspiration du ciel ; elle n'avait eu ni trêve ni repos jusqu'à cette entrevue, et maintenant la voilà calme, joyeuse, la voie est ouverte, elle ne sait pas encore comment y entrer, mais elle est assurée qu'elle y entrera.

Mise en présence du P. Roger, Mlle Prat n'eut pas de peine à lui ouvrir son âme ; cette physionomie vénérable, si bonne et si franche, inspirait la confiance autant que le respect. Le 2 février, Nazareth comptait une postulante de plus.

Mais il ne suffit pas de faire son acte d'offrande, pour se trouver transportée à la suite du Sauveur. L'heure de l'immolation venue, il faut s'exécuter et marcher courageusement, même sur son propre cœur, pour répondre à l'appel divin.

Mlle Prat dut obéir à des ordres en apparence bien rigoureux : se séparer des siens pour rendre sa maison indépendante, congédier sa sœur, et cela dans le plus bref délai, rapprocher son pensionnat de la ville, c'est-à-dire quitter un local commode, agréable, d'un prix très-modéré, parfaitement avoisiné, et qui joignait à tout cela un avantage bien précieux, celui d'une chapelle intérieure où se conservait le saint Sacrement. Les inconvénients, les risques à courir, les impossibilités matérielles, et par-dessus tout la peine à infliger à des parents vénérables et tendrement aimés, tout se montra sous les plus sombres couleurs à la nouvelle postulante. La tentation fut d'autant plus violente que des personnes très-estimables, fort attachées au P. Roger, et qui ignoraient ce qu'il demandait à Mlle Prat, lui dirent en confidence que ce bon Père, depuis quelque temps, perdait la mémoire, que son jugement n'était plus libre comme autrefois et qu'il fallait se tenir sur ses gardes.

Plus que jamais plongée dans les perplexités, la bonne demoiselle poussa un cri vers le ciel. Après une fervente prière, elle se releva calme et déterminée à obéir aveuglément, persuadée que Dieu ferait plutôt un miracle que d'abandonner l'âme qui se confie en lui.

Cette décision prise, cette victoire remportée, le Seigneur ne tarda pas à récompenser Mlle Prat. La Providence, on peut le dire, intervint d'une manière sensible dans toutes ses démarches : ses

parents, profondément émus, mais pleins de délicatesse, respectèrent son projet qu'ils pressen-
taient sans le connaître ; ils ne cherchèrent nullement à gêner sa liberté. Une de ses cousines,
Mme de Chavagneux, lui vint généreusement en
aide; enfin le personnel de la maison fut modifié
sans secousse, par le simple enchaînement des
circonstances. Les choses allaient donc au mieux,
il ne manquait plus qu'une compagne à la zélée
prétendante, lorsque Mlle Brunet, jusque-là retenue à Vienne par sa famille, finit par s'arracher
à ses parents et amis. Le 21 juin, sous la protection de saint Louis de Gonzague, elle arrive à
Lyon; après une visite à Notre-Dame de Fourvière, toute émue elle se présente à Mlle Prat qui
la reçoit avec effusion. On s'examine, on s'interroge, on se comprend, et l'union la plus étroite
se forme vite entre les deux postulantes qui se
donnent, tout bas d'abord, le doux nom de sœur.
Le lendemain, visite au P. Roger, joie et bénédiction dans l'entrevue, conseils, encouragements
tout paternels. Le noviciat commence pour l'une
et pour l'autre; mais « il faut s'occuper du pensionnat, vivre au présent, pas de projets, pas
d'autres désirs que celui de s'abandonner à Dieu
et d'attendre son bon plaisir. »

A la nouvelle de l'heureuse réunion des deux

novices, la supérieure leur adresse ses félicitations ; elle encourage et fortifie ainsi Mlle Brunet :

« Dieu soit béni, ma chère fille, il a donc enfin exaucé tous nos vœux ! il ne s'agit plus maintenant que de lui marquer notre reconnaissance en nous donnant de tout cœur à cette œuvre si peu avancée, et qui a besoin d'âmes bien *grandes* et bien *petites*. Le bon Père vous expliquera ceci mieux que moi, et dans le silence de l'oraison, saint Joseph vous fera goûter cette espèce de contre-sens qui est une vérité fondamentale de l'esprit de Nazareth. Quand nous verrons-nous ? Dieu seul le sait ! Il sait aussi combien je le désire ; mais il faut un entier abandon pour attendre le moment de la Providence. Je n'ose le calculer parce que je me perds dans un lointain qui n'est pas dans mes goûts naturels.

« Je sens vivement la peine que vous avez éprouvée lorsqu'il vous a fallu briser des liens chers et légitimes ; mais auriez-vous osé vous présenter pour être l'épouse d'un Dieu souffrant et abandonné de tous, sans avoir vos petites douleurs à unir à l'immense océan des siennes ? Courage, et surtout grande confiance ! la faiblesse est un titre à ses bontés.

« Nous avons beaucoup pleuré, tant mieux ! Nous serions trop fière si nous étions imperturbable au milieu des assauts qui en agiteraient d'autres ; mais maintenant nous ne pleurerons plus que de reconnaissance ou de regret de nos infidélités. Que votre cœur soit bien à Jésus, bien à Nazareth... Qu'il se forme à tous les bruits du monde pour répondre pleinement à celui qui l'a appelé avec tant d'amour et de bonté ! Voilà, ma fille, le vœu que je forme pour vous, avec une affection véritablement maternelle. »

Mlle Prat, qui a fait part à la révérende Mère de difficultés faciles à comprendre, après la grande liberté d'action dont elle a joui à la tête de son pensionnat, en reçoit cette réponse :

« Ma bien chère fille, puisque vous désirez m'appeler votre mère, vous ne sauriez trouver mauvais que je vous parle avec la confiante liberté que ce nom doit me donner : quoique je ne vous connaisse pas, et que je pense beaucoup de bien de vous, je vous dirai qu'il vous faudra du courage et de la patience pour défaire les choses qui ne seront plus de saison ; c'est une tout autre affaire d'user sagement de sa liberté, avec la grâce de Dieu, ou d'y renoncer pour son amour. Il est souvent plus facile de faire des actes très-pénibles qu'on veut et qu'on juge bons que d'en faire de très-simples qui nous sont imposés et nous paraissent inutiles. Avoir conduit et bien conduit les autres, et se laisser conduire ensuite est d'une pratique plus difficile qu'il ne semble au premier abord.

« Je vous parle tout franchement, ma fille, je ne sais trop si vous serez contente de moi : oui, parce que je vous traite déjà comme une religieuse. Votre âme m'est bien chère, je la veux toute simple, toute calme, tout abandonnée. Le temps presse ; il faut être à Dieu et toute à Dieu. »

Ces avis maternels arrivaient à propos et préparaient à supporter un genre d'épreuve bien méritoire : il en coûte tant à ceux qui, après avoir commencé une œuvre, la remettent organisée et prospère en d'autres mains, de voir modifier, transformer leur premier ouvrage ! Le cœur saigne à chaque changement, on s'est tellement identifié avec son travail qu'on y a, pour ainsi dire, fait passer une partie de soi-même. Or, s'il arrive, comme le bon Dieu le permet ordinairement dans ce qui est entrepris pour sa gloire, que la nouvelle direction semble menacer l'existence de l'œuvre, l'épreuve devient douloureuse, et il faut un effort généreux pour fermer les yeux et renouveler son acte d'entier abandon.

Les modifications apportées au règlement du pensionnat ne rencontrèrent aucune opposition de la part des enfants et de leurs familles ; mais le

P. Roger, craignant toujours qu'on ne laissât pas aux arts d'agrément leur secondaire et véritable place dans l'éducation, ne voulut point consentir à ce qu'on enseignât la musique. Cette décision amena le départ de plusieurs bonnes élèves.

Au sacrifice du cœur vint s'ajouter la crainte de ne pas les voir remplacées. Or, le loyer du nouvel établissement, rue de l'Enfance, à la Croix-Rousse, était quatre fois plus élevé que le précédent. On ne s'arrêta pas un instant à ces réflexions; mais lorsque, pendant un voyage du révérend Père à Montmirail, son retour à Lyon fut sérieusement mis en doute, le courage des deux novices faillit les abandonner. Que deviendraient-elles sans lui? Il n'y avait qu'à prier, renouveler son acte de foi et attendre le plus paisiblement possible. Elles le firent de tout leur cœur, aussi la bonne nouvelle leur arriva-t-elle bientôt de Montléan. Rendu à ses filles dans le courant d'octobre, le bon Père leur annonça que, ne pouvant les retirer du pensionnat sans en compromettre l'avenir, il allait lui-même diriger leurs premiers pas dans le noviciat. On se mit donc sérieusement à l'œuvre, avec une ardeur que la différence des caractères rendait encore plus sensible. Sans nul doute on visait au plus parfait, mais tout était si nouveau que l'interprétation du *Précis de l'Institut*, l'application pratique des vertus religieuses variaient selon la tournure des esprits. La moindre circonstance faisait naître des doutes, des opinions contraires, et parfois d'assez piquantes dissertations sur la manière d'entendre la pauvreté, l'obéissance, etc. Mais ces échanges de pensées se faisaient gaîment, agréablement, et sans jamais troubler la plus parfaite entente. Le Père maître, dans ses visites d'une ou deux fois la semaine, tranchait la difficulté, instruisait, réformait les jugements, et ne laissait passer aucune occasion d'initier pratiquement les deux novices aux exercices de la vie religieuse. Ainsi il décida qu'à Noël les rôles seraient intervertis; l'échange se fit après la messe de minuit. Mlle Prat, dans sa joie de n'avoir plus la première autorité, mit un tel empressement à obéir qu'elle accablait sa jeune supérieure de demandes incessantes pour les choses les plus simples, les détails les plus ordinaires de la vie. Chargée de l'économat et de la dépense, elle ne voulait pas donner un ordre à la cuisinière, ou faire faire une commission, sans un avis, une autorisation spéciale. Il en résultait nécessairement un surcroît d'occupations pour Mlle Brunet qui, n'osant prendre sur elle d'arrêter un tel élan, bien qu'il lui parût excessif, en référa au P. Roger. Il sourit et expliqua que l'obéissance ne change pas la religieuse en machine ou instrument passif, qu'en soumettant sa volonté elle ne lui ôte en rien une intelligence qui doit être employée à entrer le plus possible dans les intentions des supérieures. Chacune prend donc sa part d'initiative et de responsabilité, prête à sacrifier sa manière de voir, si l'autorité décide le contraire.

Le petit pensionnat était animé d'un excellent esprit ; les élèves, fort attachées à la maison, recevaient avec bonheur les fréquentes visites du révérend Père, qui parcourait les classes, les études, les récréations, s'intéressant à tout et principalement aux progrès dans la solide piété. Elles avaient pénétré le mystère qui enveloppait leurs maîtresses, et elles en étaient ravies.

Les lettres de Montléan apportaient aussi leur rayon de bonheur à la naissante famille, et les conseils de la mère supérieure, projetant un jour nouveau sur l'œuvre importante de l'éducation, transformaient le dévoûment naturel en y apposant le sceau divin :

« Ma chère fille, tout ce que vous me dites de votre petit pensionnat me fait grand plaisir ; tant mieux qu'il soit peu nombreux pour commencer : le bon esprit s'y établira plus facilement. Croyez bien que votre peine et vos soins du moment actuel sont de la plus grande importance, non-seulement parce qu'une seule âme est d'un prix infini, mais parce que réellement vous agissez sur beaucoup d'autres que vous ne connaissez pas. Je suis bien aise que vos enfants montrent de l'empressement au travail, rien n'est plus utile à leur bien essentiel, et jamais un pensionnat ne va mieux que lorsque les études sont serrées. Cependant, prenez garde de n'exiger que ce qui peut être obtenu, car lorsqu'une maîtresse est obligée de faiblir sur un point, les élèves se relâchent sur tous les autres. Tâchez de les tenir constamment en haleine, en excitant leur émulation.

« Vous aimez, je crois, beaucoup les enfants. Aimez-les pour Dieu et tout ira bien : le P. Roger vous apprendra le moyen d'aller à leur cœur, non pour vous les attacher, mais pour les porter à Dieu. Il n'est pas besoin pour cela d'employer les caresses, d'exciter une sensibilité toute naturelle, non : qu'elles soient convaincues qu'on les aime, que si on les contraint, si on les contrarie, c'est par devoir et pour leur bien, tandis qu'on leur fait plaisir par inclination ; qu'elles sentent, ce qui est vrai, que nous jouissons de leurs succès, de leur avancement, de leur bonheur, comme si tout cela nous était personnel. Avec de la gravité et de la tenue, on a rarement besoin de recourir à la sévérité. Au reste, ma chère fille, pour comprendre toutes ces choses, écoutez Dieu dans l'oraison. Que ne dit-il pas à l'âme qui le cherche avec humilité et simplicité ! »

Le jour de la Visitation, le P. Roger ayant réuni aux deux novices une prétendante, dont il avait examiné la vocation, présenta les prémices de la nouvelle fondation à Mgr de Pins. Sa Grandeur leur fit le plus bienveillant accueil, leur donna de bons encouragements et les bénit en disant : « Croissez et multipliez, petit troupeau. »

Le petit troupeau avait encore bien à souffrir avant de croître et de se multiplier ; les assises de la seconde maison de Nazareth devaient être posées au milieu des plus terribles orages. Afin de ne pas la laisser plus longtemps entre les mains de deux novices, le saint fondateur prit alors un grand parti. Il décida que, par une rare exception, Mme Hélot, qui avait à peine vingt-quatre ans, serait admise à la profession.

Le lendemain même de la cérémonie elle reçut l'ordre de partir pour Lyon, où elle arriva le 29 septembre avec une sœur converse de vingt-deux ans.

Son gracieux bonjour, l'air affable, ouvert et bienveillant avec lequel elle se présenta, fit oublier la grande jeunesse de la supérieure et l'étrangeté de son costume ; elle tendit les bras avec une si cordiale affection à ses nouvelles sœurs et aux enfants, qu'elle les gagna toutes et fit aussitôt aimer l'esprit de Nazareth.

Pendant le déjeuner, Mme Hélot dit à Mlle Prat qu'elle partirait pour Montléan le 2 octobre : qu'ainsi ce serait un échange *tout angélique*, et que Mlle Brunet devait continuer son noviciat à Lyon, en s'occupant du pensionnat.

Le bon Père accourut à la récréation prendre part à la fête de famille. Après avoir complimenté la supérieure sur sa croix de professe, il ajouta : « Elle est trop brillante, il faudra qu'elle se ternisse, ce sera l'affaire du bon Dieu. » Puis, ayant permis de faire un pèlerinage à Fourvière, où il devait offrir la sainte messe pour Nazareth, le révérend Père décida que les pensionnaires seraient de la fête. Après le saint sacrifice on se rendit chez la famille de Nolhac, qui eut la bonté de recevoir religieuses et enfants avec l'empressement le plus aimable. Pendant le déjeuner, le maître de la maison, grand ami du révérend Père, lui dit agréablement : « Savez-vous qu'il y a trente ans vous paraissiez plus âgé qu'aujourd'hui, lorsque vous sortiez de votre confessionnal, courbé par la fatigue, votre surplis tout remonté et couvert de tabac, il semblait que vous portiez sur votre dos tous les péchés qui avaient frappé vos oreilles ; et quand, après des journées entières et presque des nuits passées dans votre boîte, vous en sortiez chancelant, sachant à peine marcher, la foule vous entourait encore, et les plus pressés vous suivaient pour vous supplier de les entendre à la sacristie : c'était à faire compassion ! » Ce tableau, si frappant de vérité, fit sourire tout le monde ; mais le saint religieux, comme toujours, se hâta de détourner l'attention.

Rentrée à la Croix-Rousse, la petite communauté reprit avec une nouvelle ferveur sa laborieuse et simple vie de chaque jour.

Mlle Brunet, en voyant les religieuses dans l'action, sentit fort bien que la pratique de la vertu est toute différente de sa théorie ; elle allait d'étonnement en étonnement et faisait part au révérend Père de toutes ses remarques. Un jour, tout heureuse des explications qu'elle venait d'en recevoir, elle s'empressa de les rapporter à sa supérieure, et se disposait à lui répéter de même, aussi naïvement, quelques paroles à sa louange, quand elle fut subitement arrêtée par cette sage leçon. « Il faut savoir ménager la vertu de ses sœurs et ne pas les exposer à la tentation, je ne suis pas plus exempte qu'une autre d'un sentiment de vaine complaisance. »

Cependant le petit pensionnat ne comptait plus que quatorze élèves, et ne voyait aucune chance d'augmentation. Plusieurs dames voulurent bien essayer de le patronner, elles firent quelques démarches parmi les personnes de leur connaissance ; mais la prohibition de la musique annulait les meilleures recommandations. En conséquence, la pauvreté était si grande que la plus petite monnaie ne séjournait guère dans la maison. La supérieure ne s'étonnait ni ne s'inquiétait de cette conduite de la Providence, elle avait été initiée aux débuts de Montléan, et, à peine installée dans sa nouvelle charge, elle avait reçu de la révérende Mère ces fortifiantes paroles :

« Patience, ma fille, le bon Dieu est là et suit son plan de nous donner le nécessaire, mais bien juste, et en nous obligeant à prendre beaucoup de peine. Ainsi il est bien clair que les filles de Nazareth doivent être fort laborieuses, et savoir chercher et trouver Dieu autrement que les bras croisés. Mais n'oublions pas que la Providence s'est montrée admirable pour nous jusque dans les moindres choses. Comptez sur elle dans tous vos embarras, grands ou petits ; mais puisque vous avez le bonheur d'être fille de Nazareth, ne comptez que sur le pain quotidien, souvent bien sec et avec mesure, suffisant pourtant ; en devons-nous vouloir davantage, et n'est-ce pas ce que le tout aimable roi de Nazareth nous a lui-même appris à demander dans son admirable prière, ce qu'Il nous fait goûter et aimer par un exemple de trente-trois années ? Voilà la véritable pauvreté, plus pénible, plus humiliante que des habits usés ; embrassons-la donc de bon cœur ; nous sommes de si étranges gens que nous voudrions toujours la croix en peinture et à notre façon ; non, nous n'y entendons rien : cette multitude d'obstacles qui ne sont vus et sentis que par ceux qui en souffrent, et notre propre incapacité, voilà les vrais fondements de Nazareth. Attendons-nous la persécution du monde ? Nous n'en valons pas la peine ; son oubli entier, son mépris, à la bonne heure ! Qui donc s'occupait du Fils du charpentier ? Cachons-nous bien avec lui, souffrons en silence avec lui, comme il voudra, tout ce qu'il voudra, autant qu'il le voudra. »

Le nécessaire promis arriva en effet, les mémoires des fournisseurs furent très-exactement payés ; mais le loyer était lourd, impossible de le prélever sur les petites recettes de la maison ; or, le bon Père ne devait pas faire connaître à ses amis les besoins d'une œuvre qui lui était personnelle.

Un jour que la pauvre supérieure lui faisait

part de son embarras, à l'approche du trimestre, il répondit tristement : « La maison de Montmirail se trouve actuellement dans le même cas, une lettre de Mme Rollat vient de m'en informer ; » puis, comme se parlant à lui-même, il fit à demi-voix des réflexions sur cette double situation, se demandant s'il entrait dans les desseins de Dieu qu'on poursuivît une œuvre aussi difficile.

« Mais, mon Père, reprit vivement Mlle Brunet, ne nous avez-vous pas dit plusieurs fois que le bon Dieu voulait cette fondation, qu'il fallait croire à sa réussite, qu'alors même qu'un mur de six pieds s'élèverait devant notre marche pour l'arrêter, il ne faudrait pas reculer, mais le franchir avec confiance ! Pourquoi douterions-nous ?

« — Eh bien ! reprit le Père en souriant, puisque vous ne vous découragez pas, demain je dirai la messe pour que la volonté de Dieu se manifeste ; nous demanderons à saint Joseph d'être votre procureur, et je reviendrai vous voir dans la journée. »

Le lendemain, comme il rentrait dans sa chambre, après son action de grâces, le frère portier lui remit une lettre contenant cinq cents francs pour les œuvres dont il s'occupait. Le donateur voulait rester inconnu. Il vint donc tout joyeux raconter à ses filles le miracle de saint Joseph. Trois mois après, il reçut une somme égale, et à chaque trimestre le céleste pourvoyeur intervenait de la même manière. Une fois cependant, le don ne fut que de deux cent cinquante francs, et en le remettant à Mme Hélot, le révérend Père lui dit :

« Ma fille, saint Joseph n'a fait que la moitié du miracle, voyez si vous pouvez vous en contenter.

« — C'est très-facile, mon Père, puisqu'il m'a donné le reste. »

En effet, la tante d'une jeune pensionnaire, par un mouvement de pieuse charité, venait d'offrir deux cent cinquante francs à la supérieure, sans y être nullement invitée, si ce n'est sans doute par saint Joseph lui-même.

Ces traits et bien d'autres soutenaient un courage et une confiance que des difficultés de tout genre mettaient constamment à l'épreuve. En l'absence du P. Roger, les deux religieuses cloîtrées, n'ayant ni chapelle, ni aumônier, devaient chaque semaine livrer un véritable assaut à un bon ecclésiastique pour obtenir qu'il entendît leur confession. L'abbé Gervais, ancien professeur de rhétorique, retiré dans le voisinage, traversait régulièrement tous les jours la cour de la petite communauté pour se rendre à la chapelle des sœurs de Sainte-Élisabeth, où les religieuses de Nazareth arrivaient directement par une porte de communication. Chaque samedi, la pauvre supérieure renouvelait ses instances, et toujours les mêmes objections se présentaient :

« Mais, qui êtes-vous ? je ne vous connais point ! Que faites-vous ici ? c'est absurde ! Vos supérieurs sont fous ! Ma conscience ne me permet pas de vous absoudre... Envoyer comme supérieure une pauvre petite religieuse sortant du noviciat !... Écrivez vite qu'on vous rappelle... Dites que c'est de la démence ! »

On devine la réponse :

« Monsieur l'abbé, je suis prête à partir au premier signal ; mais si mes supérieurs se trompent, moi je ne me trompe pas en obéissant, donc vous pouvez sans crainte me donner l'absolution.

« — Allons ! pour cette fois ! mais retenez bien que je ne m'engage point pour l'avenir. »

La novice recevait d'aussi gracieux encouragement : « Que faites-vous là, ma pauvre enfant ? Quittez vite cette maison, vous voyez bien qu'elle ne peut réussir... Vous perdez votre temps et votre jeunesse. »

Le P. Roger souffrait, plus encore que ses filles, des contradictions dont elles étaient l'objet. Dans son désir de les tenir cachées, et aussi par la crainte qu'avec d'excellents motifs on ne s'écartât de la pensée première qui avait inspiré la fondation, jamais dans ses visites à la Croix-Rousse il ne se faisait accompagner, même par les autres Pères de la rue Sala. Ceux-ci l'en plaisantaient parfois à la récréation, lui demandant s'il ne leur permettrait pas enfin de voir *ses religieuses*, ce cher Nazareth, objet de tant de prédilection ! Le fondateur se contentait de sourire et laissait tomber la conversation sans donner aucun renseignement. On en restait là pour ne pas contrarier le bon vieillard. Un jour cependant, le P. Nivet, passant par la rue de l'Enfance, s'informe de l'adresse et frappe à la porte du couvent. Sans se faire connaître, il demande la supérieure. Lorsque celle-ci se présente, la toisant des pieds à la tête, il lui dit d'un ton légèrement ironique :

« C'est bien à madame la supérieure que j'ai l'honneur de parler ?

« — Oui, Monsieur l'abbé.

« — Alors, vous êtes la plus grande dame ?

« — Oui, puisqu'il n'y en a point au-dessus de moi.

« — Eh bien, je vous fais mon sincère compliment, vous avez l'air d'une petite servante bien humble, qui porte le deuil de ses maîtres. Mon compliment vous plaît-il ?

« — Beaucoup, Monsieur l'abbé, puisque nous devons ressembler à celle qui s'est dite la servante du Seigneur. »

La conversation ainsi engagée, la supérieure, respectant toujours l'incognito du visiteur, répond à ses questions, lui fait parcourir les classes des enfants. Il se montre satisfait de tout l'ensemble, et dit avant de se retirer :

« Je vous avoue que je suis content d'avoir vu l'échantillon des filles du P. Roger.

« — Vous le connaissez, Monsieur l'abbé?

« — Sûrement, c'est mon confesseur depuis longtemps. »

Peu de jours après, une nouvelle élève était présentée à Nazareth sur la recommandation du P. Nivet. Quant au P. Roger, loin de recevoir agréablement le bon témoignage du visiteur, il répondit avec inquiétude : « Vous allez gâter tout mon ouvrage par vos compliments. »

Ce fut fini, on laissa le bon vieillard s'occuper seul de la petite communauté. Lorsque, causant avec lui, les religieuses lui rapportaient quelques-unes des craintes qui sans cesse frappaient leurs oreilles : « Vaine tentative ! œuvre impossible ! » Il répondait simplement : « Que voulez-vous ? mes filles, j'ai toujours eu la pensée que Nazareth ne s'établirait solidement que sur ma tombe, c'est moi qui y mets obstacle. Ainsi demandez au bon Dieu qu'il m'appelle à lui ! » Ces paroles, qui étaient prophétiques, attristaient douloureusement les religieuses. Sous ces impressions, le saint fondateur consulta de nouveau son provincial pour savoir s'il ne devait pas laisser à un autre la rédaction des règles et la direction de la nouvelle société. Ses supérieurs le pressèrent au contraire fortement de mettre la dernière main à cette œuvre. C'est alors qu'il commença à rédiger les Constitutions, telles qu'il les avait conçues devant Dieu et fait pratiquer par ses premières filles, sa pensée ayant toujours été qu'il ne fallait formuler des règles qu'après en avoir fait l'expérience.

La révérende Mère suivait de loin, avec la plus tendre sollicitude, le travail du bon Père et la marche de la Providence dans la nouvelle fondation. Elle écrivait à Mme Hélot :

« Je vous remercie, ma fille, du zèle que vous avez mis à nous copier la seconde partie des Constitutions dont je suis enchantée. Pourtant, je vous l'avoue, j'ai le cœur bien gros, en les lisant et relisant à la communauté, de voir combien de temps nous serons encore sans pouvoir les suivre à la lettre. J'ai perdu tout espoir que ce soit de mon vivant ; que la volonté de Dieu soit faite ! Il ne me doit pas la consolation que je désire uniquement, et si, comme je l'espère, il me fait miséricorde, je le prierai bien pour vous toutes, et pour que vous puissiez suivre vos règles ponctuellement. »

Une autre fois, grondant doucement sa fille qui, au milieu de ses propres soucis, se préoccupe plus encore de ceux de Montléan :

« Prenez bien garde, lui écrit-elle, je crains qu'étant comme vous le dites, et comme je le crois, résignée pour vous à la gêne et à tous les inconvénients d'un commencement, vous ne le soyez pas autant pour nous. Ne sommes-nous donc pas aussi filles de Nazareth, et ne devons-nous pas en acquérir l'esprit de la même manière par l'humilité, et par conséquent l'humiliation? Vous ne pouvez pas nous envoyer de secours. Eh bien! Dieu y pourvoira. Il me semble qu'il nous donne tous les moyens possibles d'avancer dans l'abandon et la solide abnégation de notre jugement, car nous sommes comme les mains liées derrière le dos, ne pouvant rien faire absolument, de sorte que nous amuser à faire des plans et des calculs, ce serait rêver à la Suisse et bâtir des châteaux en Espagne. Allons donc au jour la journée, comme notre toute chère Sainte Famille en Égypte. Notre ange, celui que le Seigneur nous a donné, nous dira : « Allez, revenez ou restez. » Nous le ferons de bon cœur et sans raisonner. C'est la grâce de notre bon père saint Joseph, et il l'obtiendra à chacune de nous. »

Ce n'est pas seulement pour faire connaître la

foi courageuse de la révérende Mère que nous rappelons ses conseils. Quelle supérieure ou maîtresse
de maison, malgré le nombre des personnes char_
gées de la seconder, n'a passé par des moments
de gêne, d'embarras, de surcharge. La Providence
les fait naître au sein de l'abondance pour multiplier le dévouement, exercer à la patience, à la
résignation, à la confiance surnaturelle.

Voulant faire profiter sa fille de son expérience
personnelle, la révérende Mère lui écrit encore :

« Je sens bien que vous n'avez pas le personnel qu'il faudrait dans la position de votre
naissante communauté. J'en souffre beaucoup, je
vous assure, mais qu'y faire? Je n'ai absolument
ici que l'indispensable. Vous connaissez notre
première sœur, elle a ses défauts, mais elle les
voit, les combat, et gagne tous les jours ; son
cœur est tout entier à sa vocation et au désir de
former celles qu'on lui confie. Un vrai zèle de
charité lui fait trouver, avec la fermeté et une
régularité exacte, une grande patience pour sup -
porter les misères et les continuels manquements
des nouvelles. Je vous dis tout cela, ma chère
fille, pour vous faire réfléchir sérieusement, et
devant Dieu, aux sujets qui se présenteront. J'ai
eu de la peine à le saisir dans la pratique, quand
le bon Père me le disait : il faut juger le fond, et

ne pas s'effrayer des défauts, pourvu qu'ils soient reconnus franchement, non-seulement en général, ce qui est assez commun, et pour l'ordinaire ne mène pas à grand'chose; mais reconnus dans leurs effets et les fautes qu'ils ont fait commettre. Remarquez cela, et faites-y attention dans votre conduite avec les âmes dont vous avez la direction. N'arrêtez votre jugement que lorsque vous aurez vu, par bon nombre d'occasions, ce que vous pouvez craindre ou espérer sur ce point important. Cependant encore, méfiez-vous de votre zèle un peu vif, et de votre empressement à hâter le travail de la grâce. Dieu seul donne la lumière qui pénètre dans l'âme, nous pouvons seulement essayer de la faire apercevoir ; n'oublions pas d'ailleurs que c'est en étudiant bien les misères et les faiblesses de notre propre cœur que nous parvenons à connaître celles des autres et à n'être pas exigeantes. Je ne puis vous dire combien de fois je me suis apaisée lorsque, me sentant émue de ce qu'on ne comprenait par le bien que je voulais faire, je pensais que j'avais été dans une disposition semblable à l'égard du P. Roger. »

Toute la correspondance de la bonne Mère révèle ce caractère de vraie humilité : avant de reprendre ou d'instruire, elle s'interroge elle-même et cherche, dans le sentiment de sa propre faiblesse, indulgence, lumière et prudence pour diriger les autres.

Ce qui frappe encore dans sa vertu, c'est une parfaite soumission de jugement à tout ce que décide le saint fondateur. Si, comme elle le fait entendre ici, parfois tout bouillonnait en elle, jamais, au témoignage de ses filles, on ne l'entendit formuler une plainte, colorer une faute, protester de sa bonne intention, alléguer qu'elle n'a pas été comprise... Contredite, reprise, humiliée, elle n'exprimait et ne gardait dans l'âme que la plus filiale reconnaissance pour le P. Roger. De son côté, le directeur, tout en poursuivant le travail de la grâce, admirait cette candeur, cette simplicité d'enfant, unie à une si belle intelligence. Il en était parfois tout ému et disait aux autres mères : « Quelle âme!... Quelle vertu!... »

Cependant une date mémorable approchait, on avait bien calculé à Nazareth, et les pensionnaires attendaient avec autant d'ardeur que les religieuses le 8 mars 1838 : c'était le cinquantième anniversaire de l'ordination du P. Roger. La congrégation d'hommes qu'il avait établie à Lyon, et qu'il continuait à diriger, obtint des supérieurs qu'on célébrât les noces d'or dans la chapelle des Frères des écoles chrétiennes, sur la paroisse Saint-Georges.

Mme Rollat avait fait broder à Montléan une fort belle aube qu'elle offrit au P. Druilhet, en le priant de permettre que le P. Roger s'en revêtît pour la messe de sa cinquantaine. Le bon vieillard fut très-touché de cette attention, et à la récréation, il se prêta gaiement au désir des autres Pères qui voulurent admirer sur lui ce bel ouvrage. Avec son autorisation, Nazareth fut représenté aux noces d'or par les plus grandes élèves du pensionnat. Mme Brunet, qui avait gardé le costume séculier, n'étant point encore soumise à la clôture, eut la consolation de les accompagner. Le temps ne favorisa pas un jour si vivement désiré ; il fallut arriver à l'église à travers une pluie battante ; mais des mesures toutes paternelles étaient prises pour que les enfants ne fussent pas exposées à s'enrhumer. La cérémonie fut belle et touchante. Le P. Druilhet remplissait l'office de diacre, le P. Brumeau celui de sous-diacre. A la préface et au *Pater*, le saint vieillard chanta d'une voix si ferme et si forte que les assistants échangèrent un regard de surprise et de satisfaction. Au sortir de la messe, Mme de Nolhac, s'approchant de Mme Brunet, lui dit : « Comme vous devez être contente ! Vous pouvez espérer de le conserver longtemps. » Hélas !... l'heure du grand sacrifice approchait !

Au mois de juin suivant, le révérend Père partit pour Montmirail. En donnant des nouvelles de son arrivée à la supérieure de Lyon, la Mère générale ajoutait ces paroles, qui peignent bien la situation de la petite société.

« Tout a tourné autrement que nous ne le croyions, ma chère fille, disons-le même tout bonnement, autrement que nous ne le voulions. Pas une de nous ne pensait que cette année le révérend Père reviendrait seul, ne laissant à Lyon, et ne trouvant ici rien de plus que ce qui y était à son départ de chez nous il y a vingt mois. Nous avons *chassé* et *déchassé*, voilà tout ! Que le Seigneur soit béni ! Il y a seize ans que je suis à ce régime et j'en ai encore besoin. Le P. Roger vous aura dit que Mme L*** n'avait été qu'une apparition, dont nous n'avons tiré d'autre bien que d'exercer la charité en la soignant six semaines. Cette excellente personne ne sera jamais religieuse ; j'ai fait une école en la recevant, profitez-en. Voyez-vous, ma fille, les vraies vocations sont trop rares pour que les communautés, quelles qu'elles soient, se dessaisissent d'un sujet qui peut être de quelque utilité ; ainsi, pendant que vous allez être seule, ne donnez pas d'espérance provisoire à des personnes renvoyées ; vous en feriez ensuite retomber tout le désagrément sur le P. Roger. Quand au bout de peu de temps, j'ai vu la sottise que j'avais faite, j'ai mis tous mes soins à manœuvrer de manière à ce que ma bonne dame fût dehors, avant l'arrivée du Père. Pour rien au monde je ne voudrais lui donner dans le public le désagrément de renvoyer une personne que j'aurais reçue. »

Huit jours après, la révérende Mère écrit encore :

« Vous voilà dans l'embarras, ma bonne fille, par le départ d'Antoinette. Le bon Dieu viendra à votre secours et au nôtre quand il voudra ; vous savez par expérience que Nazareth doit aller petitement, et souffrir sa petitesse en esprit d'humilité. Vous voyez qu'il faut toujours y passer soi-même, car malgré ce que vous avez vu si longtemps ici, vous avez cru bonnement que vous alliez encombrer les diligences de vos postulantes se dirigeant sur la maison mère. C'est tout simple, et je suis loin de m'en étonner. Ainsi ce n'est pas un reproche, à Dieu ne plaise ! Je pense seulement qu'il faut que cette leçon de patience nous soit bien nécessaire, puisque Dieu, tout bon qu'il est, la prolonge tant. Ne serait-ce pas aussi que nous y entrons de mauvaise grâce ? Priez pour que nous profitions du bien que le Seigneur veut nous faire par l'entremise du bon Père, et que nous n'y mettions pas d'obstacle, ni par exagération, ni par lâcheté. »

Après avoir pris l'avis du saint fondateur, la supérieure de Montléan, quoique très-malade, se décida, pour le bien de la nouvelle maison, à se séparer de Mme Mouroux, son aide habituelle dans les affaires et l'administration de la petite communauté : c'était sa première compagne, et pour ainsi dire son unique conseillère, il y avait donc de part et d'autre un grand sacrifice ; la mère générale le fit généreusement et sans hésiter ; mais la pauvre mère Mouroux, en voyant le pitoyable état de santé dans lequel elle laissait sa supérieure, sans une infirmière habituée à la soigner, eut une grande peine à s'arracher de Montléan. La sensibilité qu'elle fit paraître en cette occasion affligea beaucoup celle qui en était l'objet, et qui se reprochait d'avoir involontairement nourri cette imperfection dans l'âme de sa première fille ; dès lors elle prit à cœur de la forcer à s'inspirer de vues plus surnaturelles.

Le P. Roger annonça lui-même à Mme Hélot que Mmes Mouroux, Cahier et la sœur Salaberge arriveraient prochainement à Lyon, et que Mme Brunet partirait pour Montléan, où elle devait trouver plus de vie religieuse. Cette nouvelle réjouit grandement la mère Hélot, qui fut surtout enchantée de voir une autre prendre la place de supérieure ; mais ayant cru remarquer qu'on avait usé de certains ménagements pour lui annoncer ce changement, elle en fut tout étonnée : « Hélas! dit-elle, ce doit être mon peu de vertu qui a donné l'idée de prendre ces précautions. »

Ayant présidé aux adieux et aux joies de l'arrivée, le bon Père se prépara à quitter Montléan; après un dernier entretien avec la révérende Mère, il dit à une religieuse : « Je vous laisse à une excellente supérieure, c'est une âme toute de Dieu, aussi je m'en vais le cœur consolé, heureux, bien content. » Il bénit ensuite la famille qu'il ne devait plus revoir. Plusieurs de ses filles en eurent le pressentiment, car il semblait se rapprocher du ciel d'une manière sensible. Il parlait de l'amour de Dieu comme l'eût fait un séraphin, et cet amour le pénétrait si fortement, qu'en faisant couler les larmes de son auditoire, lui-même, tout inondé de pleurs, était contraint de s'arrêter. Un jour que la Mère supérieure, retenue au lit par la fièvre, n'avait pu entendre le fervent religieux, une de ses filles, accourant à elle après l'instruction lui dit : « Ah! ma Mère, nous ne le garderons pas longtemps, c'est impossible! quand le pauvre cœur humain n'est plus qu'une flamme ardente, il se consume vite et disparaît de ce monde. »

Mais, jusqu'au dernier moment, cette âme d'apôtre devait communiquer à d'autres sa brûlante charité. Vers la fin de novembre, le révérend Père fut appelé à Marseille, pour y prêcher à une congrégation d'hommes la neuvaine préparatoire à la fête de l'Immaculée-Conception. Dans ce voyage, il composa deux cantiques où il célèbre le glorieux privilége de la Reine du ciel. En les envoyant à la supérieure de Montléan, il exprime la confiance que bientôt cette vérité deviendra un dogme de foi, et que la France sera sauvée par la dévotion à Marie immaculée et au Sacré-Cœur.

Cependant, plein d'espoir en la stabilité de la fondation de Lyon, il songeait à l'acquisition d'une maison dans les environs de la ville, lorsque la mort le frappa subitement le 15 janvier 1839. Le frère excitateur, en parcourant les chambres au moment du réveil, le trouva asphyxié dans son lit. Comme il respirait encore, on essaya de le rappeler à la vie : tout fut inutile. Lorsqu'il eut reçu l'extrême onction, il expira à huit heures du matin, pendant que son supérieur disait la messe pour lui. La mort le prit au milieu de sa retraite annuelle, qu'il devait terminer le dimanche suivant, fête du saint Nom de Jésus. La veille, un Père, qui l'avait vu au saint autel, dit à la récréation : « Je crois que le P. Roger est plus dans le ciel que sur la terre, et je crains qu'il ne nous quitte bientôt ; si les anges offraient le saint sacrifice, ils ne pourraient le faire plus pieusement ni avec plus de foi. » Lui-même avait dit à son confesseur : « Je suis très-content, mon âme goûte une paix délicieuse. Je n'ai rien qui m'embarrasse ; je vous reverrai peut-être encore avant la fin de ma retraite, mais seulement pour ma consolation. »

Cette mort si prompte accomplissait un de ses vœux, objet d'une demande réitérée, celle de pouvoir célébrer la sainte messe jusqu'à la fin de sa vie.

Peu de jours avant cet événement si douloureux pour Nazareth, quelques pensionnaires, rentrant au couvent après la sortie du mois, avaient rencontré leur bon Père seul, récitant son chapelet à demi-voix, en latin ; et bien vite, de tous côtés dans le petit groupe, on s'était dit : « C'est lui ! il va nous parler, approchons-nous. » Très-discrètement, on s'était avancé jusque sur son passage en murmurant : « Bonjour, mon Père. » Pas de réponse ! Le chapelet continuait à se dérouler ; on avait répété en accentuant davantage : « Bonjour, mon révérend Père. » Même silence, pas un regard ; le saint religieux était tout absorbé dans la contemplation des mystères du Rosaire qu'il égrenait toujours en redisant : *Ave, Maria.* N'osant pas interrompre un si profond recueillement, il avait fallu s'éloigner, non sans un léger serrement de cœur. C'était du haut du ciel que le bon Père devait répondre au salut de ses chères enfants.

Oserons-nous écrire ici le rêve charmant d'une élève de Nazareth, que le saint fondateur avait distinguée parmi ses compagnes? Elle le vit en songe dans son costume religieux, mais tout brillant de lumière, avec une physionomie resplendissante : ses pieds ne touchaient plus le sol, il étendit ses deux mains sur la tête de l'enfant, et après l'avoir bénie, il sembla se perdre dans une céleste clarté. L'émotion de la jeune privilégiée fut si forte qu'elle l'éveilla subitement, lui laissant une impression aussi durable que la vie. Trois ans après, elle entrait au noviciat de Nazareth.

Le P. Druilhet écrivit à la supérieure de Montléan pour lui annoncer la mort si prompte et si inattendue du bon Père. Il ajoutait que, pensant entrer dans ses vues, il venait de brûler toute sa correspondance, soigneusement conservée jusque-là.

La révérende Mère, fort souffrante, était alitée lorsqu'on lui apporta le courrier; elle se hâta d'ouvrir la lettre timbrée de Lyon, et d'une écriture inconnue. La nouvelle de cette mort fut un coup foudroyant pour elle ; son infirmière la vit rougir, lever les yeux au ciel, puis, joignant les mains, elle garda un profond silence, et, après quelques instants de recueillement, elle demanda qu'on réunît la communauté dans sa chambre. Que se passa-t-il dans cette âme généreuse? Tout semblait disparaître à la fois : le guide qui la dirigeait depuis trente-cinq ans, le Père, l'appui, l'unique soutien de cette petite famille de Nazareth sur laquelle se concentraient ses affections et ses espérances. Tout était si frêle encore, si incomplet... Quelques rares sujets, des constitutions inachevées... Quelle responsabilité pour la pauvre Mère! Elle envisagea d'un coup d'œil la situation, et son courage ne faillit point. Le cœur brisé, mais calme, résigné, elle annonça à ses filles le sacrifice que Dieu leur imposait ; les exhorta à adorer sa suprême volonté, à prier pour l'âme de leur père, et les engagea à méditer en toute confiance ces paroles du psaume CXXIII : « Celui qui garde Israël ne dormira pas. »

L'entrevue avec la vertueuse duchesse fut telle qu'on devait s'y attendre. Après les premiers épanchements d'une commune et juste douleur, auxquels se mêlèrent des actes de foi, de soumission, de confiance et d'abandon, on convint de recourir au général de la Compagnie de Jésus pour obtenir que le P. Hilaire achevât le travail des constitutions. Mme de Doudeauville écrivit elle-même, et la permission fut accordée.

Quelques lignes adressées à une ancienne élève peignent, mieux que nous ne saurions le faire, les sentiments de la révérende Mère dans cette épreuve, la plus grande de sa vie :

« Que la conviction intime du bonheur d'une personne qu'on regrette est précieuse ! Oh ! non, sans doute, elle ne console pas ; peut-être même rend-elle plus amers les regrets, en faisant mieux connaître l'étendue de la perte qu'on a faite ; mais quel fond de paix ne donne-t-elle pas à l'âme ! quel désir de mieux faire ! Vous savez si je respectais le bon Père. Eh bien, maintenant, chacune de ses paroles est pour moi un oracle ; ses moindres volontés, ses désirs même, des ordres sacrés : je le prie, je le consulte, et j'attends l'effet de sa promesse. Ma dévotion pour sainte Chantal s'est augmentée dans cette circonstance, il me semble que dans le ciel, c'est elle qui comprend et sent le mieux ma position : notre bon Père est mort comme le sien, dans la même ville, et à quelques pas de la maison où saint François de Sales a rendu le dernier soupir. Je suis loin de me croire une Chantal ; mais le bon Dieu ne manque à personne, les pauvres et les petits sont l'objet de sá tendresse, il aura pitié de nous, et il écoutera en notre faveur son fidèle serviteur.

« Demandez pour moi, ma chère amie, que je puisse dire bien réellement :

> Je ne vois rien, je ne sais qui me blesse
> Et je m'endors sur le cœur de Jésus.

« Hélas ! je sais et je sens beaucoup de choses qui me blessent et me déchirent le cœur. »

A la nouvelle du coup terrible qui vient de frapper Nazareth, le P. Hilaire s'empresse d'adresser à la supérieure la lettre suivante :

« Madame et révérende Mère,

« La perte que nous venons de faire du bon et respectable P. Roger m'est en quelque sorte trop commune avec la maison de Nazareth pour qu'il n'y ait pas aussi communauté de douleur et de consolations. Cette mort m'a porté un coup, d'autant plus sensible, que trois années passées avec ce vénérable Père dans notre maison de Lyon avaient resserré des liens déjà d'ancienne date. Et puis, à côté d'un mérite incontestable, on trouvait en lui tant de candeur et de cette ronde simplicité des vieux temps !... C'était aussi un véritable ami, qui ne vous manquait jamais au besoin, un conseiller selon l'esprit du Seigneur, en même temps prompt, ferme et consolant. Je l'ai vu à Paris, pour la dernière fois, au commencement de ce mois d'octobre. Je me souviens que j'insistai sur la nécessité de terminer les constitutions de Nazareth. J'étais cependant loin de prévoir que nous devions être sitôt privés de cette sagesse remarquable, dont Dieu l'avait doué pour tracer des règles. Je conçois votre affliction et celle de la maison de Lyon, affliction, trouble, d'autant plus grands que cette mort a été plus imprévue et plus précipitée. Mais vous devez vous rappeler, d'après de nombreux exemples répandus dans l'histoire de l'Église, que les fondateurs d'institutions religieuses ont eu fort souvent leur œuvre à achever du haut du ciel, et qu'ils ont presque tous beaucoup plus fait après leur mort que durant leur vie. Notre-Seigneur est, au reste, le premier qui ait tracé cette divine voie, n'ayant attiré le monde que lorsqu'il eut été élevé en Croix, et encore l'a-t-il fait, non par lui-même, mais par ses apôtres. Dieu a voulu qu'il en soit presque toujours ainsi dans les œuvres importantes de la grâce, pour montrer qu'il n'a aucun besoin de l'homme. »

Le P. Hilaire, ayant reçu des pouvoirs de Mgr de Châlons, annonça bientôt sa visite à Montléan, où il arriva le 17 mars, afin de célébrer la fête de saint Joseph. Cette première rencontre fut pénible pour la Mère supérieure : au lieu d'un vénérable Père, qui avait sa confiance depuis de longues années, elle se trouvait en présence d'un religieux beaucoup plus jeune, et qui, comme aumônier de Montléan, avait eu souvent recours aux conseils de son expérience ; mais, dominant par la foi ses impressions naturelles, elle ne voulut voir dans le P. Hilaire que l'envoyé de Dieu pour continuer son œuvre. Si parfois la sensibilité semblait se réveiller pour lui faire établir une comparaison, elle étouffait bien vite ce premier mouvement, et s'en humiliait devant Dieu.

Une des premières questions traitées fut celle de la musique. Déjà le P. Roger avait paru disposé à tolérer cette étude dans nos pensionnats ; une de ses dernières lettres à la révérende Mère se terminait ainsi : « Soyez tranquille, ma fille, tout s'éclaircira sur ce point. Priez toujours, et la volonté de Dieu finira par se manifester. »

Le P. Hilaire jugea impossible de poursuivre plus longtemps un essai tenté généreusement, mais en vain, pendant dix-sept années. Homme de l'ancien régime, le saint fondateur avait voulu protester énergiquement contre la frivolité de notre siècle. Ce n'est pas que la musique en elle-même l'effrayât, puisque, d'un caractère gai, d'une humeur enjouée, il aimait le chant sacré, et traduisait volontiers ses propres sentiments en pieux cantiques ; mais il cherchait une barrière positive à opposer au besoin de paraître, à la futilité du jour. S'il a été excessif dans l'application du principe, nous croyons que Dieu l'a permis pour asseoir dans une plus longue épreuve la congrégation de Nazareth, et lui rappeler à jamais le cachet de solidité et de simplicité qu'elle doit imprimer à son éducation.

Cependant la petite famille de Lyon, atterrée d'abord par la perte qu'elle avait faite, reprenait confiance sous la bienveillante protection du R. P. Druilhet. Il faisait de fréquentes visites aux religieuses et aux enfants ; ses manières douces, affables, lui donnaient beaucoup d'ascendant sur tous les cœurs qu'il trouvait disposés à une tendre piété.

Au mois de mars 1839, il excita la dévotion à saint Joseph, en citant l'exemple si connu du P. Nouet, et celui de jeunes enfants de Marie qui venaient d'obtenir, par l'intercession de ce grand saint, la conversion d'un oncle chéri, mais philosophe athée. Il conclut son exhortation par ces paroles : « Demandez donc tout ce que vous voudrez pendant votre neuvaine, vous serez exaucées ; car jamais l'enfant Jésus n'a rien refusé à son père nourricier le jour de sa fête. » En même temps, il donna une petite gravure où saint Joseph était représenté tenant la main du divin Enfant, et lui faisant écrire *Fiat*, au bas des placets apportés par les anges. Ces paroles produisirent une telle impression sur les élèves qu'elles étaient toutes résolues d'obtenir un miracle de saint Joseph ; mais ce miracle quel serait-il ?

Parmi les nombreuses privations imposées aux religieuses dans cette fondation, sans nul doute la plus sensible était de n'avoir pas de chapelle. Il fallait traverser un clos assez vaste et une petite rue, pour assister à la messe, avec des séculiers, dans l'église de Sainte-Élisabeth. La première pensée fut donc de demander à saint Joseph le Dieu de l'eucharistie. Depuis longtemps, on soupirait après la plus insigne des faveurs, celle qui devait adoucir toutes les peines et apporter tous les biens ; seulement, on n'avait pas osé manifester un désir qui paraissait impossible à réaliser. Mais, au moment où l'enthousiasme s'est emparé de tous les cœurs, on ne songe pas même aux impossibilités. Une parole est prononcée : « Si nous demandions une chapelle. — Oui, une chapelle ! une chapelle ! nous l'aurons de saint Joseph ! » Et d'un commun accord, sans s'inquiéter de milliers d'obstacles, on ose même fixer pour la première messe l'époque du 3 mai, anniversaire de la fondation de la société. Bien vite une veilleuse est allumée devant une très-modeste statue de saint Joseph, et la ferveur est si grande qu'au premier moment de liberté, chacune, courant au petit oratoire, se précipite à genoux devant l'image du saint protecteur. Que de prières... quelle ardeur à lui demander!... Une fois entre autres, deux des plus grandes, que la neuvaine venait de ranger parmi les plus sages, se rencontrent suppliantes auprès de l'humble autel. Après quelques instants de pressantes sollicitations, les chères enfants contemplaient saint Joseph dans un muet silence, comme si elles en attendaient une réponse. Soudain, par un mouvement rapide, sans avoir rien vu, ni entendu extérieurement, elles se retournèrent l'une vers l'autre avec une expression de joie céleste, en murmurant tout bas : « Il a dit oui! Il a dit oui! » Et rayonnantes, elles reviennent prendre place parmi leurs compagnes qui les interrogent du regard :

« Nous l'aurons! glissent-elles à l'oreille de leurs voisines, nous l'aurons! Oui, c'est certain! »

Cette bonne parole traverse comme un éclair le cercle des jeunes filles, en illuminant leurs visages.

Le 19, après la sainte communion, les chères enfants étaient triomphantes ; et, au sortir de la messe, chacune répétait : « Nous aurons notre chapelle le 3 mai. »

Avec cette assurance, on ne songea plus qu'à solliciter du ciel les secours temporels absolument nécessaires. Le respectable M. de Savaron, beau-frère de Mme de Chavagneux, se nommait Gabriel, il affectionnait particulièrement une des pensionnaires ; elle en profita pour lui adresser quelques couplets parmi lesquels était celui-ci :

> Votre patron, vous léguant tout son zèle,
> Vers Nazareth voudrait vous députer,
> Pour y porter une heureuse nouvelle,
> Pour annoncer que Dieu va l'habiter.

Le bon monsieur y répondit par l'envoi d'un calice qui fut reçu avec des transports de joie.

Cependant, le P. Druilhet, instruit de ce qui se passe à Nazareth, juge impossible la faveur demandée. Vivement alarmé du résultat de ses paroles, il accourt et déploie toute son éloquence pour faire comprendre que les prières adressées à saint Joseph ne sont pas toujours exaucées à la lettre ; que la privation de la présence réelle de Notre-Seigneur peut être un vrai bien, puisque saint Jean-Baptiste, le plus grand des enfants des hommes, l'a vu pour la première fois à l'âge de trente ans ; qu'il faut être plus humble, et ne pas tenter le ciel par des demandes indiscrètes. A ces paroles, une profonde tristesse se peint sur tous les visages ; mais bientôt la confiance reparaît, et les physionomies du jeune auditoire semblent jeter un défi au révérend Père, qui se retire déconcerté en disant aux maîtresses : « Quelle imprudence ! qu'avons-nous fait ? c'est un vœu téméraire ! Comment prévenir les funestes effets que produira une telle déception dans l'âme de ces enfants ? »

Le 25 mars, un peu après la réception du petit calice dont nous avons parlé, M. Cholleton, vicaire général, vint pour la première fois visiter l'établissement ; il fut étonné et satisfait de la tenue simple et modeste des élèves, alors occupées à broder l'aube destinée à la première messe. Ce travail servit naturellement de texte à la supérieure ; elle parla de la demande faite à saint Joseph, mais d'une manière très-vague, car son premier mouvement de confiance avait été fort affaibli par les prudentes observations du R. P. Druilhet. Il n'était pas croyable d'ailleurs que l'archevêché consentît à l'érection d'une chapelle, dans une maison aussi peu nombreuse et dépourvue de tout ce qui est nécessaire au culte divin. Cette faveur venait d'être refusée à un grand établissement ; ce ne fut donc pas sans une vive émotion que l'on entendit M. le vicaire général répondre en souriant : « Eh bien !

faites tous vos préparatifs, formez votre demande,
je l'appuierai : Nazareth ne mériterait pas ce nom,
si le principal habitant y manquait ! » A peine ces
paroles étaient-elles prononcées que Mme Hélot,
qui avait le plus contribué à exciter le désir des
enfants, dut quitter M. Cholleton pour aller recevoir le R. P. Druilhet, ainsi que le comte et la
comtesse d'Herculais. Ce qu'elle venait d'entendre
l'avait tellement émue qu'elle salua les honorables
visiteurs par ces mots : « C'est un vrai jour d'An-
nonciation. »

M. le vicaire général vint bientôt les rejoindre,
et la supérieure, sans perdre un instant, proposa
de choisir parmi toutes les pièces de la maison, la
plus convenable pour y placer le saint Sacrement.
Elle s'informa ensuite de la manière dont il faudrait rédiger la demande à présenter à Monseigneur, ne supposant même pas qu'on pût solliciter
moins que les priviléges ordinaires d'une communauté cloîtrée. Le P. Druilhet, qui sentait tout le
provisoire de la position, et les difficultés qui devaient naturellement surgir au conseil archiépis-
copal, gardait un morne silence. Il souffrait de
ce qu'il taxait intérieurement d'indiscrétion.

M. Cholleton ne fit aucune objection, et re-
commanda seulement que la supplique fût présentée par M. Gervais. Le R. P. Druilhet, com-

mençant alors à voir en tout ceci une conduite particulière de la Providence, ne songea plus qu'à faire abandonner l'espérance d'avoir Notre-Seigneur dans la maison pour le 3 mai, ce qui lui semblait un véritable enfantillage. Après son départ, il fut arrêté qu'on passerait toute la semaine sainte dans un grand recueillement, sans s'occuper des préparatifs extérieurs.

Le mardi de Pâques, on manda les divers ouvriers, les pressant de se mettre à l'œuvre. Le bruit de cette entreprise s'étant répandu, chaque jour un nouveau présent vint enrichir la sacristie ; tout fut donné, et, ce qui est bien digne de remarque, le plus souvent par des personnes inconnues, et sans qu'on eût fait aucune demande.

Mais il fallait bien que quelques nuages vinssent précéder l'aurore du beau jour, qui devait apporter le plus précieux des trésors. Le bon M. Gervais, piqué de ce que M. le curé de la Croix-Rousse visitait plus fréquemment Nazareth, ne voulait plus s'en occuper ; il était nécessaire de le regagner, chose difficile, puisqu'il se rendait inabordable. La mère Hélot le poursuivit jusque dans la sacristie de Sainte-Élisabeth, où elle fut accablée d'amers reproches. Le profond silence qu'elle garda, les larmes qui inondèrent son visage, parlèrent plus éloquemment que de grandes justifications. Pour réparer sa brusquerie, M. Gervais se montra plus traitable et pardonna l'injure qu'il croyait avoir reçue. Ce nuage dissipé, on pria M. Cholleton de bénir lui-même le nouveau sanctuaire, le jour de l'Invention de la Sainte Croix. Plusieurs affaires devaient l'arrêter à l'archevêché ; mais il leva tous les obstacles, et promit plus qu'on n'aurait osé demander.

On continuait donc les préparatifs avec une joyeuse ardeur, lorsque tout sembla conspirer pour différer la fête.

Malgré la diligence des ouvriers, ils se trouvaient en retard, et le 2 mai au matin, le directeur du travail, qui seul pouvait le terminer, venait d'être forcé de partir pour deux jours. On se désolait déjà, quand tout à coup on le voit reparaître : un accident de voiture l'obligeait à revenir sur ses pas.

Tranquilles de ce côté, les religieuses éprouvaient encore une autre grave inquiétude : saint Joseph, comme nous l'avons dit, s'était chargé de procurer tout ce qui devait servir au saint sacrifice ; il semblait qu'il voulût entrer lui-même dans les plus petits détails, car on avait apporté jusqu'à la clochette du servant et l'éteignoir.

Cependant on attendait une caisse contenant des vases sacrés et des ornements, envoyés de Montmirail par les fondateurs de Nazareth et par les mères de Montléan. La caisse avait été annoncée à la supérieure depuis plusieurs jours ; chaque matin elle envoyait faire les plus minutieuses recherches dans toutes les messageries pour réclamer ce précieux trésor, et tous les soirs elle avait une nouvelle déception. On était arrivé ainsi au 2 mai. Pour ne point troubler la joie des élèves, la bonne supérieure leur avait caché ses craintes ; mais, à la veille du grand jour, elle ne peut dissimuler plus longtemps. Elle se rend donc au réfectoire, après le déjeûner, son expression est triste, des larmes roulent dans ses yeux : « Mes pauvres enfants, dit-elle, il faut nous résigner, nous n'aurons pas la messe demain, c'est impossible, puisqu'il n'y a ni ciboire, ni chasuble. Trois commissionnaires reviennent de Lyon, rien n'est arrivé ! » Ces paroles produisent une consternation générale ! la bonne mère se retire, les enfants se regardent sans pouvoir même se communiquer leurs pensées ; tout à coup l'une d'elles, Marie N., plus triste encore que toutes ses compagnes, se glisse doucement jusqu'à la chambre de la supérieure :

« Madame, dit-elle, Madame, je vous en supplie, faites-moi accompagner à Lyon, je vous assure que je trouverai cette caisse.

« — Ma pauvre enfant, c'est inutile, puisque Benoîte a visité tous les bureaux.

« — Mais, Madame, saint Joseph a promis, il ne peut pas nous tromper. Oh! je vous en conjure, ne me refusez pas ! »

Il y avait tant de conviction et d'ardeur dans l'accent de Marie que la bonne mère vaincue ne put que répondre :

« Eh bien, allez, mon enfant, et que saint Joseph vous accompagne. »

Quelques minutes après, Marie, suivie de Benoîte, était sur la route de Lyon. « Je ne voyais rien, je n'entendais rien, racontait-elle plus tard, il me semblait que mes pieds ne touchaient pas la terre, et que je volais, portée par le désir et l'espérance.»

Enfin on arrive au premier bureau :

« Avez-vous reçu une caisse à l'adresse de Mme Mouroux? demande l'enfant haletante.

« — Il n'est question que de cet envoi depuis huit jours ; mais nous n'avons rien, Mademoiselle, rien du tout.

« — Oh ! Monsieur, je vous en prie, regardez encore. »

Comment résister à une telle supplication ? On prend des informations. On examine : rien.

Dans tous les bureaux, même réponse, mêmes instances, mais toujours, hélas ! même résultat.

« Allons, Mademoiselle, dit la bonne Benoîte, essoufflée de ses courses à travers la ville, vous voyez bien à présent que c'est inutile. Il faut rentrer. »

Mais un recours restait à l'enfant : « Allons chez ma mère ! » s'écrie-t-elle. Puis, se parlant à elle-même : « On l'écoutera mieux que moi ! Je suis sûre que cette caisse est arrivée ; quelque chose me le dit au cœur... » Et les prières à saint Joseph redoublent plus pressantes encore.

Mme N., est bien vite décidée à accompagner sa chère Marie. Après deux ou trois autres tentatives aussi inutiles que les précédentes, il faut retourner aux messageries centrales. Les employés étonnés reconnaissent leur visiteuse de tout à l'heure, et maintiennent leur première réponse avec beaucoup de politesse et d'assurance. Mme N. essaie de persuader à sa fille qu'on ne peut pas insister davantage, lorsque, passant devant un entrepôt où les caisses sont entassées à une hauteur prodigieuse, Marie se tourne rapidement vers un employé, et avec des larmes dans la voix :

« Monsieur, dit elle, Monsieur, je vous en conjure, laissez-moi regarder toutes ces adresses.

« — Bien volontiers, Mademoiselle.

« — Marie, calme toi, » répète la pauvre mère, inquiète de la surexcitation où elle voit sa fille. Mais celle-ci est déjà bien haut perchée au sommet de l'échafaudage branlant, regardant toutes ces caisses les unes après les autres, avec un empressement qui n'est égalé que par sa confiance. Bientôt l'enfant disparaît. Elle continue ses recherches sur le versant opposé ; tout à coup un cri de triomphe sort des profondeurs du sous-sol : « J'ai trouvé !... J'ai trouvé ! La voilà !... »

On descend, on vérifie, c'est bien vrai ; une erreur de bureau avait causé tout cet émoi. On essaie des excuses ; mais Marie ne pense même pas à les écouter. Dans les élans de sa joie, elle se jette au cou de sa mère, de Benoîte, et les embrasse avec effusion en remerciant saint Joseph. Elle ne s'aperçoit pas que tous les employés ont fait cercle, et sourient à sa joie si expansive et si vraie ; l'un deux, trompé par la grande taille de l'enfant, explique l'affaire à sa façon. « Comme cette demoiselle est contente ! » dit-il, puis d'un ton mystérieux : « C'est au moins sa corbeille de noces qui vient d'arriver. »

Cependant Marie ne perd pas son temps ; elle demande bien vite :

« Monsieur, veuillez me faire donner cette caisse.

« — Je vous l'enverrai, Mademoiselle.

« — Non, non, je l'emporterai!... »

On sourit.

« Mais, Mademoiselle, il nous faut la signature de Mme Mouroux.

« — Je signerai, je suis de la maison, c'est la même chose.

« — Pas tout à fait!... et puis, Mademoiselle, cette caisse est immense, je vous l'enverrai. »

A cet argument péremptoire, l'enfant se décide.

« A quelle heure, l'enverrez-vous, Monsieur?

« — A trois heures elle sera à la Croix-Rousse.

« — Vous le promettez?

« — Je le promets. »

Sur cette assurance positive, Marie reprend le chemin de Nazareth, d'un pas encore plus léger et rapide qu'au départ; son cœur déborde de reconnaissance; elle songe au bonheur de ses mères et de ses sœurs; puis, le caractère enjoué reprenant peu à peu ses droits, elle médite une petite malice à l'adresse de ses compagnes. Toutes l'attendaient dans la cour; dès qu'elle paraît, on se précipite à sa rencontre, on l'accable de questions. Marie, sans répondre un seul mot, lève les yeux au ciel, et laisse tomber ses bras d'un air découragé. Tandis que sur son passage se répand la consternation, elle s'élance, toujours silencieuse, vers la chambre de la supérieure ; arrivée à la porte, elle s'écrie : « Madame, j'ai trouvé ! » L'émotion de la bonne Mère est aussi grande que celle de l'enfant ; elle écoute, les yeux pleins de larmes, le récit de sa merveilleuse aventure, et l'embrassant avec effusion, laisse tomber sur elle une parole qui résume toute sa pensée : « Ah ! chère petite, vous êtes bien une vraie enfant de Nazareth ! » Puis on court donner la bonne nouvelle au pensionnat, qui tressaille de bonheur et de reconnaissance. Inutile de dire avec quelles acclamations on accueillit la fameuse caisse, on l'aurait embrassée ! On se hâta d'en faire l'inspection.

Le lendemain matin, à six heures et demie, M. Cholleton bénissait le petit sanctuaire, et pendant la messe tant désirée, tous les cœurs s'unirent dans un hymne d'actions de grâce.

Montléan, fidèle écho de la petite colonie lointaine, après avoir pris part à ses douleurs, s'associait à son allégresse ; les encouragements et félicitations de la première Mère augmentaient le bonheur de ses filles lyonnaises ; elles étaient si heureuses de lui envoyer quelques sujets de consolation, d'apporter un peu de joie à celle qui avait fait les plus grands sacrifices pour la nouvelle fondation.

Cependant tout n'était pas terminé de ce côté, on avait encore bien des sujets d'inquiétude ; mais comment croire que saint Joseph, qui venait d'opérer tant de merveilles, abandonnerait l'œuvre si bien commencée. La position financière de la maison était toujours aussi mauvaise. Comme le public ne connaissait pas encore les modifications apportées au règlement du pensionnat pour l'étude de la musique, au mois d'août 1839, il n'y avait que dix élèves d'assurées pour la prochaine rentrée, et, tout bien calculé, il fallait absolument arriver au nombre de vingt-cinq pour ne pas être réduites à demander l'aumône. On recourut donc au céleste pourvoyeur. Il répondit avec la même générosité.

La petite communauté devint presque subitement l'objet du plus bienveillant intérêt ; pendant la durée des vacances, les visites se succédèrent, et tout faisait présager que le chiffre de trente élèves serait dépassé. Cette rentrée, belle pour la circonstance, se fit très-joyeusement, car tous les parents donnaient aux religieuses les témoignages de la plus entière confiance. Jamais l'année scolaire ne s'était ouverte sous d'aussi agréables auspices, on se mettait avec ardeur au travail, lorsque tout à coup une lettre de Montmirail jette la désolation dans le cœur des religieuses : huit jours après la rentrée, elles reçoivent l'ordre de congédier leurs pensionnaires et de repartir pour la maison mère le plus vite possible. L'épreuve était terrible ; mais il n'y avait point à délibérer, le commandement positif ne souffrait pas de retard ; on se mit immédiatement en mesure de l'exécuter, malgré le mécontentement des familles, qui se plaignaient avec raison qu'on leur eût fait faire inutilement la dépense d'un trousseau et d'un uniforme. On refusa les élèves qui n'étaient pas encore entrées ; puis, discrètement, on engagea les parents de celles qui étaient déjà dans la maison à chercher pour elles un autre établissement. Quoique très-affligés, ils semblaient disposés à se rendre, et les religieuses, le cœur déchiré, continuaient à exécuter les ordres donnés, lorsque subitement tout change de face : la nouvelle du départ étant ébruitée, chacun se ravise, crie à l'injustice, à l'indélicatesse. Rompre ainsi un engagement qu'on vient de contracter !... Un tel procédé ne peut être accepté. Bref, les parents se montent les uns les autres, protestent qu'ils useront de leurs droits, et si l'on n'accède pas gracieusement à leurs désirs, ils forceront les religieuses à rester au moins l'année scolaire ; de plus, personne ne veut s'occuper de sous-louer la maison et de faire vendre le mobilier. Enfin, pour

16.

ajouter à leur situation, M. Mulsant, qui venait de laisser partir sa fille pour le noviciat de Montléan, irrité de ce qu'il appelle une trahison, déclare qu'il se vengera, en forçant la supérieure générale à révoquer l'ordre donné. En vain essaie-t-on de l'apaiser, il jure de ne point lâcher prise, ne veut pas qu'on lui rende sa fille, puisqu'elle est *engouée* de son couvent, et renonce encore moins à l'espoir de la voir revenir à Lyon.

Tandis qu'il va à l'archevêché supplier Mgr de Pins d'interposer son autorité, sa sœur fait tapage auprès du R. P. Maillard, remplaçant du P. Druilhet, et l'accuse fort injustement d'être de connivence avec les ennemis de Nazareth. Cette réunion de cinq religieuses et d'une vingtaine d'enfants provoquait ainsi, bien contre leur gré, une véritable rumeur. Mais que se passait-il à Montléan et quelle était la cause réelle de tout cet ébranlement?

La Mère générale y souffrait de mortelles inquiétudes, car elle venait de découvrir que l'existence de Nazareth se trouvait gravement compromise. Quelques Pères de la compagnie de Jésus, qui connaissaient un peu la nouvelle fondation et avaient eu des rapports plus intimes avec le P. Roger, loin de voir comme lui une preuve de solidité dans la lenteur avec laquelle cette œuvre se développait, et de reconnaître, dans l'obscurité où Dieu la maintenait, son cachet propre, son caractère distinctif, s'en effrayaient, au contraire. Persuadés même que cette famille devrait se dissoudre à la mort prochaine de celle qui en était l'âme, ils avaient résolu de prévenir ce malheur. L'œuvre extérieure étant la même, ils jugeaient facile l'union des religieuses de Nazareth avec celles du Sacré-Cœur, et travaillaient à la préparer.

Certainement, si la congrégation nouvelle n'eût pas eu sa raison d'être et n'eût poursuivi un but spécial ; si dans les desseins de Dieu elle n'avait pas dû s'établir et se consolider, c'eût été pour les membres qui la composent un honneur d'être admis dans la société du Sacré-Cœur. Le nom qu'elle porte, l'esprit qui l'anime, le bien immense qu'elle fait, tout aurait justifié le choix de ceux qui avaient eu l'idée de cette union ; mais Dieu, croyons-nous, était le véritable auteur de la toute petite congrégation de Nazareth, et malgré les apparences contraires, elle sentait en elle un principe de vitalité.

Afin de bien comprendre ce qu'éprouva la bonne supérieure lorsque les projets de fusion arrivèrent jusqu'à elle, il faudrait connaître tout ce que son cœur renfermait de dévouement et d'affection pour son humble famille. Elle l'aimait comme une mère aime l'enfant de ses douleurs, que sa faiblesse, son infirmité même rend encore plus cher. A cet amour se joignait le plus filial respect pour l'œuvre de la sainte duchesse, et une sorte de culte pour la mémoire du P. Roger. Comment conjurer le péril ? Pendant quelque temps, la Mère supérieure avait enseveli ses justes alarmes dans le plus profond secret, elle se contentait de prier et d'appeler Dieu à son secours ; mais ayant eu de nouvelles preuves qu'on voulait hâter la solution de l'affaire, d'après l'avis du P. Hilaire, elle n'hésita pas à anéantir la maison de Lyon, principale espérance de la société, plutôt que de voir détruire cette même société. Par délicatesse, elle garda le silence sur le vrai motif de cet ordre rigoureux : il eût été trop pénible d'éveiller des méfiances dans l'esprit et le cœur de celles qui se louaient hautement de l'intérêt qu'on leur témoignait. La supérieure générale préféra se laisser accuser, condamner, traiter d'inconséquente. Elle accepta en toute humilité, et pour le bien de Nazareth, une réputation d'entêtement et d'imprévoyance. « Je sais, écrivait-elle à sa sœur, que ma conduite ne peut être comprise et doit être blâmée, et je n'ai pas la possibilité ni l'intention de me justifier. J'espère qu'un jour je pourrai donner à l'excellente ville de Lyon la preuve que la reconnaissance n'est pas pour moi un mot vide de sens, que c'est un sentiment profond et inaltérable. »

Ce qui coûtait à la bonne Mère bien autrement que sa réputation, c'était le sacrifice imposé à ses filles de Lyon. Mais, hâtons-nous de le dire, s'il y eut grande souffrance de part et d'autre, il y eut également courage, générosité et parfait esprit religieux. La Mère a commandé en s'élevant au-dessus de toute vue humaine; ses filles, sans rien savoir des motifs d'un ordre qui les brise, ne cherchent qu'à obéir, elles le veulent sincèrement. Mais voilà que de tous côtés surgissent mille oppositions; par obéissance elles se disposent à quitter une maison bien chère, et saint Joseph, qui en est devenu le gardien, semble leur fermer le passage.

La révérende Mère se rendit aux désirs des familles et promit qu'on passerait l'année scolaire à Lyon; c'était, humainement parlant, commencer une véritable agonie. Les bienfaiteurs, profondément froissés, se retirèrent; il ne pouvait plus être question de réceptions de postulantes, pas même de pensionnaires; tous les efforts de la petite communauté ne tendaient qu'à la faire oublier; elle se préparait au départ dans le plus profond silence; déjà la maison était sous-louée, le moment

des adieux approchait, quand une lettre de Montléan annonce que la Mère générale se dispose à
faire le voyage de Lyon pour consolider la fondation. D'où provenait ce nouveau changement?

Il plaît souvent à la Providence de balancer,
comme suspendues entre la vie et la mort, les
œuvres sur lesquelles elle veut apposer le sceau
de la durée. Tout devait être contradiction
dans la fondation du Nazareth de Lyon. Lorsqu'il
avait des amis, des protecteurs, on s'est justement
alarmé pour son avenir. Aujourd'hui que le silence s'est fait autour de lui, les supérieures n'ont
plus à craindre un service trop officieux; rassu-
rés sur le point essentiel, le P. Hilaire et Mme Rollat peuvent céder à leur vif désir de conserver cette
seconde maison, objet de tant de sollicitudes.

CHAPITRE IX

DERNIÈRES ANNÉES DE LA RÉVÉRENDE MÈRE

Mme Rollat arriva donc un peu avant les grandes
vacances. Elle venait le cœur tout joyeux et
plein de confiance ; mais que d'amères déceptions
l'attendaient ! Elle se promettait le concours d'amis
dévoués et ne rencontra qu'une froide indifférence,
un silence glacial. On ne lui pardonnait pas les
ordres donnés précédemment : « C'est, disait-on
d'avance, une parisienne qui vient chercher à
Lyon des duchesses comme elle en a trouvé à Montmirail. » Si ces paroles n'étaient point exprimées
en sa présence, l'abord des personnes avec qui elle
avait à traiter révélait de la prévention et une
sorte d'hostilité. Elle comprit vite et accepta le
mécompte. C'était à ses yeux une conduite admirable de la grâce : n'avait-elle pas trop joui de

l'estime et de l'affection ? Autrefois on se pressait sur son passage, et maintenant chacun semble se retirer. A l'approche du terme, Dieu exauce les prières de sa servante, il la purifie et la détruit peu à peu pour fonder son œuvre.

Au milieu de ce délaissement général, elle se trouve en proie à une grande perplexité : pour s'établir à Lyon, il faut acheter une maison, et l'idée de contracter des dettes est pour elle un supplice ; d'ailleurs, à qui emprunter ? Elle ne rencontre pas un ami, pas un conseiller. Le bon M. Cholleton seul paraît la comprendre, aussi, plus tard, elle écrivait à la supérieure de Lyon à propos d'une difficulté :

« M. Cholleton doit faire pour nous autorité. Dans les bonnes conversations que j'ai eues avec lui, j'ai pu, à cœur ouvert, causer des constitutions, de notre manière de vivre dans l'intérieur de la communauté, de cette occupation exclusive de nos élèves pour lesquelles nous devons être comme de vraies mères de famille, concentrées dans les soins moraux et physiques qu'elles exigent de nous. Je lui ai expliqué que nos classes gratuites, dans les villes où nous pouvons en avoir, sont le délassement, le bonheur, la récompense de nous toutes. Le bon monsieur a saisi tout cela à merveille, et je n'oublierai jamais la consolation avec laquelle je l'ai trouvé pénétré de notre esprit, et tellement disposé à le cultiver, à le développer, que je croyais encore causer avec le P. Roger. J'avais besoin de cette assurance pour vous laisser en toute sécurité si loin de nous. »

Ce respectable et sage ami, voyant les perplexités de la pauvre Mère, lui dit enfin : « Tout ce qui se fait à Lyon commence petitement, humblement ; personne ne vous donnera de l'argent, personne ne vous en promettra, mais si vous avez le courage de commencer, appuyée sur Dieu seul, vous ne manquerez point du nécessaire, et vous finirez par prospérer. »

Forte de cet encouragement, Mme Rollat se décide à acheter la *maison de l'Enfance*, à la Croix-Rousse ; mais il fallait trouver au moins de quoi subvenir aux frais de premières réparations, de déménagement et autres semblables, pour lesquels on ne pouvait attendre. Or, si grâces aux vingt-cinq élèves demandées à Saint-Joseph, on avait pu payer les dépenses courantes, il ne se trouvait pas la plus petite avance dans la pauvre maison. A qui recourir ? Une faillite récente excitait dans Lyon des soulèvements contre le parti religieux, on ne devait pas y être disposé à accueillir la demande d'étrangères délaissées de leurs premiers amis. La révérende Mère, malgré

17

sa résignation, était littéralement aux abois ; elle gardait le lit presque constamment, et ne pouvant se présenter elle-même, elle envoya Mme Hélot chercher à tout hasard dans Lyon un emprunt de six mille francs. La première démarche ne fut pas encourageante : celui dont on espérait le plus, et auquel on demandait simplement quelques adresses avec un mot de recommandation, regardant les pauvres quêteuses, leur dit d'un air ironique : « Une recommandation ! je m'en garderais bien ! Il suffira de vous montrer pour vous faire ouvrir toutes les bourses... » Il n'y avait pas à insister, on le quitta le cœur gros, les yeux pleins de larmes.

Lorsque, le soir, la révérende Mère vit revenir ses filles sans une obole, elle s'écria avec un accent déchirant :

« Eh ! qu'allons-nous faire, mes pauvres enfants ?

« — Recommencer demain, dit la mère Hélot, et encore après, s'il le faut ; mais pas avec la même compagne, si vous le voulez bien ; son air piteux me déconcerte. »

En effet, dès le lendemain matin, suivie cette fois d'une sœur converse, la persévérante quêteuse recommença ses courses, et rapporta le soir tout l'argent nécessaire. Après les jours d'an-

goisses, ce secours avait la valeur d'un don considérable.

Au commencement d'octobre, Mme Rollat, toujours souffrante, reprit le chemin de Montmirail,
elle sentait ses forces diminuer et n'avait plus
qu'une pensée : hâter le travail des Constitutions,
affermir l'œuvre du P. Roger et de la sainte duchesse ; aussi la voit-on toujours occupée à presser le P. Hilaire pour la rédaction des règles ;
elle-même se met à l'œuvre et cherche, par tous
les moyens possibles, à placer sous les yeux de
ses filles, et surtout à graver dans leur cœur
l'idée première qui a inspiré le fondateur ; elle
tremble qu'on ne s'écarte de la ligne tracée : ses
conférences, ses lettres et entretiens y rappellent
sans cesse.

La maison de Lyon la préoccupe au double point
de vue de l'esprit religieux et de l'état temporel.
Elle soutient le courage de la supérieure qui a rem-
placé Mme Mouroux et lui écrit :

« Dilatez votre cœur, ma chère fille, et jetez vos
inquiétudes dans le sein de Dieu ; il vous aidera,
ne songez qu'à lui plaire dans le moment présent,
et comptez sur sa bonté toute paternelle pour
pardonner, et réparer même, ce qui, sans mauvaise
volonté, mais par faiblesse ou ignorance, serait
défectueux. Il sait bien, ma fille, à qui il a confié

son œuvre. Que deviendraient les pauvres supérieures, si elles ne pouvaient avoir de tranquillité et de confiance que sur l'assurance qu'elles ont fait tout ce qu'il y avait de mieux à faire ? Amour, paix et abandon. Regardez Dieu et non vous-même ; ne vous fatiguez pas trop et reposez-vous par obéissance. Considérez votre santé comme un bien qui ne vous appartient pas, vous devez en prendre soin avec un véritable esprit de simplicité. »

Ces recommandations sont bientôt suivies d'excellents conseils qui révèlent une vraie connaissance du cœur humain.

« Je ne puis, ma chère fille, vous donner pour la conduite de cette personne des règles fixes et carrées, comme les voudrait votre esprit positif. Ne qualifiez pas ce qu'elle éprouve de peines intérieures, d'épreuve ; il arrive quelquefois qu'un cheveu paraît à une pauvre âme fatiguée une pesante masse qu'elle ne peut soulever. Je sais tout comme vous qu'elle doit faire d s efforts, et qu'avec la grâce elle peut triompher. Mais serait-il aussi bon pour elle qu'agréable pour vous qu'elle en triomphât en effet, et que le combat pénible n'occasionnât aucune faute ? Je ne le pense pas, ni pour le présent, ni surtout pour l'avenir. Il faut que l'orgueil, qui est profondément au fond de toutes nos âmes, soit usé par de grandes révoltes qui nous font souffrir, et par des fautes, des extravagances même, qui nous laissent des souvenirs pénibles et humiliants. Pour moi, ma fille, je vous l'avoue tout simplement, et pour votre instruction : je bénis le Seigneur d'avoir permis que je fusse, et plus d'une fois pendant des temps notables, dans de pareilles dispositions. Que conclure de ceci : que nous devons tout passer? ne rien reprendre? Non, mais il faut beaucoup consulter Dieu, se méfier d'un zèle trop ardent pour la perfection du prochain, compatir aux souffrances intimes, et croire qu'il y en a de bien des sortes que nous ne connaissons pas, parce qu'il a plu à Dieu d'épargner notre faiblesse. On doit encore dissimuler les misères qui ne sont pas de grande conséquence, et surtout savoir d'une manière pratique qu'il faut souffrir beaucoup des âmes que l'on conduit; que le moindre défaut est long et difficile à corriger, que chacune n'a pas sur elle-même la lumière que les autres ont trop vive quelquefois.

« Soyez compatissante aux misères, vous ne les guérirez pas de haute lutte. Lorsqu'on tient une âme, c'est différent ; alors, si elle souffre des secousses de caractère dont le démon se sert pour la retarder, comme le fond de son cœur est de moitié avec nous, on peut, on doit même agir, sous peine de trahir ses vrais intérêts ; mais vous n'en êtes pas encore là. Ne vous découragez absolument de rien, ma fille, c'est dans la souffrance et l'infirmité que l'œuvre de Dieu se fait. »

Si la prudente charité de la Mère recommande la patience avec les âmes droites que la grâce n'a pas encore poussées dans les voies de la perfection, elle ne juge pas de même celles qui veulent se laisser dominer par l'orgueil :

« Je ne conçois guère que vous ayez du doute sur cette prétendante, écrit-elle, voilà un caractère qui se contraindra peut-être momentanément, mais je crains qu'il ne se réforme jamais par vertu. Je me rappelle toujours qu'un saint homme a écrit que ces filles, si utiles par leur travail et leur habileté, sont la peste des communautés qui ne les gardent que par intérêt. »

Consultée par une de ses filles, la révérende Mère lui trace cette ligne de conduite où se montre une grande justesse d'appréciation :

« Vous voulez que je vous dise si vous avez failli d'une manière positive, je ne le sais pas, je ne le puis savoir ; je crois que non, d'après ce que vous m'écrivez ; et le plus habile théologien n'en connaîtra que ce que vous en lui direz. Voilà de ces choses où ce n'est pas la matière positive qui fait le péché, mais seulement l'attache du cœur, la disposition intime. Or, de cela, Dieu seul et vous pouvez en avoir connaissance, ainsi il est clair qu'on ne peut s'accuser positivement que de ce que l'on reconnaît être défectueux. Toute consultation de détail en pareil cas, est une approbation qu'on cherche et qu'on trouvera à coup sûr, puisqu'on dicte le jugement, en énumérant la droiture de ses intentions. Avec cette droiture, vous le savez comme moi, on peut faire une sottise, mal saisir, et par suite mal conduire une affaire, mais non offenser Dieu. »

Un peu plus tard elle écrit à la même :

« Bon courage et confiance, ma bien chère fille, Dieu nous fait une grâce très-grande en nous montrant l'illusion et l'échaufaudage de nos pauvres vertus. « Oh ! qu'il y en a peu en nous !... Dans l'occasion, la divine lumière nous le découvre, mais à une seule condition, c'est que, sans découragement, ni *humilité dépiteuse* et exagérée, nous bénissions le Seigneur des leçons qu'il nous donne ; doucement, sans phrase, nous taisant à ses pieds pour l'écouter. Il n'est pas besoin de trop lui raconter nos misères, il les connaît de reste ; la grande affaire est de nous en convaincre nous-même : cela ne demande que l'aveu simple et général de ce que nous voyons, et surtout la reconnaissance pour cette grâce qui est immense.

« Je désirais tant vous voir dépouillée de vos sublimes vertus d'imagination, et sortir de cet état tout factice qui vous arrête et vous retarde ! Voilà le fruit de la croix, ma fille ; la lumière d'abord, puis, si nous nous humilions franchement, la paix et l'amour vrai. Que faut-il faire dans l'état où vous êtes et que je comprends parfaitement ? *peu* et *beaucoup*. Avec Dieu : humiliation continuelle, mais simple et filiale, confiante par conséquent ; avec les supérieures : obéissance aveugle et d'enfant, ouverture et abandon ; avec tous : douceur, cordialité, condescendance, estime intérieure ; peu de paroles pour tout ce qui vous regarde, surtout pas d'humilité dans le discours, mais acceptation de ce qui nous abaisse. Cachons-nous soigneusement dans le cœur de Jésus, sans nous troubler de la répugnance. L'oraison vous développera, pendant ce saint temps et au pied de la croix, tout ce que ce petit mot contient. Paix et confiance : le bon Dieu vous aime, ma fille. »

Dans le même temps, la révérende Mère écrivait à une autre :

« Que tardez-vous donc à sortir enfin de vous-même, où vous êtes si mal et si péniblement logée, pour vous jeter dans le cœur de Jésus qui vous appelle depuis si longtemps ? C'est là, ma chère fille, que vous trouveriez le large, même au milieu des peines, des embarras, des contradictions, et jusque dans les fautes et misères, qui vous humilieraient alors, sans vous troubler ni abattre comme il arrive si souvent. Oh! si vous connaissiez le cœur de Jésus, combien il aime, combien il pardonne! le vôtre se dilaterait et commencerait à agir. Jusqu'ici son action est presque nulle, elle est tuée par celle de l'imagination et de l'amour-propre. C'est le cœur seul qui trouve Dieu. Remarquez bien que quand je parle de l'action du cœur, je n'entends pas la sensibilité, souvent toute naturelle, et qui ne dépend point de nous; mais ce mouvement vrai d'une volonté ferme et droite, qui s'élève vers Dieu, le cherche et le trouve par la foi, en passant à travers les impressions de la nature.

« Mettez toute votre âme à l'emploi dont vous êtes chargée et donnez bien votre cœur à ce cher petit troupeau, mais votre cœur de religieuse, d'épouse de Jésus, et non celui de Mlle X... Oh! alors quel vrai dévouement! quelle tendresse spirituelle, sans faiblesse, sans vues humaines ni retours de préférence! quel désir du bien, de quelque manière et par qui que ce soit qu'il se fasse, pourvu qu'il soit fait dans l'ordre et selon la règle. Peu à peu ce *moi*, cet amour-propre intime qui est si délicat, si ingénieux, s'affaiblira parce qu'il sera re-

connu et condamné, partout où il tâchera de se
cacher. Pour en arriver là, ma chère fille, il faut
demander à saint Joseph l'intelligence de ce mystère de trente années que nous ne méditerons jamais assez. »

Les personnes qui ont connu la révérende Mère
Rollat trouveront un charme de plus en lisant ces
conseils, qu'elle a si bien pratiqués avant de les
donner à ses filles ; elle respectait l'enfance et ne
touchait aux jeunes âmes qu'avec une exquise délicatesse, pour les élever et les porter tout à Dieu.
Dans les circonstances difficiles, sa foi devenait
ingénieuse et lui inspirait un nouveau secret pour
guérir et consoler : c'est ainsi qu'ayant un jour à
apprendre à une enfant la triste nouvelle que sa
mère, malade depuis quelques jours, vient de lui
être enlevée, elle la fait appeler et lui dit en l'attirant doucement à elle : « Venez avec moi, chère
petite, nous irons ensemble prier la sainte Vierge. »
La conduisant alors devant cette douce image, elle
joint les deux mains de l'enfant dans les siennes,
l'encourage à prier avec elle et dit à demi-voix : « O
ma mère, ne m'abandonnez pas, veillez sur votre
enfant ; plus que jamais, j'ai besoin de votre maternelle protection ; vous me soutiendrez, vous
me défendrez, vous me consolerez. » Le visage de
la pauvre orpheline se couvre de larmes, elle a tout

compris ; mais, aux pieds de sa Mère du ciel, et dans les bras d'une seconde mère sur la terre, la douleur a perdu son amertume.

Cependant l'intérêt de la Société demandait que Mme Rollat fît une nouvelle visite à ses filles de Lyon ; dissimulant ses souffrances, elle se mit donc en route, au mois de juin 1841. La fatigue du voyage acheva d'épuiser ses forces ; et, arrivée à la Croix-Rousse, elle ne quitta presque plus sa chambre, si ce n'est pour se rendre à l'archevêché, où S. Ém. le cardinal de Bonald l'assura de ses bienveillantes dispositions pour les communautés en général et pour la sienne en particulier.

Pendant ce séjour à Lyon, la bonne Mère eut la consolation de recevoir la visite de sa sœur, Mme Cahier, qui se rendait à Marseille. Ces âmes, si intimement unies dès l'enfance, rappelèrent avec bonheur la conduite de la Providence sur chacune d'elles ; leur reconnaissance envers Dieu s'exhalait simplement, naïvement de tous leurs entretiens. Au moment de se séparer pour ne plus se revoir en ce monde, les adieux furent calmes, graves et doux. Sans l'exprimer, pour ne point s'affaiblir, elles se donnaient de cœur rendez-vous dans le ciel, et aucune émotion ne trahit leurs sentiments. Lorsque la religieuse qui avait accompagné Mme Cahier à sa voiture revint près de la révérende Mère et la trouva tranquille, sereine, presque joyeuse, elle ne put s'empêcher de lui en témoigner sa surprise : « Vous ne seriez pas étonnée, lui dit la malade, si vous saviez quels efforts j'ai faits depuis trente ans pour vaincre ma sensibilité naturelle. »

Cependant la phthisie dont elle était atteinte ne laissait aucun espoir de guérison. Elle avait dissimulé autant que possible son épuisement à sa sœur ; mais elle se sentait finir et désirait retourner mourir à Montmirail, où elle devait retrouver la sainte duchesse et la bonne mère Mouroux. Avant d'annoncer son départ à la communauté de Lyon, elle appela la mère Hélot près de son lit qu'elle ne quittait presque plus. « Asseyez-vous là, dit-elle, et parlons sérieusement. Je ne relèverai point de cette maladie ; elle se prolongera probablement encore quelques mois, quelques années peut-être, mais mon action en cette vie est finie. J'ai besoin de savoir votre intime pensée au sujet de la Société : je ne vous laisserai que quelques religieuses (et elle les compta). Les dots reçues jusqu'ici, placées sur la compagnie des Landes, sont perdues ; nous devons encore le prix d'achat de la maison de l'Enfance. Je n'aperçois aucune espérance fondée d'accroisse ment. Le Seigneur m'est témoin que je n'ai jamais eu, en commençant Nazareth et en y persévérant, d'autre désir que de faire ce que nous avons cru être sa sainte volonté. L'état où nous sommes après vingt ans d'essai est-il une marque que, si Dieu a permis ou voulu cette entreprise, il ne la veut plus aujourd'hui? Si cela était, je devrais m'occuper de vous réunir à une autre communauté, car il serait injuste de vous laisser cet embarras après ma mort. Dites-moi nettement votre pensée à ce sujet. »

L'émotion de Mme Hélot fut d'autant plus profonde qu'elle connaissait l'avis des docteurs ; ils avaient déclaré que la malade ne passerait point l'hiver. S'efforçant de cacher son trouble, elle se contenta de dire :

« Ma Mère, vous nous êtes trop nécessaire, le bon Dieu aura pitié de nous.

« — Nécessaire ! pas même utile. Je vous le dis : point d'illusion, je ne me relèverai pas. Répondez-moi franchement.

« — Demain, s'il vous plaît, ma Mère, » et Mme Hélot se hâta de sortir, les sanglots l'étouffaient. Elle pria toute la nuit.

Le lendemain, après la communion et une fervente action de grâces, elle aborda la malade et lui dit avec assurance :

« Il me paraît que si Dieu n'eût pas voulu la stabilité de Nazareth, il n'aurait point permis que le P. Roger, Mme la duchesse et vous, ma Mère, eussiez consumé inutilement plus de vingt années à préparer cette œuvre. La fortune de Mme de Doudeauville et ses vertus, le zèle apostolique du P. Roger, l'éducation que vous avez reçue et l'usage que vous auriez pu faire de votre liberté, tout cela réuni aurait produit des fruits pour la gloire de Dieu et le salut des âmes, tandis que tous les trois vous n'avez fait autre chose que jeter la semence et disposer l'avenir. Puisque la sainte Écriture dit : « L'un sème et l'autre mois« sonne, » je regarderais comme un crime d'abandonner l'entreprise avant d'avoir la preuve évidente que Dieu ne la veut plus. Or, cette preuve je ne la vois pas dans les embarras du moment. Pour ce qui me concerne, je désire que nous avancions dans la voie que vous nous avez tracée, sans donner entrée à aucune pensée de réunion.

« — Merci, ma fille, reprit la révérende Mère, c'est tout ce que je voulais savoir. Je mourrai contente ; mais ne reparlons plus jamais de ceci. »

A partir de ce moment, elle eut avec la mère Hélot des conversations prolongées et intimes sur ce qui intéressait la Société : passé, présent, avenir. Elle épancha son âme en toute liberté, sans jamais pourtant faire allusion à sa fin prochaine, sans laisser échapper un mot qui pût attendrir sur elle-même.

La duchesse de Doudeauville, voulant faciliter un retour que son amitié désirait vivement, écrivit qu'elle enverrait un serviteur dévoué et sa propre voiture à la rencontre de la malade, qui devait prendre le bateau à vapeur jusqu'à Châlon-sur-Saône. De là on irait à petites journées à Montmirail par les chemins de traverse, en prenant des chevaux de poste. Le rendez-vous donné, il fallait s'y trouver, et malgré la pluie torrentielle, la violence des vents et le débordement croissant de la Saône, les voyageuses quittèrent la Croix-Rousse le 26 octobre 1841, pour aller coucher à Lyon, dans un hôtel proche du lieu d'embarcation ; on devait partir le lendemain sur les huit heures du matin. Tout à coup, vers cinq heures, un domestique frappe violemment à la porte, il annonce que la crue subite des eaux empêche le départ de tous les bateaux ; un seul, l'*Hirondelle*, que son peu d'élévation laissera passer sous les ponts, doit se mettre en marche dans dix minutes. Sans hésiter, la révérende Mère se lève et se laisse porter par deux hommes dans la seule pièce de ce petit bateau où les passagers fort nombreux accourent bientôt et s'entassent pêle-mêle, le temps ne permettant point de rester sur le pont. Il serait impossible de rendre les angoisses de cette journée : incommodément assise ou à demi couchée sur une des banquettes, privée d'air et de repos, la chère malade avait de si fréquents et si longs évanouissements, que la mère Hélot, sa compagne, crut plusieurs fois recevoir son dernier soupir. Dès l'arrivée à Châlon, un homme fort et robuste la prit dans ses bras, tandis qu'un autre la couvrait d'un manteau pour qu'elle ne fût pas transpercée par la pluie. L'hôtel où on la transporta se trouvait tellement envahi par les voyageurs qu'il ne fut pas possible de lui procurer même une chaise ; on dut l'étendre à terre, pendant les pourparlers de la mère Hélot avec la maîtresse de l'hôtel. Après les plus instantes supplications, deux hommes prirent la pauvre malade et la portèrent dans un cabaret tenu par de braves gens. Là on buvait, on chantait, et ce ne fut qu'à grand'peine qu'on arriva par un mauvais escalier à une chambre sans fenêtre ; il fallut laisser la porte ouverte pour avoir un peu d'air. Quelque incommode que fût ce lieu, c'était au moins un abri ; la pauvre Mère s'y endormit, mais d'un sommeil plus pénible que la veille ; en proie à un affreux cauchemar, elle se croyait seule, abandonnée de la mère Hélot, et l'accent de sa douleur, toujours pleine de résignation, avait quelque chose de navrant ; réveillée en sursaut, elle s'assoupissait de nouveau et retombait dans le même état d'anxiété. On repartit le lendemain, et le voyage fut encore une voie douloureuse. Les évanouissements obligeaient à s'arrêter quelquefois en rase campagne, le plus souvent dans de misérables habitations ; la patiente Mère, en recouvrant l'usage de ses sens, avait toujours quelques bonnes paroles à adresser à ses hôtes, un mot de Dieu, une recommandation de bien élever les enfants, auxquels elle souriait malgré ses vives souffrances.

Enfin on arriva à la porte de Montléan ; elle s'ouvrit, non aux cris de joie comme autrefois, mais comme la porte d'un sanctuaire devant une image vénérée. On fit silence sur le passage de la chère malade ; elle arrivait à l'heure de midi. Pour abréger le chemin elle traversa le réfectoire, portée plutôt que soutenue par les mères Hélot et Mouroux. Les religieuses, alors à dîner, s'étaient levées muettes de douleur et d'émotion, les larmes aux yeux, mais n'osant faire un mouvement de peur de causer à la bonne Mère un ébranlement qui eût pu lui être funeste. Elle, cependant, s'efforçait de sourire en passant, et saluait à droite et à gauche, avec un air de bonté qui témoignait à chacune son plaisir de la revoir.

La mère Hélot devant reprendre la route de Lyon le lendemain même de l'arrivée, passa une partie de la nuit à écrire diverses notes, et elle ne revit la chère malade que pour lui remettre ces papiers. Elle se sentait impuissante à maîtriser une émotion facile à comprendre ; aussi, un peu avant le départ seulement, elle s'agenouilla près du lit de sa Mère qui l'embrassa et lui donna une dernière bénédiction. Comme, en se relevant, elle se dirigeait promptement vers la porte pour ne pas éclater en sanglots, la chère malade, élevant la voix, lui laissa ce suprême adieu : « Ma fille, pensez à votre croix et à votre anneau. »

On était alors au mois de novembre, et il semblerait, en rappelant ces graves et touchants souvenirs que, pendant cet hiver de 1841 à 1842, la tristesse seule dût habiter la petite maison de Montléan : voir s'éteindre peu à peu celle qui est l'âme de la famille, s'approcher du lit d'une mourante, lorsque cette mourante est une première Mère vénérée, sur laquelle paraît reposer tout l'avenir de ses enfants, il y a là, il faut en convenir, de quoi navrer tous les cœurs et déconcerter les plus fermes espérances ; mais on avait vécu de pure foi dans le premier et divin Nazareth, la foi soutint constamment celles qui voulaient vivre à l'imitation de J. M. J., et leur confiance resta inébranlable.

L'exemple venait de trop haut pour n'être pas suivi. La patiente malade, installée dans sa modeste chambre, y fit régner, au milieu du dénûment de la sainte pauvreté, l'ordre le plus parfait, et cette aimable propreté que saint François de Sales appelle une demi-vertu. Trop faible pour réunir autour d'elle toute la communauté, elle accueillait chacune isolément avec une bonté charmante. Le secret pressentiment de sa mort prochaine lui faisait surmonter sa faiblesse, et parler des vertus religieuses avec une énergie difficile à dépeindre, mais sans jamais rappeler l'attention sur elle-même. On eût dit qu'elle n'aspirait qu'à communiquer la lumière à d'autres, afin de s'éteindre en paix et de disparaître dans le silence et l'oubli. Elle était particulièrement préoccupée de la pratique de la pauvreté ; les confidences qu'elle reçut alors sur la perte des fonds destinés par la bonne duchesse à doter le noviciat n'ébranlèrent point sa confiance.

Une de ses filles lui ayant laissé voir, aussi discrètement que possible, qu'elle admirait son courage et sa patience à poursuivre, pendant vingt ans, une œuvre si stérile, elle répondit gravement : « La fondation de Nazareth n'est pas une œuvre humaine. Voyez donc, ma fille, ce que Notre-Seigneur a fait durant trente années. Il n'a

converti personne, et moi, qui suis-je pour vouloir du succès ? Dieu n'a pas besoin de nous, et je
vous suis tout à fait inutile ; après moi, il se servira de vous toutes, mais il faut bien souffrir avant
d'être un instrument entre ses mains ! »

Le plus souvent elle donnait ses conseils sous
une forme gaie, vive, pénétrante, conservant jusqu'à la fin ces saillies gracieusement originales
qui l'avaient toujours caractérisée. Elle s'en servait pour distraire les autres de ses propres souffrances. Un jour, voyant la mère Mouroux occupée
près de la cheminée à lui préparer quelque tisane,
elle lui dit gaîment : « Je dois vous faire un singulier effet, vous qui aimez toujours qu'une porte
soit ouverte ou fermée ; que pensez-vous d'une
maladie qui ne va ni ne vient ?

Ces paroles vont au cœur de l'excellente infirmière qui, en une seconde, se trouve agenouillée
près de sa chère malade : « Oh ! ma bonne Mère,
s'écrie-t-elle, comment pouvez-vous me dire une
semblable chose ! Puis-je jamais trouver le temps
long près de vous ? ma plus douce consolation
serait de vous soigner toute ma vie ! » Elle allait
continuer, un regard expressif suivi de deux
grosses larmes l'interrompit subitement. La malade se retournant jeta les yeux sur son crucifix :
Dieu seul désormais doit pénétrer au fond du

cœur, et jusqu'au dernier moment, elle évitera tout retour sur le passé avec cette première sœur et amie, qu'elle craignait de s'être attachée tout d'abord un peu trop naturellement.

Le crucifix placé près de son lit était donc le seul confident de ses souffrances ; son regard le cherchait comme instinctivement quand les douleurs devenaient plus intenses ; elle ne faisait entendre aucune plainte, elle n'exprimait d'autres regrets que de ne pouvoir plus s'enfoncer dans la passion de Notre-Seigneur, l'émotion qu'elle en éprouvait était trop forte, elle dut se contenter de baiser et de contempler ses plaies sacrées. Jusqu'à la fin elle garda ses habitudes de régularité pour ses exercices de piété. Dans l'intervalle, toujours aimable, elle s'entretenait de ce qui concernait la maison, la Société, comme si rien ne devait changer le cours ordinaire des choses.

Jamais la bonne Mère n'avait montré plus de lucidité et de pénétration pour toutes les affaires ; les nouvelles de la maison de Lyon la réjouissaient ; elle apprit avec consolation que le comte d'Herculais s'intéressait de nouveau à la fondation, et que, grâce à sa générosité, la chapelle venait d'être réparée. A cette occasion, elle écrivit encore le 1er avril, c'est-à-dire trois semaines avant sa mort : « Je ne saurais vous dire, ma fille, jusqu'à quel point je suis contente de savoir votre église dans l'état que vous me dépeignez; tout me plaît beaucoup, et se présente à mon esprit comme de fort bon goût. Cette pauvre chapelle me pesait sur le cœur. Partout où j'ai été dans le monde, la plus belle et la plus ornée des pièces de la maison était celle où résidait Notre-Seigneur. Il ne me semble pas qu'il puisse jamais en être autrement, à moins de bouleverser toutes les pensées de la foi. »

Cette lettre, qui renferme quelques avis de détail sur la pauvreté, se termine par ces mots : « Que les filles de Nazareth aient toujours leurs vœux devant les yeux. » Et ce dernier souhait de la chère mourante est suivi d'une petite note ajoutée par l'infirmière : « Notre bonne Mère est toujours gaie, aimable à son ordinaire; elle fait jouir les autres des petits *bien-être* qu'elle éprouve; mais je sais de bonne part qu'elle croit ne pas guérir. »

En effet, si la vénérée Mère ne parlait point de sa mort, elle sentait bien le moment approcher; un jour, causant avec son entrain ordinaire, elle dit au docteur :

« J'espère bien que vous ne me traiterez pas en femme du monde, et que vous m'avertirez rondement lorsque vous verrez arriver ma fin;

pourtant, pas trop longtemps d'avance, car qui sait comment je soutiendrais l'idée d'une mort prochaine! Il me faudrait trois jours.

« Je vous le promets, » reprit le docteur.

Puis en sortant, il dit à la mère Mouroux :

« Nous sommes à ce terme : huit jours peut-être… mais peut-être pas deux. »

Il fut convenu que dès le lendemain matin il remplirait son engagement.

S'approchant donc de sa malade avec une gravité plus grande que de coutume, il dit en lui tâtant le pouls :

« Je vous ai fait une promesse, Madame, le moment est venu de l'accomplir… »

Avant qu'il eût achevé, elle reprit vivement :

« Merci, docteur, vous me rendez un service que je n'oublierai pas. »

Et elle soutint la conversation comme à l'ordinaire, sans donner aucune marque d'émotion.

Quand le médecin fut parti, elle dit à la mère Mouroux : « Je ne me croyais pas si près de la fin. Je n'ai rien qui m'embarrasse la conscience. Il faut pourtant prévenir M. l'aumônier afin que je me confesse, et tout préparer pour le saint viatique et l'extrême-onction. » Elle prit ensuite tranquillement un petit bouillon, et demanda le tiroir qui renfermait ses papiers; elle en fit brûler quelques-uns sous ses yeux, et confia les autres à la garde de la mère Mouroux. « Vous trouverez là, lui dit-elle, des souvenirs utiles à l'esprit de Nazareth ; il me semble que je ne dois pas les détruire, quoique beaucoup de choses me soient personnelles. »

Ces dispositions prises, elle rentra dans le recueillement, et le lendemain dimanche, fête du patronage de saint Joseph, elle reçut les derniers sacrements avec un redoublement de foi et de piété. Après la cérémonie, elle dit à la mère Mouroux : « Je ne m'attendais pas à goûter une paix si profonde dans cet instant solennel, prions bien pour notre petite société. » Puis elle s'entretint avec elle des personnes qui lui témoignaient de l'amitié, regrettant la peine que leur causerait sa mort.

Ses filles vinrent tour à tour lui donner leurs commissions pour le ciel.

« Que demanderai-je pour vous ? » dit-elle à une toute jeune novice que le souvenir de *ses montagnes* poursuivait encore, et qui avait de la peine à plier sa volonté au joug de l'obéissance.

« Ma mère, si le bon Dieu ne me donne pas le courage de vaincre mes répugnances, je sens que je ne persévérerai pas, et cependant j'en aurais un grand chagrin.

« — Bien, ma fille, soyez tranquille, j'arrangerai votre affaire avec saint Joseph. »

Et la digne mère a si bien plaidé que toute inquiétude disparut après sa mort.

Tourmentée de la peine que prenait son infirmière, elle voulut qu'on étendît un matelas près de son lit et l'obligea à s'y reposer, promettant de la réveiller autant de fois qu'il serait nécessaire. Il fallut obéir pour la rassurer ; mais de part et d'autre on voulait échapper à la consigne. La bonne sœur, prévenue par le docteur qu'un léger effort pourrait occasionner une rupture au cœur, restait l'œil au guet, elle surprit ainsi la main de la malade qui se glissait furtivement pour saisir un objet sur la table.

« Ah ! je vous y prends, ma mère : au lieu de m'appeler ! Je ne dormirai plus. »

Ce doux reproche fut reçu avec le plus délicieux sourire.

« Si, ma fille, dormez, je vous en prie, comptez sur moi, je ne recommencerai pas, je vous le promets. »

En effet, à partir de ce moment, elle demanda simplement ce qui pouvait la soulager.

A la nouvelle du danger prochain, le P. Hilaire accourut en toute hâte de Metz, sa résidence, il arriva le lundi soir et resta stupéfait en voyant l'empreinte de la mort sur les traits de la vénérable Mère. Après le premier moment donné à la consolation de se retrouver, elle s'empressa de lui dire : « Occupons-nous de nos arrangements. » Quelques semaines auparavant, elle lui avait encore écrit, de sa propre main, sa pensée sur plusieurs points essentiels au bien de Nazareth, et maintenant elle désirait, pour prévenir des embarras, désigner elle-même celle qui devrait après elle gouverner la petite société. Avec l'assentiment du P. Hilaire, de la sainte duchesse et des professes, on dressa donc un acte qui, sans préjudice de ce qui se pratiquerait plus tard, appelait Mme Victorine Hélot à la charge de supérieure générale.

Cet acte accompli, elle parut tout heureuse, comme une personne qui a terminé sa tâche. Cependant ses forces diminuaient sensiblement, mais, soutenue par son courage et sa rare énergie, elle eut encore le bonheur de faire la sainte communion et d'avoir avec Mme la duchesse quelques bons entretiens,

La nuit du mardi au mercredi fut très-mauvaise. Après de pénibles cauchemars, la chère malade, réveillée en sursaut, faisait à la sœur infirmière de touchantes excuses sur la peine qu'elle lui causait, puis renouvelait ses actes de foi, de confiance et d'amour ; mais d'une manière toute simple, toute naturelle.

Vers deux heures et demie de l'après-midi, le P. Hilaire causa encore avec elle de la famille de Nazareth et lui présenta deux postulantes nouvellement arrivées de Metz. Elle leur fit le plus aimable accueil et les bénit de sa main défaillante. On se retira pour céder la place à Mme de Doudeauville, que la courageuse Mère reçut le sourire sur les lèvres. Rien ne trahit l'effort héroïque que sans doute elle dut faire pour soutenir encore près d'une heure la conversation.

La pieuse duchesse, qui connaissait bien ses sentiments pour le duc de Bordeaux, voulut obtenir d'elle une sorte de prédiction sur le royal exilé. Avant donc de la quitter, s'approchant pour l'embrasser, elle lui demanda :

« Qu'en pensez-vous, reverrons-nous Henri V ? »

La mourante, déjà couverte d'une sueur froide, leva les yeux au ciel, et, ne voyant les choses d'ici-bas qu'à la lumière de l'éternité, répondit :

« Ah ! Dieu est bien plus occupé à faire des saints qu'à faire des rois ! » Ce furent ses dernières paroles.

A peine Mme de Doudeauville s'était-elle retirée qu'un évanouissement annonce l'heure suprême ; on se hâte de prévenir le P. Hilaire. Il accourt,

donne l'absolution, approche un crucifix des lèvres
de la mourante qui exhale paisiblement son dernier
soupir, au moment même où s'achevait la formule
de l'indulgence *in articulo mortis* : c'était un
mercredi, 20 avril, à quatre heures et demie du soir.
Elle commençait sa soixante et unième année, et en
avait passé vingt dans la vie religieuse. Le sacrifice était consommé ! On peut dire que Dieu l'eut
pour agréable, car si les larmes coulèrent près de
la dépouille mortelle où les filles de Nazareth
venaient s'agenouiller avec un saint respect, ces
larmes étaient douces, une impression de paix remplissait toutes les âmes, on se regardait avec une
sorte d'étonnement de se trouver si calmes, si con-
fiantes à cette heure tant redoutée ; on sentait que
la Mère, devenue plus puissante, veillait maintenant du haut du ciel.

En apprenant que Mme Rollat n'est plus, une de
sés amies dans le monde, respectable mère de
famille, se prosterne et s'écrie : « O vous, dont
les conseils m'ont tant servi, si, comme je le crois,
vous êtes maintenant près de Dieu, obtenez que
mon mari pardonne enfin à celui qui l'a offensé. »
Quelques minutes écoulées, elle s'entend appeler,
et reçoit l'ordre d'écrire immédiatement à ce
même parent qui ne devait plus reparaître à la
maison ; elle doit l'inviter à y revenir !

On juge de son émotion et de sa reconnaissance, car elle avait vainement sollicité à plusieurs reprises cette réconciliation, qu'elle désirait par un principe de conscience, et elle ne pouvait plus renouveler ses instances, ayant reçu cette réponse énergique : « Je défends qu'on m'en parle. » Or, voilà que sa prière, à peine exprimée, est pleinement exaucée.

Il n'est pas permis de révéler les grâces nombreuses que les filles de Nazareth ont obtenues par l'entremise de leur Mère vénérée.

Malgré la proposition faite par Mme de Doudeauville d'inhumer la première Mère de Nazareth dans le caveau de l'église de Montléan, elle fut déposée dans le cimetière commun, où elle repose au milieu de ses filles.

La pieuse duchesse fit graver cette inscription sur son tombeau :

« Sa vie n'a été qu'une continuelle victoire de l'amour contre la mort. » *(Cant.*, VIII, 6.)

Courtes paroles qui résument admirablement le travail et le triomphe de la grâce dans cette âme fidèle. Celle qui a combattu par amour doit régner éternellement dans l'amour !

CHAPITRE X

Depuis que l'hymne de l'allégresse s'est fait entendre près du sépulcre glorieux, de la tombe de nos saints s'échappe aussi un cri d'espérance : nous sentons que la mort a produit la vie, que ceux qui nous aimaient nous aiment plus encore, et que, devenus les favoris de Dieu, ils vont nous obtenir l'entier accomplissement de désirs qui ne tendent qu'à sa gloire et à notre bonheur.

La Providence, dans les œuvres surnaturelles, déjoue ordinairement les prévisions humaines : elle emploie de faibles instruments pour mieux faire ressortir l'action de la grâce, et lorsque le choix semble offrir aux yeux de la raison toutes les chances de succès, il faut, comme l'a dit le divin Maître, que le grain de froment soit jeté en terre et qu'il y meure avant de porter des fruits.

Cette parole résume toute l'histoire de notre première Mère : semence choisie, riche nature en rapport avec la mission qui lui était confiée, il fallait qu'elle fût enfouie, sacrifiée, anéantie, ensevelie vivante, qu'elle sentît tout le travail de cette destruction, afin que l'immolation fût complète. Femme supérieure, réunissant en elle de solides et brillantes qualités, elle a pendant vingt ans travaillé dans une stérilité apparente ; mais quoi de plus obscur, de plus ignoré que la sainte Famille dans l'humble bourgade de Nazareth ?

C'était du haut du ciel que la servante de Dieu devait voir enfin l'accomplissement de son désir. On se souvient que le P. Roger lui avait écrit : « Nazareth ne subsistera vraiment qu'après notre mort. » La digne Mère avait eu elle-même ce pressentiment ; et, si les difficultés toujours croissantes l'avaient forcée un instant à interroger la volonté de Dieu sur une œuvre qui semblait impossible, le doute, nous l'avons vu, n'a pas effleuré son âme dans ses derniers moments, et elle s'est endormie pleine de confiance dans l'avenir de sa famille religieuse. Cette famille devait, en effet, grandir, se fortifier et prendre humblement sa place dans le jardin de l'Église. Jetons un coup d'œil sur son lent, mais progressif développement.

Des trois personnes qui avaient travaillé à sa

formation, il restait encore la sainte duchesse, placée comme la sauvegarde ici-bas, comme l'arc-en-ciel, signe d'alliance avec Dieu. La mort de sa pieuse amie semblait lui rendre ses filles encore plus chères, aussi devint-elle le conseil et l'appui de la nouvelle supérieure qui, admirant en silence les trésors de vertu amassés par cette femme octogénaire, saisissait adroitement l'occasion de lui faire raconter quelques traits de sa vie, où se révélaient des merveilles de grâce et de fidélité. Ce cœur brûlant de l'amour de Dieu, et qui aimait tout en lui et pour lui, n'assurait-il pas les bénédictions célestes à la petite communauté, objet de ses prédilections?

Avant de mourir, la sainte fondatrice eut la consolation de voir s'augmenter le noviciat et prospérer les pensionnats de Montléan et de Lyon.

1848 vint apporter de graves sujets de crainte, mais aussi des gages plus nombreux et plus touchants de la protection divine. Placées au foyer même de l'insurrection, les religieuses qui habitaient la maison de l'Enfance, à la Croix-Rousse, eurent à courir de réels dangers : voir au réveil les murs de clôture entourés de baïonnettes, entendre résonner des menaces de pillage et d'incendie, écouter de charitables, mais sinistres avertissements, subir d'interminables visites domiciliaires, et, comme issue de cette terrible situation, n'avoir en perspective que le bombardement de la Croix-Rousse : telle fut la vie de nos pauvres sœurs pendant plusieurs mois, où, sans cesse exposées, elles étaient soutenues et consolées par l'action toujours plus sensible de la Providence. Ce n'est pas ici le lieu de donner le détail de ces traits de protection ; disons seulement en passant que si, dans leur étrange folie, ceux qui cherchaient des armes chez des femmes sans défense, essayèrent de murmurer aux oreilles de nos sœurs converses les mots de *liberté* et d'*égalité*, ils en reçurent une réponse digne et ferme, capable de leur prouver que la religieuse porte avec amour le joug du Seigneur. Rien ne contribue davantage à faire apprécier le bonheur de vivre dans la soumission, la paix et la vraie charité, que ce règne du désordre et cet affreux déchaînement de toutes les passions humaines.

Nazareth se relevait à peine de cette crise lorsque, le 14 août 1853, une visite inattendue le fit tressaillir de bonheur, en ouvrant à son zèle un horizon nouveau qui lui offrait cependant de nombreuses difficultés, insurmontables en apparence.

Un prêtre français, depuis longtemps missionnaire dans la Terre-Sainte, chancelier et député de Mgr Valerga, patriarche latin de Jérusalem, venait, au nom du Souverain Pontife et de la Propagande, chercher en France une communauté qui voulût bien se charger de créer des dispensaires et des écoles dans la Galilée, principalement à Nazareth.

Cette proposition, faite à nos Mères, fut d'abord accueillie avec la plus vive reconnaissance, elle semblait ratifier solennellement le *nom*, la dévotion et le but final de la famille religieuse formée à Montléan.

Mais ce n'était point une ardeur enthousiaste que le prudent missionnaire voulait exciter : homme de foi, apôtre zélé, ami de la vérité, il fit un tableau effrayant des obstacles de tout genre qu'offrirait la nouvelle fondation.

Il ne s'agissait donc pas de mettre simplement à la voile et de voguer, pleines d'abandon et de confiance, vers la terre bénie si longtemps sanctifiée par la présence du Dieu Sauveur, il fallait acheter au prix de mille sacrifices le bonheur d'habiter près du sanctuaire de l'Incarnation : on ne se découragea point, et après bien des rebuts, des oppositions et des mécomptes, à l'heure voulue, c'est-à-dire vers la fin de 1854, une petite colonie, s'embarquant à Marseille, arriva heureusement au terme de son voyage. Il serait trop long de la suivre dans le détail de ses travaux, afin de faire connaître le genre d'apostolat exercé en Galilée par cette petite famille, empruntons aux *Annales de la Propagation de la foi* le témoignage rendu, en 1872, par Mgr Valerga, patriarche de Jérusalem, peu de jours avant sa mort :

« Dans le cours de ma tournée pastorale de Galilée, j'ai constaté, avec la plus vive satisfaction, le bien solide et réel opéré par les pieuses et zélées dames de Nazareth. Dieu, toujours riche en miséricorde et en bénédictions, les a répandues à pleines mains sur les œuvres de ces bonnes religieuses, et il couronne leurs efforts par les plus consolants succès. Ces dames sont établies à Nazareth, à Caïffa, à Saint-Jean d'Acre, à Cheff-Amar. Elles entretiennent dans ces quatre localités des écoles fréquentées par des enfants de tous les rites, et même de toutes les communions ; de plus, elles donnent des soins intelligents et dévoués aux pauvres malades et recueillent chez elles quelques orphelines. Mais ce qui m'a le plus agréablement frappé, c'est l'influence que ces religieuses exercent sur les personnes de leur sexe : elles ont acquis cette influence et elles la développent de jour en jour par le moyen des confréries, dans lesquelles elles enrôlent des femmes de tous les rites indistinctement. Les instructions, les lectures et autres exercices de piété sont les liens. de ces pieuses congrégations qui, on peut le dire en toute vérité, ont transformé l'esprit de ces localités. »

Revenons en France, ce n'est plus à la Croix-Rousse que nous devons chercher le pensionnat de Nazareth. En 1855, il a été transféré à un point tout opposé de la ville, non loin de la jonction du Rhône et de la Saône, sur le versant de la colline de Sainte-Foy ; là, dominant la jolie commune d'Oullins, il jouit d'un air pur et d'un magnifique horizon ; si nous visitons sa gracieuse chapelle, nous trouverons, à droite du grand autel, une dalle de marbre sur laquelle les religieuses viennent s'agenouiller et qu'elles baisent avec respect. C'est la tombe de leur saint fondateur. En 1856, au milieu des transports de l'amour filial, les restes vénérés du R. P. Roger d'abord déposés à Loyasse, cimetière de Lyon, ont été transférés dans le sanctuaire de Nazareth. Quelques années plus tard, le noviciat est venu s'abriter à l'ombre de ce tombeau et respirer le parfum de vertu qui s'en exhale. Le désir de procurer à cette jeunesse religieuse les secours spirituels des Pères de la Compagnie de Jésus, joint à l'avantage de rendre la maison mère plus centrale pour les établissements de Syrie, a fait choisir Lyon pour la résidence de la supérieure générale et de son conseil.

En 1860, la communauté de Nazareth était devenue assez nombreuse pour lui permettre d'entreprendre une nouvelle fondation : des circonstances toutes providentielles fixèrent le choix sur Boulogne, dans le Pas-de-Calais. Cité à la fois pieuse et élégante, admirablement placée entre Paris et Londres, Boulogne, à l'époque des pèlerinages et dans la saison des bains de mer, attire une affluence considérable d'étrangers que le zèle de la prédication dispute à l'entraînement des plaisirs.

Au pied du monument célèbre, que la piété de Mgr Haffreingue a relevé en l'honneur de la Reine du ciel, sur un emplacement appelé les Moulineaux, Nazareth, dans une position charmante, a vu se former et se développer rapidement un pensionnat auquel la présence de jeunes Anglaises protestantes donne un intérêt tout particulier. Sans qu'aucune influence personnelle soit jamais exercée, mais par la seule diffusion de la lumière, l'enseignement général du catéchisme, l'entraînement du bon exemple et l'efficacité de la grâce, il ne se passe presque pas d'année où, avec le consentement des parents, les Moulineaux ne deviennent l'heureux théâtre de quelque nouvelle abjuration. On conçoit le bonheur, la pieuse reconnaissance des maîtresses et des compagnes lorsqu'elles saluent le retour de ces jeunes Anglaises, que saint Grégoire le Grand voulait transformer en anges par le baptême,

Dans ces dernières années, la lutte contre l'hérésie a appelé sur un autre point les religieuses de Nazareth. On sait que le protestantisme, blessé de toutes parts en Europe, fait en Syrie de terribles progrès, il essaie de se ressusciter au lieu même d'où est parti le principe de la vie. Profitant de l'abaissement des caractères dans un pays si longtemps asservi par le cimeterre des Turcs, les sectes américaines, anglaises et prussiennes répandent l'or à pleines mains, pour arracher la foi des cœurs catholiques et détruire le culte de la Mère de Dieu.

Profondément ému des ravages de l'erreur, Mgr Valerga fit un second appel à la Congrégation de Nazareth, qui s'empressa d'y répondre. En 1866, elle ouvrait à Beyrouth un établissement destiné à donner aux jeunes filles de la classe élevée une éducation et une instruction en rapport avec leurs besoins. A côté du pensionnat s'est formée une école gratuite qui compte aujourd'hui près de trois cents élèves.

Si l'œuvre de Dieu souffre partout contradic-

tion, c'est surtout en Orient que doit résonner à
l'oreille du missionnaire la parole divine adressée
au grand apôtre. « Je lui montrerai ce qu'il devra
souffrir pour la gloire de mon nom. » L'idolâtrie
des Druses, le fanatisme des musulmans ont fini par
enraciner chez la plupart des chrétiens certaines
pratiques superstitieuses dignes du paganisme ;
de plus, c'est au milieu de sectes acharnées et en
évitant de froisser aucun rite, qu'il faut s'efforcer
de faire comprendre que « Dieu veut être adoré
en esprit et en vérité, » chose difficile pour un
peuple toujours disposé à mettre toute sa religion
dans le culte extérieur : mais le courage grandit
en proportion de la difficulté, l'intérêt croît avec
l'épreuve, et l'amour avec la souffrance. Malgré les
embarras du présent et les problèmes de l'avenir,
nous bénissons Dieu qui nous permet de travailler
en Orient à conserver la foi, à raviver dans le cœur
de la femme le sentiment de son devoir et de sa
dignité de chrétienne.

L'action de notre petite société, nous le voyons,
reste partout et toujours la même, elle poursuit
son double but : la sanctification personnelle de
ses membres et l'éducation de la jeunesse. Quel
que soit le poste assigné par l'obéissance à la religieuse de Nazareth, elle doit, fidèle à sa vocation, comme le dit sa règle, « se dépenser joyeuse-

ment sous le regard de Dieu seul dans le travail, l'humilité, le recueillement et la prière. »

Cette règle, qui a reçu la sanction infaillible du vicaire de Jésus-Christ, a été puisée par nos saints fondateurs à la source même du vrai Nazareth. En méditant l'ineffable mystère, notre première Mère a trouvé la force pour soutenir les luttes de la vie et la douceur dans l'immolation ; puisse cette mère vénérée obtenir à ses filles la grâce de chercher toujours leur modèle dans la demeure bénie de Jésus, Marie, Joseph !

FIN

TABLE DES MATIÈRES

LYON. — IMPRIMERIE PITRAT AÎNÉ, RUE GENTIL, 4.

VIE

DE

MADAME DE LA ROCHEFOUCAULD

DUCHESSE

DE

DOUDEAUVILLE

FONDATRICE

DE LA SOCIÉTÉ DE NAZARETH

Un Volume in-octavo. — Prix 3 fr. 50

LYON. — IMP. PITRAT AINÉ, RUE GENTIL, 4

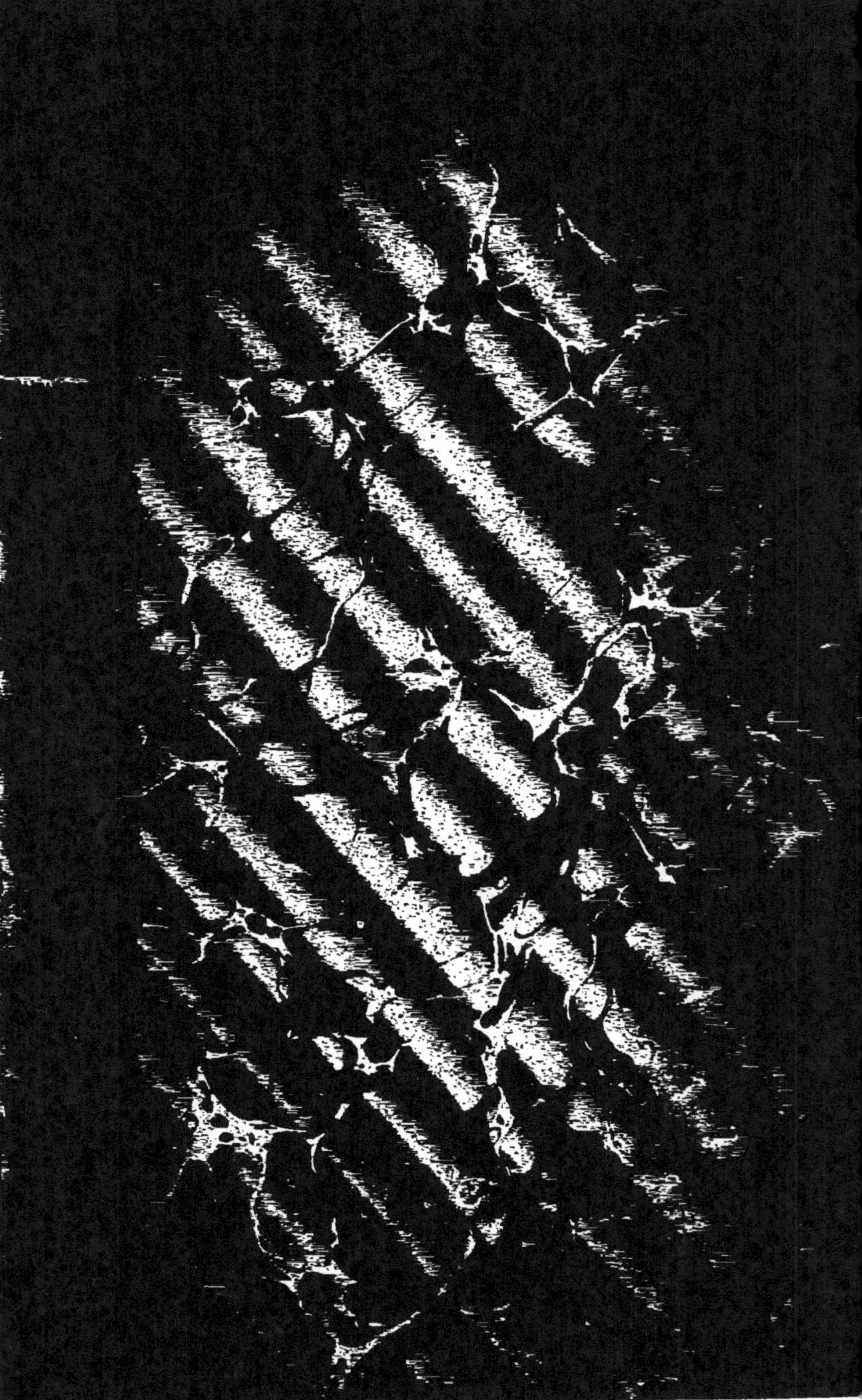

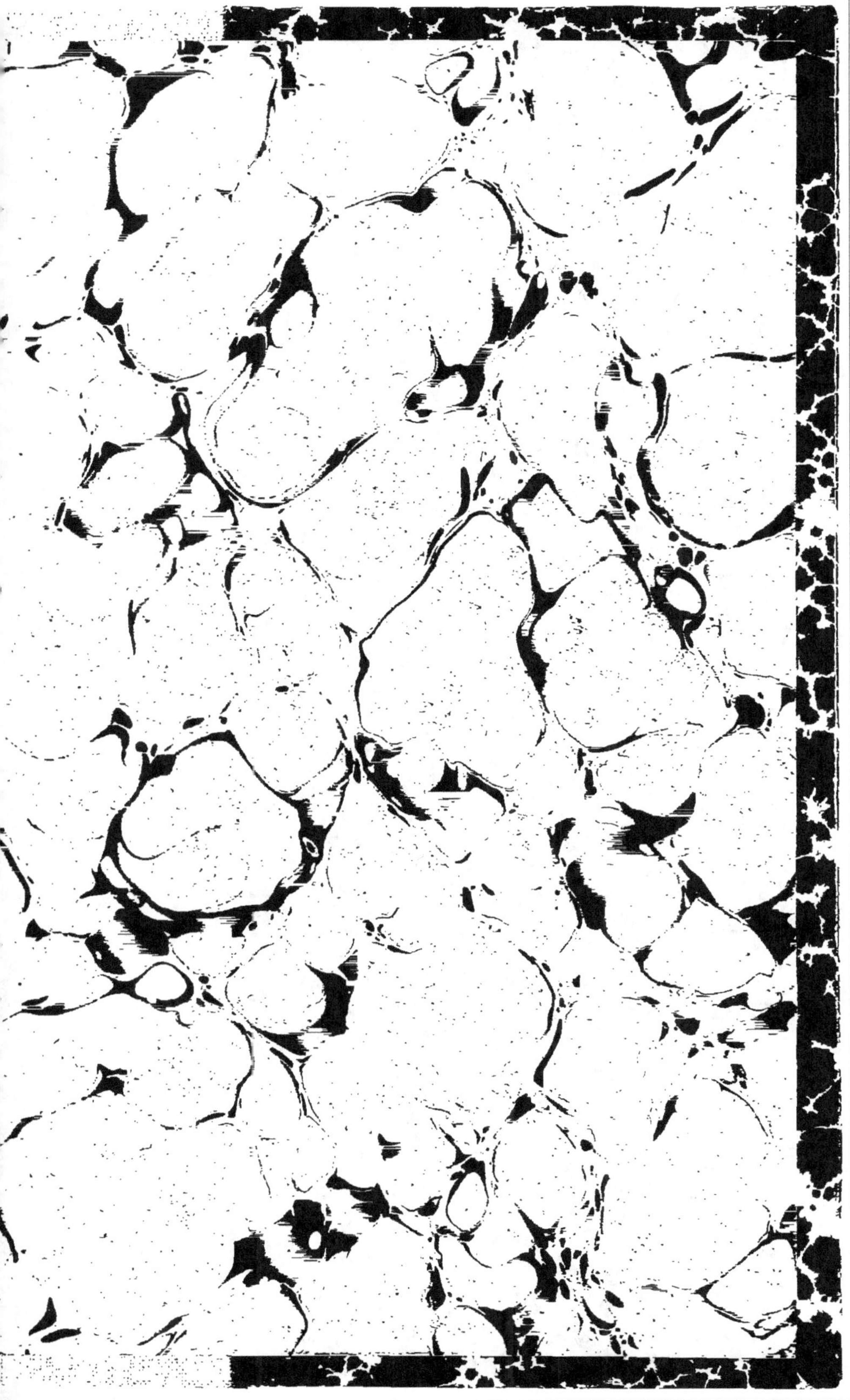

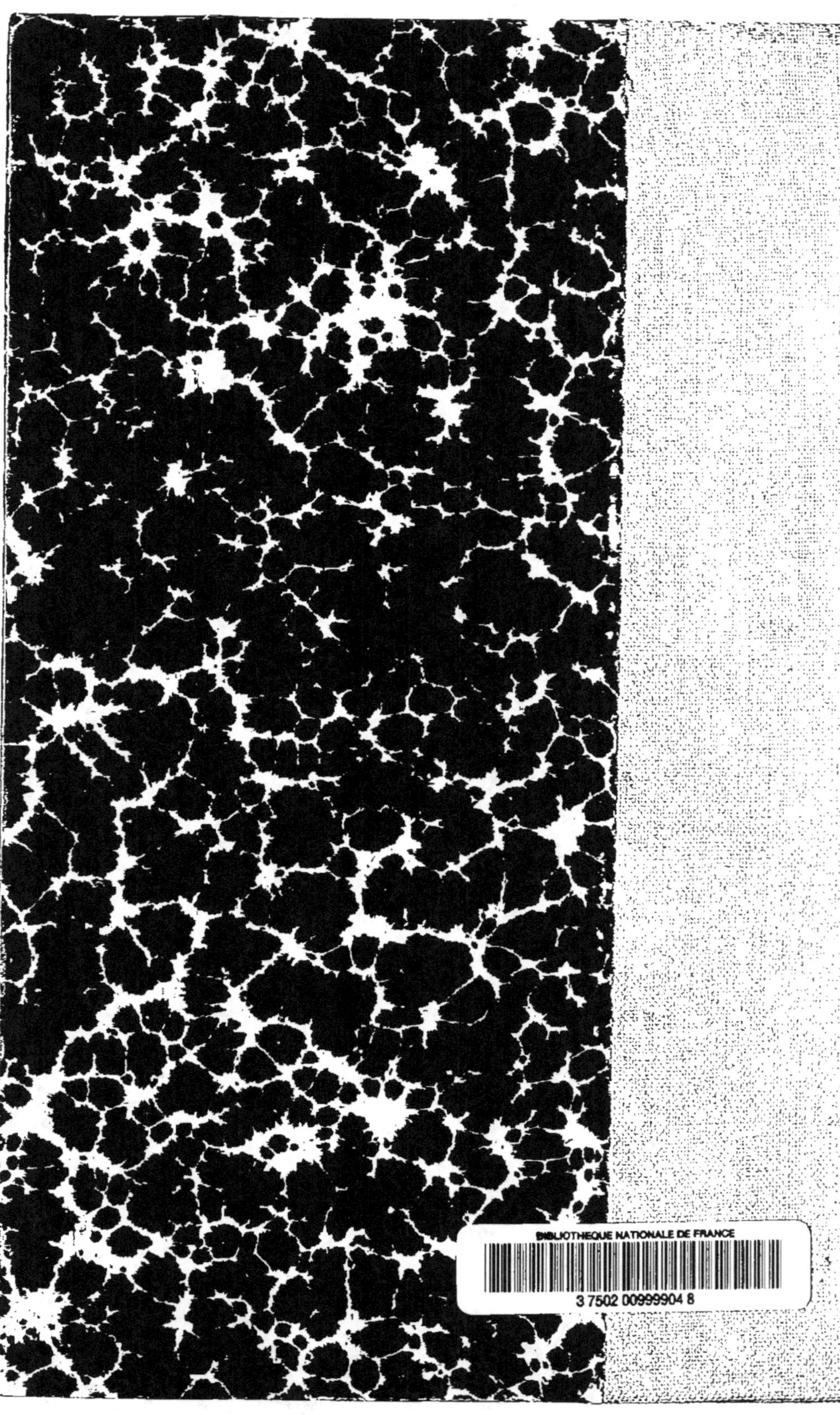

9 7 8 2 0 1 9 6 2 6 5 3 2